클라이머를 위한 1001가지 팁

앤디 커크패트릭 지음
조승빈 옮김

ㅅ **하루재클럽**

클라이머를 위한 1001가지 팁

초판 1쇄 2021년 9월 3일

지은이 앤디 커크패트릭Andy Kirkpatrick
옮긴이 조승빈

펴낸이 변기태
펴낸곳 하루재 클럽
주소 (우) 06524 서울특별시 서초구 나루터로 15길 6(잠원동) 신사 제2빌딩 702호
전화 02-521-0067
팩스 02-565-3586
이메일 haroojaeclub@naver.com
출판등록 제2011-000120호(2011년 4월 11일)

편집 유난영
디자인 장선숙

ISBN 979-11-90644-05-1 03690

* 책값은 뒤표지에 있습니다.

"이 책을 포함한 어떤 조언도 귀 기울이지 마라."

앤디 커크패트릭—헐Hull에서 두 번째로 등반 잘하는 클라이머

클라이밍은 위험하다!
열정은 경험을 대체할 수 없다!

이 설명서는 클라이머가 안전을 유지하는 데 필요한 기술을 제공하기 위해 기획하였지만, 암벽등반과 등산은 본질적으로 위험하고, 따라서 이 설명서는 경험이 있는 클라이머와 산악인만을 대상으로 하고 있습니다. 아무도 올바른 트레이닝과 장비 없이 클라이밍을 해서는 안 되며, 개인이 적절한 기술을 배우는 것과 올바른 판단을 내리는 데 있어 발생하는 책임은 전적으로 본인에게 있습니다. 이 설명서에서 이해할 수 없는 부분이 있다면 공인된 전문가에게 지도를 받을 것을 강력히 권고합니다. 이 설명서에 있는 정보를 사용함에 있어 당신은 이 책의 정보가 시대에 뒤떨어졌거나 부정확할 수 있다는 것을 인지해야 하고, 출판 관계자나 저작권자에게는 이 설명서에 있는 내용을 이용함으로써 발생하는 부상이나 상해에 대한 책임이 없음을 밝힙니다.

WARNING
CLIMBING IS DANGEROUS
!
ENTHUSIASM IS NO SUBSTITUTE FOR EXPERIENCE

차례

서문

초보자일 때 이런 책이 하나 있으면 시작 단계에서 생기는 어리석은 문제를 피할 수 있어 좋았을 것이라고 이런 책의 저자들은 자주 말한다. 나는 초보자였을 때 읽을 수 있는 것은 모두 읽고, 손에 닿는 정보는 닥치는 대로 모았지만, 그 의견에 동의하지는 않는다. 나는 이 1001개의 팁을 알아가면서 클라이머로 성장했다. 비록 아주 많지 않더라도 배우는 것이 정말 중요하다.

배우는 것은 어렵지 않다.

등반은 단순한 스포츠이다. 따라서 충분한 시간이 주어지면, 사람들은 대부분 반반한 볼더를 오르는 것부터 1,000미터가 넘는 거벽을 대담하게 오르는 것까지 무엇을 어떻게 해야 할지 스스로 답을 찾아낸다. 그리고 그 답을 부산스럽게 찾아가다 보면 등반에 빠지고 만다. 이것이 바로 등반이라는 분야에 사진작가, 시인, 영화제작자는 물론이고, 사상가들과 기술의 땜장이들이 많은 이유이다. 등반은 골몰하게 생각하는 사람들을 끌어모은다.

아버지가 영국 공군 등산강사였던 것은 나에게 행운이었다. 산악구조대원이었던 아버지는 사람들에게 등반을 가르치며 직장생활의 대부분을 보냈다. 그러면서 아버지는 — 가르치는 입장에서는 과감한 발상의 전환이었는데 — 사람들에게 스스로 배우는 능력을 길러줘야 한다는 생각을 했던 것 같다. 그렇게 하면 학생들은 스스로 자신을 가르칠 수 있다. 옛 격언에 이런 말이 있다. "물고기를 한 마리 주면 하루를 먹을 수 있지만, 물고기를 잡는 법을 가르쳐주면 평생 먹고 살 수 있다."

이것이 아버지가 나에게 사용한 방법이었다. 아버지는 나에게 물고기를 잡는 법을 가르쳐주었다. '슬링으로 하네스를 어떻게 만들지?' 또는 '데스 슬라이드death slide는 어떻게 만들지?'처럼 작은 문제를 해결하기 위해 아버지는 나에게 책을 주거나, 가장 기초적인 설명만 해주었다. 당시 나는 몹시 좌절하곤 했는데, 아버지가 그냥 말해주거나, 아니면 망할 놈의 매듭을 그냥 해주거나, 혹은 데스 슬라이드를 만들어주기를 원했다. 그런 문제를 해결하기 위해 크고 작은 온갖 종류의 실수를 거듭했다. 하지만 그런 과정을 거치면서 어렵게 깨달았다.

훗날 등반에 관한 모든 것을 닥치는 대로 섭렵한 나는 글을 통해, 또는 아는 사람에게 물어보는 방법을 통해 미처 알지 못하는 분야로 등반의 영역을 확장하기 시작했다. 엘캡El Cap을 처음 단독등반 하려고 했을 때나 셋이서 한 팀으로 속도등반 하려고 했을 때는 단순히 과정을 거꾸로 되짚어 해결하는, 말하자면 문제를 역으로 설계하는 연습이었다. 종종 이런 학습에서는, 선등으로 등반할 때 장비를 매다는 법(피피 혹에 매다는 법), 그래서 내가 장비걸이 전체를 가지고 가야 할 필요가 없게 하는 법 같은 것은 선등을 하면서 해결해야 했고, 중간에 낀 홀백을 해결하는 법 같은 다른 문제는 집 근처 채석장에서 익혀야 했다. (배낭에 등반용 도르래를 가지고 있어야 한다) 그리고 나는 처음 배우던 때를 수없이 되돌아보았고, 아버지가 나에게 가르쳐준 것이 아니라 가르쳐주지 않은 것에 감사했다.

그러면 왜 1,001개의 팁이 있는 책을 썼을까? 글쎄, 시작은 내가 그렇게 많은 팁을 생각해낼 수 있는지에 대한 도전이었다. 내 머리에 있는 모든 지식을 동원해 한 권의 책에 담아낼 수 있을까? 그리고 등반 강사로서 나는 내가 항상 떠들어대는 것을 연습하지 않는 경향이 있고, 스스로 해결하는 것이 최상이라고 생각하지만, 사람들에게 경험의 시동을 걸어주는 것을 좋아한다. 나는 또한 지식을 가지고 있는 것에 그치지 않고 전달하는 것이 대부분 스포츠의 한 부분이며, 스포츠를 발전하게 한다는 사실을 깨달았다. 다음 세대가 그 끝에서 유리하게

출발하는 것, '사람들의 어깨에 서 있는 것과 같은 것 말이다.

이 책에는 몽골의 공중부양 기도나 티베트의 창갈이 주술같이 지구를 뒤흔드는 팁은 없다. 단지 (어떤 것은 금과 같고 어떤 것은 금도금 같은) 등반에 대한 모든 사항의 단순한 정보가 있을 뿐이다. 이 책은 설명서가 아니다. 이것은 당신이 등반에 대해 이미 꽤 많이 알고 있다고 가정하기 때문이다. 물론 초보자라면 배워가는 과정에서 몇몇 조언이 적절하다는 점을 이해할 것이고, 다른 이들은 몇몇 조언이 잘못됐거나, 쓰레기 같거나, 분명 바보 같다고 생각할 것이다. 이 책은 모든 것을 다루지 않는다. 그리고 나에게는 효과가 있지만 다른 이들에게는 그렇지 않을 수도 있다는 점을 분명히 한다.

이 책을 바위에서 등반하거나, 바위 아래로 내려온 다음, 아니면 뒤풀이 자리에서 들을 수 있는 천 개의 작은 충고 정도로 생각하라. 이 작은 것들이 등반 능력을 조금 또는 많이 향상시켜줄 것이다. 수많은 경험을 통해 어쨌거나 배워야 할 것은 다 배울 것이 분명하지만, 보다 중요한 것은 그만큼 아름다운 실수를 할 것이라는 사실이다. 실수를 위해 건배!

감사의 말씀

나에게 스스로 문제를 해결할 수 있는 능력을 가르쳐준 아버지 외에도, 자신의 경험을 기꺼이, 보통 너무나 기꺼이 공유해준 예전의 사장 딕 턴불Dick Turnbull에게도 많은 신세를 졌다. 딕은 아이거, 마터호른, 그랑드조라스 북벽을 등반했고, 이런 경험이 장비와 기술에 대한 그의 생각을 다채롭게 해주었다. 무엇보다도 딕은 살아남았다. 동시에 그는 지식이 풍부했지만, 다른 이의 말에 귀를 기울이지 않거나 다른 이로부터 배우지 않는 독단적인 사람은 결코 아니었다. 1990년대 『하이High』잡지에 실린 겨울 알파인 등반에 대한 그의 기사가 장비에 대한 글을 쓰고자 하는 나의 관심과 겨울 알파인 등반에 대한 나의 자학적 집착에 시동을 거는 역할을 했다. (좋은 장비는 실제로 비교적 편안하게 고통 받는 것 같은 인상을 준다. 비교적…)

나는 또한 장비와 기술을 진지하게 생각하고 항상 둘 다를 개선하기 위해 새로운 방향을 찾는 나의 친구들에게 감사한다. 이러한 접근에 있어 리치 크로스Rich Cross, 폴 램슨Paul Ramsden, 앨 파월Al Powell, 롤란도 가리보티Rolando Garibotti 같은 사람들이 대표적인 인물이다. 또한 이 두 가지에 전혀 관심이 없는 이안 파넬Ian Parnell, 맷 디킨슨Matt Dickinson, 폴 태터솔Paul Tattersall 같은 친구들도 추가해야겠다. 이들은 잘하면 그만이라는 것을 나에게 보여주었다.

간과하기 쉬운 한 부분이 더비셔Derbyshire에 있는 스타니지Stanage와 밀스톤 에지Millstone Edge의 바위인데, 그곳은 로프 길이보다 낮긴 해도 고향을 떠나 아주 멀리서 거벽과 페이스 등반을 시도하는 데 필요한 모든 것을 가르쳐주었다. 그리고 트롤 월Troll Wall, 엘캡, 드류Dru 같은 벽들은 내가 살아남는 데 필요한 혹독한 교훈을 가르쳐주었다.

마지막으로, 오타의 산을 오르느라 수많은 시간을 보낸 오겔로스 오파나코스Aggelos Orfanakos에게도 감사한다.

참고

단위변환

아래 데이터가 본문에 언급되는 단위를
변환하는 데 도움이 될 것이다.

1킬로미터 = 0.62마일
1미터 = 1.09야드 또는 3.28피트
1센티미터 = 0.39인치
1킬로그램 = 2.2파운드(lbs)
1리터 = 2.11파인트

피드백과 업데이트

이 책과 관련해 피드백이나 질문이 있거나,
혹은 좀 더 확실히 하고자 하는 부분이
있다면 andy@psychovertical.com으로
이메일을 보내주기 바란다.
내 웹사이트에도 기술, 기량 그리고 온갖
종류의 등반에 관한 집착이 엄청나게 많이
있다. www.andy-kirkpatrick.com

등반용어

이 책 전체에 나는 명백하게 영국의
등반용어를 사용했는데, 대부분은
북미에서도 익숙하겠지만 아래 두 개는
그렇지 않을 것이다.

종달새 발larks' foot = 거스 히치girth hitch
펙peg = 피톤piton

* 이 책의 번역에는 북미의 단위와 등반용어를
  사용했다. (역주)

이 책은 형편없다

덴마크 출신 폴 버호벤Paul Verhoeven
감독의 엄청나게 저평가된 영화
「스타쉽 트루퍼스Starship Troopers」를
본 적이 있는가?
「로보캅Robocop」, 「토탈 리콜Total Recall」,
「원초적 본능Basic Instinct」, 「쇼걸Showgirls」
등 주옥같은 영화를 만든 그는 비교할 데
없이 훌륭한 감독이다.

인간과 '벌레'와의 전쟁을 다룬 이 영화에서,
커다란 외계인 벌레는 남자 주인공 두 명을
잡아서 다른 사람처럼 찢어 죽이는 대신에
지하 은신처로 끌고 간다. 그곳에서, '최고의
두뇌' 외계인이 도착해 빨대 같은 주둥이를
주인공 한 명의 머리에 박고 사고思考,
아이디어, 기억을 뇌와 함께 빨아먹는다.

도대체 하고 싶은 이야기가 무엇이냐고?
자, 이 책을 읽는 것은 약간 그와 비슷하다는
것이다. 따라서 당신은 이제 저 엄청난
외계인이 되어 내 뇌를 빨아먹게 될 것이다.

즐거운 식사가 되길Bon appétit!

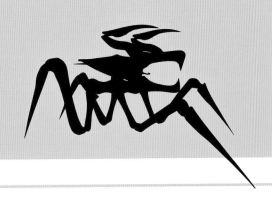

툴럼 메도우즈Tuolumne Meadows에 있는 다프돔Daff Dome의 크레센트 아치Crescent Arch를 등반하는 바네사 섬너Vanessa Sumner

노르웨이의 트롤 월Troll Wall을 향해 잡목을 뚫고 나가는 저자

기초

1~240

일주일 잘 배우는 것이 일 년 동안
실수를 반복하는 것보다 훨씬 더 낫다.

학습
1~10

1

배우는 데는 다섯 가지 기본적인 방법이 있다. 언어와 시각, 촉각, 근감각(kinaesthetic, 근육이나 관절에 전해지는 운동·긴장 따위에 대한 지각), 청각이 바로 그것이다. 이중에서, 대분의 사람들은 주로 한두 가지를 쓴다. 나는 독서광이라 바다 카약에서부터 CSS 코드 쓰기까지 흥미 있는 주제에 관한 것이라면 무슨 책이든 다 읽는다. 하지만 그것을 내 것으로 만들려면 빨리 (근감각적으로) 실천해야 한다. 보통 내가 가진 지식의 70퍼센트 정도는 그렇게 습득하며, 그리고 나면 나머지를 얻기 위해 실습에 들어간다. 초기에 내가 배우고 싶었던 등반기술 중 대개는 아직 책으로 나오지 않았고, 당시는 인터넷 시대 이전이어서, 근감각과 촉각을 이용한 접근방식으로 나는 거벽 단독등반 같은 것을 스스로 해결해야 했다. 나는 '행동에 의한 학습'을 굳게 믿는 사람이지만, 배우는 방식은 사람마다 다르므로(이것 역시 다른 클라이머와 등반하면서 배운 것이다), 이 멋진 등반 지식(5미터 높이의 볼더링이나 에베레스트 정상에서 내려오는 데 필요한 지식)의 세계를 향한 여행을 시작하기 전에 내가 어떤 방식으로 학습하는 것이 가장 효과적인지 이해할 필요가 있다.

2

등반 관련 지식을 쌓기 전에 알아야 할 아주 중요한 한 가지는 — 그 양이 엄청나게 많긴 하지만(그저 팁일 뿐인데도 이 책이 얼마나 두꺼운가!) — 거의 모든 것들이 아주, 아주 단순하다는 것이다. 로프는 끝이 두 개다. 중력은 언제나 같다. 올라간 것은 (결국) 내려온다. 장비는 스스로 망가지지 않는다. 사람이 장비를 부순다. 그러므로 올바르게 이해하려고 너무 스트레스 받지 마라. 만약 의심이 든다면 이성적으로 생각하라. 아마 당신의 생각이 맞을 것이다.

3

처음부터 배우려면 가르쳐줄 사람이 필요하거나, 스스로 터득하는 수밖에 없다. 등반 견습생이나, 아니면 등반 고객으로 배울 수도 있다. 이 말은 친구나 당신을 받아줄 동호회를 찾거나, 또는 누군가에게 돈을 주고 배워야 한다는 뜻이다. 친구는 이미 관계가 형성되어 있으므로 배우기에 이상적인 대상일 수 있지만, 동호회는 처음에는 폐쇄적이고 배타적인 느낌이 들 수 있다. 하지만 한 번 적응이 되면 많은 지식을 활용할 수 있다. 강좌를 듣고자 한다면 하루 코스를 먼저 들어보라. 평판이 좋은 회사나 단체에 가는 것이 좋다. 책과 인터넷, DVD를 통해 스스로 터득하는 것은 지식기반을 다지는 좋은 방법일 수 있지만, 결국은 등반 파트너가 필요할 것이다.

4

파트너를 구하는 것은 쉽지 않다. 인터넷 사이트, 동호회, 다른 누군가(예를 들면, "내 친구 빌Bill이 등반해" 같은 것)를 통해, 또는 집에서 가까운 곳에 있는 등반 강좌를 통해 경험 있는 클라이머를 만날 수도 있다. (인공암장에 가면 자연 속에서 등반하고 싶어 하는 사람을 위한 자연암벽반 코스를 종종 볼 수 있는데, 이런 곳에서 마음에 맞는 클라이머를 만날 수도 있다) 다른 방법은 스스로 어떻게 해야 하는지 터득한 뒤에 함께 해보고 싶어 하는 초보자를 찾는 것이다.

5

일주일 잘 배우는 것이 일 년 동안 실수를 반복하는 것보다 훨씬 더 낫다.

6

모르는 사람과 등반할 때 정신 줄을 놓으면 안 된다. 등반 세계에는 허풍을 떨거나 헛소리를 하거나 영웅 행세를 하는 사람이 많이 있기 때문에 과하다 싶을 정도로 조심해야 한다. 믿을 만하다는 것이 증명될 때까지 무턱대고 믿어서는 안 된다. 매듭은 잘하는지, 장비는 얼마나 낡았는지, 이상하게 보이는 행동을 하는지 확인하라. 믿음이 가지 않거나 느낌이 좋지 않으면 함께 등반하지 마라.

7

다른 스포츠처럼 등반기술을 다루고 기술을 천천히 연마하면서 최선을 다해 최대한 배워라. 이 말은 집에 있을 때는 적당한 길이의 줄을 가지고 나이젤 쉐퍼드Nigel Shepherd의 『로프 테크닉 완성하기Complete Guide to Rope Techniques』에 있는 매듭을 연습하거나, 공원에 나가서 프루지크 매듭과 구조기술을 연습하는 것같이 사소한 것을 의미한다.

8

확보의 기본을 이해하고 싶다면 등산학교 수업을 들어라. 훈련과 등반기록, 그리고 필요한 다른 자격도 기술수준을 향상시킬 수 있는 좋은 방법이다.

9

시간을 들여야 하는 훈련과정을 통해 서서히 자격을 획득하는 것으로 경험을 쌓을 수 있다. 하계등산지도자Summer Mountain Leader(Summer ML)와 동계등산지도자Winter Mountain Leader(Winter ML) 과정이 인기 있는 코스인데, 이 둘은 등산훈련연합Mountain Training Association의 감독을 받고 있다.

10

내가 이런 코스에 반대하는 것은 이것이 종종 스스로 지식을 탐구하는 과정이고, 스스로 찾고자 하는 것에 대한 인식이며, 여행의 일부일지 모른다는 이유에서다. 예를 들면, 몇몇 사람이 나에게 거벽 단독등반을 가르쳐줄 수 있는지를 물었는데, 나는 그들에게 거벽 단독등반을 스스로 배우는 것이 아마도 단독등반을 준비하는 데 있어 가장 중요한 기술일 것이라고 대답해주었다. 혼자 있을 때 무언가 잘못되면, 즉각 문제를 해결할 수 있는 능력은 중요한 기술이다.

파트너십
11~22

11

파트너와 경험과 능력에서 균형이 맞는 것이 중요하다. 하지만 아마도 더 중요한 것은 같은 종류의 등반에 같은 정도의 정신 상태를 공유하는 것일지 모른다. 이 말은 한 사람이 다른 사람의 능력에는 미치지 못한다 해도 어려운 등반에 대한 기술적인 부족함을 넘어서는 열정이 있다면, 확보만 보는 상황이 와도 보완이 된다는 뜻이다.

12

파트너가 될 가능성이 있는 사람과 등반을 하게 되면, 처음에는 인공암벽에서 손발을 맞춰보고, 자연바위에서 당일치기 등반을 해본 뒤, 주말에 멀티 피치 등반을 하고 나서, 더 긴 등반여행을 하라. '낯모르는 사람'과 주요 루트를 등반하는 것도 가능은 하겠지만, 위험할 수 있다.

13

알파인이나 원정등반 파트너를 찾는다면 장비를 착용하거나 정리할 때, 침낭을 주머니에 넣을 때와 같이 일상적인 작업을 하는 동안 얼마나 빠른지 확인해보라. 만약 그들이 생각보다 훨씬 느리다면, 극한의 환경에서 같은 행동을 했을 때 이것이 문제가 될 수 있다. 나는 느린 파트너가 짐을 정리하는 것을 기다리다 동상에 걸린 클라이머를 적어도 한 명은 알고 있다.

14

어느 누구와도 유머감각은 필수이다. 어떤 일에 차질이 생겼을 때 좀 더 효율적으로 대처할 수 있게 되기 때문이다.

15

2인 1조 팀에서의 흥분 상태는, 한 사람이 아슬아슬하게 선등을 서고 확보를 보는 상황을 반복하면, 오르락내리락 거린다. 일반적으로 어려운 상황일 때 확보를 보고 있으면 흥분이 가라앉는 반면, 선등자는 진행해 나가면서 흥분이 고조된다. 어둡거나, 날씨가 나쁘거나, 루트 파인딩에 실수가 있거나, 탈수 현상이 있는 경우에 이런 현상은 더욱 심각해진다. 전쟁과 마찬가지로 속도가 중요한데, 빠르게 움직이면 둘 중 하나의 긴장감이 최저로 떨어지는 것을 막을 수 있다. 그때조차도, 후퇴라는 소명을 받아들이려면 둘 다 흥분을 가라앉힐 필요가 있는데, 그래야 둘 다 멈출 수 있다. 기본적으로, 빠르게 움직일수록 긴장감의 부족으로 실패할 확률이 줄어든다.

16

오랜 결혼생활처럼, 같은 파트너와 오랫동안 함께하는 것은 나름의 기복이 있으며, 약간 문란한 것이 좋을 수도 있다. 새로운 파트너는 새로운 아이디어를 얻게 하고, 변화를 주며, 등반을 더 흥미롭게 한다.

17

견고한 파트너십 관계는 주로 등반에 관한 대화를 할 때 서로의 유대감을 강화한다. 파트너를 신뢰할 수 있다면, 로프가 팽팽해졌을 때 확보가 시작되었으므로 등반을 시작해도 된다는 것을 알 수 있다. 또는 '텐션!' 하고 외쳤을 때 '확보해제' 해달라는 말이 아니라는 것을 알 수 있다.(아는 사람에게 이 일이 일어났다) 이런 수준의 이해는 로프로 묶인 파트너십의 일부이며, 새로운 사람과 등반하는 한 간단한 일이 하나도 없다는 것을 당연하게 받아들이는 것이다.

18

좋은 파트너십은 실력을 쌓아가는 과정에서 서로를 뛰어넘는 사이일 것이다. 아마도 이것은 어느 정도의 경쟁심에 따른 것일 테지만, 이유야 어찌됐건 이것이 등반을 늘 활기차게 해줄 것이다.

19

선등을 교대하는 데 너무 독단적인 태도를 취하지 마라. 그리고 그 루트가 중요하다면 (즉, 그곳을 올라가고 싶을 때) 그곳에서 가장 잘할 수 있는 클라이머를 앞세워라. 누군가가 크랙 등반을 잘하면, 크랙이 있는 피치에 선등을 세워라. 누군가가 슬랩을 더 잘하면, 그를 선등으로 내세워라. 동시에, '난 슬랩엔 강하지만 천장에선 형편없어'와 같은 등반 편식자가 되어선 안 된다. 전천후 클라이머가 되는 것을 목표로 삼아라. 하지만 단순히 '루트를 올라가는 것'에 있어서는 최고의 클라이머를 앞세워라.

20

새로운 사람들과 등반할 때, 믿을 만한 사람이 보장하는 경우가 아니라면, 그들을 초보자로 대하라. 등반을 많이 했다고 스스로 떠들어댔지만 매듭도 제대로 하지 못하는 사람과 나는 등반한 적도 있다. 심지어는 확보도 볼 줄 모르는 사람도 있었으며, 그리그리로 확보를 봐 놓고는 등반을 마친 뒤에야 그것을 처음 써본다고 털어놓은 사람과도 등반한 적이 있다. 반면 (적어도 서류상으로는) 그곳에 있을 자격이 없는 사람이었지만 등반을 잘해낸 사람과도 많은 루트를 등반한 적이 있다. 차이점이 있다면, 내가 그들을 언제나 의구심을 가지고 대했으며, '매듭을 할 줄 아세요?'와 같이 하찮아 보이는 질문을 하는 데 주저하지 않았다는 것이다.

21

(알파인 등반이나 원정등반을 앞두고) 파트너십을 시험할 계획이라면, 사전에 가능하면 강한 압박을 받는 상황에 처해봐야 한다. 다시 말하면 하드코어 훈련을 떠나보라는 것이다. 쓰러질 때까지 얼마나 오래 또는 강하게 버티는지 시험해봐라. 잠을 자지 못하거나, 먹지 못하거나, 녹초가 된 채로 얼마나 버티는지, 그리고 하나가 되어 그것을 어떻게 극복하는지 시험할 수 있는 무모한 도전을 하라. 등반 목표보다 더 힘든 훈련을 한다면, 등반이 쉽게 느껴질 것이다.

22

전력을 다해야 하는 루트를 등반할 때는 준비에도 그만큼 노력을 기울여라. 이 말은 둘 다 구조보험을 들고, 같은 양의 물과 음식을 준비하고, 무엇보다도 최선을 다하고자 하는 의지를 가지라는 뜻이다.

로프
23~46

23

좋았던 옛 시절에는 클라이머가
형편없었지만 절대 추락하지 않았다. 이제
우리는 고수가 되었지만 늘 추락한다.
이것이 바로 지금의 우리에게 하네스와
끊어지지 않는 로프 같은 것들이 필요한
이유이다. 에어백과 안전벨트도 없이
바위를 하고, 헬멧도 없이 (독한 담배를 피우며)
오토바이를 타면서도 기세등등했던 그
시절의 잔재 가운데 하나가 안전에 대한
심드렁한 태도이다. 턱수염을 밀고 헬멧을
쓰기까지는 20여 년이 걸렸지만, 매듭은
여전히 너무나 무시당하고 있다. 매듭을 할
때는, 자신의 인생에서 가장 중요할 수도
있는 매듭을 하고 있다는 것을 기억하라.

24

매듭을 할 때는, 파트너를 완전히 바보
취급한다는 소리를 듣더라도 반드시 매듭을
제대로 했는지 확인하라. 스카이다이빙과
스쿠버다이빙에도 이 방법이 사용되는데
등반이라고 안 될 이유가 있을까? 또한 이런
말을 한다고 진짜 바보가 되는 것은 아니니,
그들에게도 당신을 바보 취급해달라고 하라.

25

매듭을 할 때는 잡담하지 않는 습관을 들여라.
자기 인생에서 가장 중요할 수도 있는
매듭을 할 때는 그 일에 전념하는 것이 좋다.

26

만일 이것이 과하다고 생각된다면,
20~30미터 높이에서 떨어진 사람의 다리가
어떻게 되는지 인터넷을 찾아봐라. 그리고
매듭을 할 때마다, 또는 파트너의 매듭을
확인할 때마다 그 장면을 떠올려라. 그러면
집중에 많은 도움이 될 것이다.

27

8자 매듭의 올바른 로프 길이를 재기
위해서는 로프 길이를 흉골에서 손가락
끝까지(성인의 경우) 재라. 하네스에 매듭을
바짝 묶어, 로프를 잡아당기려고 손을 내렸을
때 매듭에 걸리지 않도록 하라.

28

8자 매듭(자신을 아끼는 클라이머가 사용해야
하는 유일한 매듭)을 할 때 끝자락에 옭매듭을
하라. 8자 매듭을 올바르게 했다면 안전에는
문제가 없지만, 옭매듭은 ㉮ 끝자락이 짧아서
8자 매듭 속으로 그 부분이 빨려 들어가는
일이 없게 해줄 것이고, ㉯ 혹시 8자 매듭에
실수가 있었다 해도 잘 묶인 옭매듭이
당신이 골프나 쳐야 하는 멍청이라는 것을

충분히 깨달을 정도의 시간은
살게 해줄 것이다.

29

하네스 제조사가 제품설명서에
써놓은 내용을 무시해야 하는
경우가 많은데 (설명서는 당연히
읽지 않나?) 모든 등반교재와
강사가, 리버댄스 지그를 추는
것과 같다고 말하는 일을 새
로프에 해야 할 때도 있다. 이
변칙적 행위가 무엇인가 하면,
확보 고리에 직접 매듭을 하는
것이다! 실제 등반 상황에서
옷을 많이 껴입었거나 손이 얼어
있을 때(또는 손가락이 부러졌을 때),
혹은 어둠 속에 있을 때 정상적인
매듭을 하는 것은 매우 위험하다.
대신, 매듭을 정확하게 할 수
없다는 판단이 서면, 확보 고리에
매듭을 하거나 아니면 조금 더
쉬운 방법으로, 8자를 만들어
두 개의 잠금 카라비너에 거는
방법이 있다. (잠금 카라비너가
없으면 두 개의 게이트를 반대로
사용하라.) 이것은 자주 쓰면 안
되지만, 독단에 빠져 이미 위험한
상황을 더 심각하게 만들지 마라.
(비가 오거나 어두운데, 부러지고
얼어붙은 손가락으로 매듭을 한다고
생각해봐라!)

30

클라이머는 확보 고리에서 확보를 보거나, 매듭을 한
로프 고리를 통해 확보를 보거나, 가이드 플레이트
또는 이탈리안 히치로 알려진 뮌터 히치Münter
hitch를 이용해 확보지점에서 바로 확보를 볼 수
있다. 개인적으로 나는 선등자를 확보할 때는 확보
고리를 이용하지만, 후등자를 확보할 때는, 부적절한
경우를 제외하고, 확보지점에서 직접 확보를 본다.
그리고 부적절한 경우에는 확보 고리에서 전통적인
방식으로 확보를 본다. 로프에 확보장비가 달려 있는
것을 깜빡해 매듭을 풀면서 장비를 떨어뜨리는 위험한
습관 때문에 (좋은 클라이머가 되는 비법은 '이런, 젠장' 하고
후회하는 순간을 피하는 것이다) 개인적으로 나는 로프에서
확보는 절대 보지 않는다.

31

로프의 외피는 로프가 받는 힘의 20~30퍼센트 정도를
차지한다. 그러므로 외피가 상했거나 해졌다면,
보이는 것만큼 심각하지는 않다. 일단 사용하기로
마음먹었다면, 손상을 지연시키기 위해 테이프(클라이밍
테이프나 청테이프 등)를 사용해 보완하되, 이 로프로
하강하는 것은 외피에 스트레스를 주어 속심과
분리시킬 수 있기 때문에 피해야 한다. 외피가 완전히
손상되면 속심이 삐져나와 확보를 더욱 어렵게 만들
것이다. 이렇게 된 로프는 폐기하거나 잘라야 한다.
(손상된 로프로 하강하는 방법에 관한 조언은 88쪽의 268번을
보라)

* Riverdance jig. 탭댄스의 일종으로 아이리시 댄스공연의 이름 [역주]

프티 드류Petit Dru의 라파이유Lafaille 루트에서 저자. [사진] 이안 파넬Ian Parnell

32

로프 끝에는 알아보기 쉽도록 열로 압착한 뻣뻣한 플라스틱 표지가 있다. 이 표지에는 로프의 길이와 직경이 적혀 있어, 단체로 사용할 때 아주 유용하다. 만약 로프가 당신 것이라면 표지를 잘라내는 것을 고려해봐라. 하강할 때 이 표지 부분이 자주 크랙에 끼기 때문이다. 표지를 잘라 낸 다음 속심을 조금 꺼내 비스듬하게 자르면, 속심 가닥이 점점 가늘어지게 된다. 그런 다음 외피를 다시 당겨 덮어주고 녹이는데, 이렇게 하면 로프 끝이 점점 가늘어지게 만들 수 있다.

33

새 로프를 사용할 때는 항상 한 사람이 로프를 잡고 다른 한 사람이 로프를 조심스럽게 풀어라. 가장 이상적인 것은 이렇게 한 다음 로프백에 담는 것이다. 그냥 바닥에 던져버리면 그 상태로 뒤틀리고 꼬여서 바로잡는 데 시간이 많이 걸릴 것이다.

34

로프백은 인공암벽이나 바위에서 한 번에 많은 루트를 등반할 수 있는 유일한 방법이다. 시중에는 좋은 로프백이 많이 있지만, 튼튼한 이케아IKEA 장바구니나 비닐 방수포도 만족스러울 수 있다.

35

등반할 때, 특히 멀티 피치 루트에서, 깔끔하게 정돈된 로프 시스템을 뽐낼 수 있도록 노력하라. 항상 확보 위에 고리를 만들어야 하며, 밑에서 엉망진창으로 꼬인 채 늘어지게 해서는 절대로 안 된다. 고리를 만들 때는 확보 위에서 그냥 하거나, 아니면 슬링을 통과시켜야 한다. 이런 기술은 블록block(한 사람이 여러 피치를 계속 선등으로 오르는 경우)으로 등반할 때 이상적이다.

36

로프 고리를 만들 때 각각의 고리를 앞의 것보다 조금 더 짧게 만들도록 해보라. 이렇게 하면 로프를 풀어줄 때 고리가 서로 얽히지 않을 것이다.

37

블록으로 등반하면 로프가 거꾸로 꼬이는 문제가 항상 일어날 것이며, 세 명이 한 팀으로 등반하면 두 배로 그럴 것이다. 어떤 사람들은 로프를 뒤집기도 하지만, 내 생각에는 매듭을 풀어 올바른 방향으로 다시 매듭을 하는 것이 더 쉬운 것 같다. 이렇게 하려면 확보에 슬링이나 데이지체인으로 연결되어 있어야 한다.

38

어떤 등반에서든 싱글 로프를 사용한다면, 끝을 매듭하거나 묶어두어라. 많은 클라이머들이 로프의 끝이 확보기구를 빠져 나가는 사고로 인해 죽거나 심각한 부상을 당한다. 루트가 20미터이고 가지고 있는 로프가 60미터라고 해도(파트너의 로프 길이가 실제로 60미터인지, 아니면 해져서 잘라냈는지 확인해보았는가?) 벽에서 떨어져 확보를 보거나, 시야를 더 좋게 하기 위해 아래쪽으로 조금 내려가려면 로프가 곧 다될 수 있다.

39

로프를 보관하는 방법에는 크게 세 가지가 있다. 원형 사리기, 나비형 사리기, 그리고 그냥 풀어 두는 것이다. 원형 사리기는 현재 자주 사용하지 않지만 좋은 점도 있다. 이것은 정말 고전적인 방법으로, 로프를(목부터 허리까지) 둥글게 사리는 것이다. 이렇게 사린 로프는 어깨너머로 던질 수도 있고, 좁은 공간에서도 쉽게 풀 수 있으며, 배낭 안에 집어넣기도 좋다. 원형으로 사린 로프를 가지고 다니는 방법 중 하나는 그냥 배낭의 윗부분에 올려놓고 뚜껑으로 고정시키거나, 위쪽에 달린 끈으로 조이는 것이다. 나비형 사리기는 쉽고 빠르며, 로프가 덜 꼬이는 경향이 있어 로프를 사릴 때 가장 많이 사용하는 방법이다. 그냥 풀어 두는 것은 지금까지 가장 좋은 로프 보관법으로, 로프백이나 들통에 보관할 수 있다.

40

로프를 나비형으로 사려 등에 메고 다니기 위해서는 로프 끝을 3미터 정도 남긴 후 로프를 등에 올리고, 로프 끝부분으로 가슴과 허리를 통해 서로 묶으면 된다. 이렇게 하면 로프가 가슴을 통해 X자 형태를 만들어주기 때문에 로프가 자꾸 어깨에서 흘러내리는 성가신 일을 피할 수 있다.

41

로프를 여러 개 살 때는 색깔이 확연히 다른 것을 선택해 어둠 속에서도 완벽하게 구분할 수 있도록 하라.

42

로프를 구입할 때, 특정한 루트를 등반하거나 색다른 등반 여행같이 특별한 경우가 아니라면, 튼튼한 로프를 구입하라. 다시 말해서 싱글 로프는 10.5밀리미터, 하프 로프는 8.5밀리미터가 좋다. 로프의 길이는 60미터가 표준이다.

43

주로 20미터가 되지 않는 짧은 루트를 등반하면서
더블 로프를 쓸 경우 하프 로프 하나를 사서 두 줄로
사용할 수 있다. 이렇게 하면 결과적으로 로프가 두 개
손상되는 것이 아니라, 하나만 손상된다.

44

오버행 지형에서 로프 전체가 다 늘어질 높이라면
(그러니까, 60미터 로프라면 60미터가 늘어질 것이다) 로프
끝을 떨어뜨리는 것을 피하라. 만약 떨어뜨리게 된다면
멋진 채찍질 소리는 나겠지만 초음속으로 떨어지기
때문에 로프 끝이 쪼개질 것이며, 혹여 아래에 있는
누군가가 맞기라도 한다면 심각한 부상을 당할 수
있다.

45

로프를 가장 크게 손상시키는 행위 두 가지는 톱로핑과
주마링이다. 물론 이것은 당신이 바보일 경우에
해당된다. 톱로핑 앵커는 항상 턱에서 떨어지도록
연장해서 설치하고, 주마링을 할 때는 튕기거나
몸부림치지 마라. 톱로핑과 주마링 둘 다 로프가
쓸리거나 벗겨지게 할 수 있다. 그리고 운이 나쁘면
로프가 끊어질 수도 있다.

46

톱로핑을 세팅할 때 슬링과 코들렛cordelette을 뒤섞어
엉망으로 만들면 안 된다. 대신 정적이든 동적이든
길이 20미터, 지름 9.5~11mm의 로프로 커다란
코들렛을 만들어 사용하라. 이런 방법을 사용하면 아주
복잡한 앵커도 처리할 수 있다.

툴럼 메도우즈에 있는 램돔Lamb Dome의 온 더 램On the Lamb을 오르는 바네사 섬너

수동 확보물
47~83

47

수동 확보물은 움직이는 부품이 전혀 없는 확보물을 말한다. 따라서 싸고, 튼튼하며, 이해하기 쉽기 때문에 처음 사용하기에는 안성맞춤이다.

48

한 세트 이상의 너트를 가지고 등반한다면, 그것들을 카라비너 세 개에 나눠라. 큰 사이즈(10~7)와 중간 사이즈(6~4)를 각각 다른 카라비너에, 그리고 세 번째 카라비너에는 작은 사이즈와 마이크로 와이어(3~00)를 모아서 걸면 된다.

49

나는 와이어를 챙길 때 타원형 카라비너 (블랙다이아몬드의 오발와이어 카라비너)를 쓰는 것을 선호한다. 아래쪽이 넓어 와이어가 뭉치는 것을 막아주는 데다 D형 카라비너보다 조금 더 크기 때문이다. 찾기 쉽도록 카라비너의 개폐구에 에나멜페인트로 표시하라. (대부분은 벗겨지겠지만 개폐구를 쉽게 알아볼 수 있을 만큼은 남아 있을 것이다)

50

너트를 사이즈별로 나눌 때 다른 색깔의 카라비너를 사용하거나, 스프레이를 뿌려라. 그런 작업을 할 때 각 카라비너별 너트도 스프레이를 뿌리면, 등반을 바꾸기 위해 장비를 넘겨줄 때 신속하게 챙길 수 있다.

51

와이어는 하네스 앞쪽에 걸되, 작은 것부터 앞에서 뒤로(작은 너트 카라비너, 중간 너트 카라비너, 큰 너트 카라비너) 거는 것이 가장 좋다. 이렇게 하면 딱 알맞은 너트를 찾기가 쉬워진다. 이렇게 하지 말아야 하는 경우가 하나 있는데, 장비고리가 지나치게 앞쪽에 위치한 하네스를 쓸 때이다. 이 경우에는 너트가 다리와 로프 사이에서 항상 달그락거릴 수 있기 때문이다.

52

화강암이나 사암을 등반한다면 와이어를 쓸 일이 거의 없기 때문에 와이어는 하네스 뒤쪽에 걸고, 대신 하네스의 가장 중요한 자리는 캠으로 대체하라.

53

후등자만 너트 회수기가 필요하다고 생각하지 마라. 선등자도 종종 필요할 때가 있다. 딱 맞는 크기의 너트를 끼우려다 그대로 박힐 수도 있다. (박혀 있긴 하지만 좋지 않은 방향으로!)

54

어떤 클라이머들은 너트를 걸고 뺄 때 쉽다는 이유로 개폐구 끝이 매끈한 카라비너를 좋아한다. 나는 개인적으로 이런 카라비너는 너무 쉽게 빠지기 때문에 순식간에 너트 몇 개를 떨어뜨릴 수도 있다고 생각한다. (너트가 다리 사이로 날아가는 것을 지켜보는 것보다 더 괴로운 일은 없다)

55

너트 헤드 부분의 와이어가 구부러지면, 그냥 다시 펴라. 하지만 마이크로와이어는 아주 가는 케이블로 되어 있어 약하기 때문에 반복해서 구부리면 좋지 않다. 끊어진 와이어가 있으면 교체하라. 장담하건대 끊어진 와이어가 당신의 손톱 밑을 찌르게 될 것이다. (이것은 짠돌이가 되지 말고 와이어를 교체하라는 신의 가르침이다)

56

만약 길이가 조금 짧으면, 중간 사이즈 너트에 와이어를 통과시키고 여기에 사용하고자 하는 너트를 연결하면 몇 센티미터는 더 늘릴 수 있다. 언젠가 나는 이것이 반칙이라고 생각하는 사람을 만난 적이 있는데, 그는 한 술 더 떠 와이어를 사용하는 것 자체가 반칙이고 손가락을 이용해 너트를 끼워야 한다고 믿고 있었다. 돌이켜보면 그는 그냥 선의의 비판자 역할을 한 것 같다.

57

설치한 너트가 빠지지 않아 회수하기 힘들 때는 케이블을 밀어 넣어 너트의 헤드에 통과시킨 다음 그 부분에 퀵드로를 걸어 위로 확 잡아채 봐라.

58

너트 회수기는 클라이머의 필수 장비이다. 그것은 너트를 회수할 때에 사용하지만 너트를 설치할 때 두드려서 제자리에 자리 잡게 하는 데 사용하기도 한다. 단단한 헤드를 가진 너트 회수기는 손으로(또는 머리로) 두드리기가 조금 더 쉽지만, 크랙 깊숙이 집어넣는 것은 더 어려울 수 있다. 또한 어떤 루트에는 너트 회수기가 확보물로 쓰이는 경우가 있지만, 이것은 일반적으로 초보자들을 겁주기 위한 방법의 하나일 뿐으로, 보통은 너트를 확실하게 설치할 자리가 그 옆에 있다.

59

바위가 헐거운 위험천만한 루트에서 종종 너트를 설치하기 좋은 자리가 흙이나 작은 돌멩이, 자갈 등으로 막혀 있는 것을 볼 수 있다. 너트 회수기로 파내는 것이 큰 도움이 될 수 있지만, 막힌 돌과 흙이 크랙 밖으로 떨어져 내릴 수 있기 때문에 날카로운 피크를 가진 해머를 이용하는 것이 가장 좋다. 어떤 사람들은 이것을 '치핑chipping'이라고 부르지만, 나는 '바위정원 가꾸기' 또는 '중력의 미약한 조력자'라고 부른다.

60

너트 회수기는 쉽게 떨어뜨릴 수 있기 때문에 끝에 슬링으로 고리를 만들어 놓을 필요가 있다. 이것은 후등을 하다 잘 빠지지 않는 너트를 만나는 경우 로프에 걸거나 그 너트에 직접 연결해, 마침내 빠져 나왔을 때 떨어뜨리지 않게 할 수 있다.

61

루트를 등반하다 보면, 박혀 있는 너트를 만나게 될지도 모른다. 그럴 때는 너트가 그냥 걸쳐져 있지 않고 확실히 잘 설치되어 있는지 항상 확인해야 한다. 앞서 지나간 후등자가 깜빡 잊고 지나친 것인지, 아니면 그냥 못 쓰는 것인지 알 수 없기 때문이다. 두 번이나 나는 이렇게 고정된 확보물을 만나 '하느님께 감사한' 적이 있었는데, 로프를 걸자마자 추락했다. 한 번은 너트도 없이 와이어만 있었다!

62

또한 녹슨 케이블은 체중에도 끊어질 수 있기 때문에 박혀 있는 너트가 부식되진 않았는지 확인해야 한다. 만약 의심스럽다면, 알루미늄 합금으로 만들어진 너트는 강철 케이블보다 느리게 부식되어 더 튼튼하니까 너트 둘레에 가는 슬링을 걸어라.

63

와이어에 표시를 하는 것이 좋은 또 다른 이유는 그것을 박혀 있는 너트와 구분하는 데 도움이 되기 때문이다. 후등자가 표시가 없는 너트를 보게 된다면 우리 것이 아님을 알게 될 것이고, 서두르는 상황이라면 그냥 내버려두고 갈 수도 있을 것이다.

64

등반 중에 퀵드로 슬링이 떨어졌다면, 대신 간단하게 와이어를 이용할 수 있다는 것을 잊지 마라. 나는 와이어를 마치 퀵드로 슬링처럼 걸지만(양쪽 끝에 카라비너를 사용해서), 최후의 수단으로는(카라비너가 떨어졌을 경우) 걸고자 하는 와이어에 그냥 거스 히치 매듭을 한다.(그래도 캠의 띠 부분에는 하지 않는다)

65

아주 가는 케이블로 되어 있는 마이크로와이어는 본래 약하지만, 신축성 있는 로프에 중간 정도 체중의 클라이머라면 터지지 않고 추락을 잡아줄 것이다. 추락계수와 등반의 물리학을 이해한다면, 체중이 많이 나가는 클라이머가 싱글 로프로 등반하다 확보자 근처에서 추락할 경우에는 와이어가 끊어질 수도 있다. 이런 경우에는 가능하면 와이어를 두 배로 해주거나(마이크로와이어를 나란히 설치), 스크리머 슬링(충격 흡수용 슬링)을 사용하거나, 다이나믹하게 확보를 보는 것이 와이어가 버틸 수 있는 확률을 높여준다. 더 좋은 것은 기타 줄처럼 가는 와이어에서는 추락하지 않는 것이다.

66

너트는 다양한 방법으로 설치할 수 있는데, 살짝만 돌아가도 매우 안전한 확보물에서 형편없는 확보물이 될 수 있다. 너트와 바위 사이에 안정적인 삼지점 접촉을 만들어야 한다는 것을 기억하라. 이런 접촉은 보통 두 지점은 오목한 면에, 다른 한 지점은 볼록한 면에 한다. 아이거 북벽을 등반할 때 필요한 장비가 무엇인지 묻는 질문에 "록 7Rock 7 하나"라고 대답한 남성을 만난 적이 있었는데, 그는 서로 다른 네 방향으로 바꿔주는 것으로 모든 피치에서 한 번씩 써먹는 방법을 설명해주었다.(그래도 여분은 챙겨가는 것이 좋다)

67

너트가 단순할수록, 문제를 일으킬 수 있는 모서리가 적어, 후등자가 회수하기는 더 쉽다. 따라서 초보자에게는 '와일드컨트리Wild Country'의 '록Rock'과 '블랙다이아몬드Black Diamond'의 '스토퍼Stopper'가 좋다. 하지만 '디엠엠DMM'의 '월넛Wallnut'과 '메톨리우스Metolius'의 '울트라라이트Ultralight'는 조금 더 복잡한 형태이기 때문에, 설치가 어려운 곳에서는 더 많은 선택권을 준다. 무엇을 사용할지에 대해서는 단순한 것 한 세트와 복잡한 것 한 세트, 이 둘을 섞어서 가지고 가는 것이

가장 좋다. 거기에 오프셋을 몇 개 포함시켜라. (DMM의 '피넛Peenut'과 오프셋 너트)

68

지금까지 만들어진 것 중 최고의 너트는 다른 너트는 가지 못한 곳을 많이 갔고, 오래전에 단종된 1세대 프로토타입의 와일드컨트리 '슈퍼록스Super Rocks'이다. 문제는 이 너트가 너무나 좋아 회수가 되지 않았다는 점이다. 좋은 너트의 조건은 선등자가 추락할 때는 필요한 보호를 완벽하게 해주고, 후등자가 회수할 때는 시간과 에너지를 빼앗지 말아야 한다는 것이다.

69

크랙에 알맞은 크기의 너트를 찾기 어렵다면 손가락을 기준으로 이용해봐라. 어느 크기의 너트가 손가락 끝, 둘째 마디 관절, 엄지의 폭과 같은지 가늠해봐라. 이런 식으로 하면 알맞은 너트를 더 빨리 찾을 수 있을 것이다.

70

너트를 한 세트만 가지고 간다면, 두 개의 카라비너에 홀수와 짝수로 챙기는 것을 고려해봐라. (그러니까 한쪽에는 1, 3, 5, 7, 9 그리고 다른 쪽에는 2, 4, 6, 8, 10) 이렇게 하면, 더듬거리다 너트를 떨어뜨리더라도, 전부 다 잃어버리지는 않을 것이다.

71

무게가 문제가 된다면, 크고 무거운 너트를 가볍고 활용 범위가 넓은 헥센트릭으로 대체할 수 있는지 확인해봐라.

72

대형 헥센트릭(록센트릭Rockcentric'이나 '토크너트Torque Nut' 같이 커다란 합금 너트를 내가 통틀어 부르는 말)은 넓은 크랙을 만날 수 있는 동계등반에 좋다. 이런 너트의 문제점 중 하나는 슬링 줄이 흐늘거려 머리 위로 높이 설치하기가 어렵다는 것이다. 이런 단점을 극복하기 위해 플라스틱 튜브를 슬링 위에 감아서 약간 딱딱하게 만들 수도 있다. 슬링이 제대로 마를 수 있도록 집에 오면 튜브를 벗기는 것을 잊지 마라.

73

슬링의 모양과 흐늘거리는 특성 때문에 헥센트릭을 설치하려면 상당한 창의력이 요구되는데, 그냥 너트(모양 때문에 선택의 폭이 넓다)처럼 설치할 수도 있고 트라이캠Tricam같이 캐밍 너트로 설치할 수도 있다. 헥센트릭을 설치하려면 캐밍 위치에서 슬링이 당겨지도록 해야 한다(트라이캠을 가지고 놀다 보면 이 말의 뜻을 잘 이해할 수 있을 것이다). 디엠엠의 토크너트는 특히 이 점이 좋다. 또한 헥센트릭을 거꾸로 설치해 슬링이 바위 쪽으로 가게 한 다음, 헥센트릭을 감싸게 거꾸로 뒤집을 수도 있다. 이 말은 슬링이 당겨질 때 헥센트릭이 뒤로 잡아준다는 뜻이다. 이런 위험천만한 설치의 강도는 슬링과 헥센트릭의 교차지점에 달려 있는데, 심한 추락이 일어나면 헥센트릭으로 인해 슬링이 끊어질 수도 있다. 따라서 이 방법은 아주 드물게 사용해야 한다.

74

손끝이 닿을락 말락한 곳에 헥센트릭을 설치해야 한다면, 박음질 된 부분이 너트를 위로 밀어 올릴 때까지 다이니마Dyneema 코드 슬링을 둘레에 감아라.

75

헥센트릭과 캠을 함께 가지고 있으면, 확보를 볼 때는 항상 헥센트릭을 사용하고 캠은 등반을 위해 아껴둬라. 캠은 언제나 더 쉽고 빠르게 설치할 수 있다.

76

넓은 크랙을 만나면, 큰 너트의 끝과 끝을 고정하든지 헥센트릭을 부분적으로 다른 하나의 안에 끼워 넣을 수 있다. 아니면 바위(돌!)를 헥센트릭과 크랙의 벽 사이에 끼워 넣을 수도 있다. 너트를 겹쳐 설치하는 것은 최후의 수단으로만 이용해야 한다.

77

대형 헥센트릭은 상당히 무겁기 때문에 움직이지 말았으면 하는 뾰족한 바위에서 슬링을 잡아주는 데 이상적이다. 마음을 단단히 먹고 크럭스 동작에 들어갔는데 확보자가 친절하게도 "슬링이 빠졌어!"라고 알려주는 소리를 듣는 것보다 더 최악인 것은 없다.

78

트라이캠은 잘 사용되지 않는 장비인데, '비밀의
벽장'에서 나올 자격이 있다. 가볍고 저렴한 데다 아주
튼튼한 트라이캠은(이것은 지저분하게 얼어붙은 크랙에서도
잘 잡아준다) 캠과 너트의 역할을 동시에 한다. 특히
석회암에서는 작은 크기(0.5~1.5)를 적극 추천한다.
(그림 1 참조)

그림 1

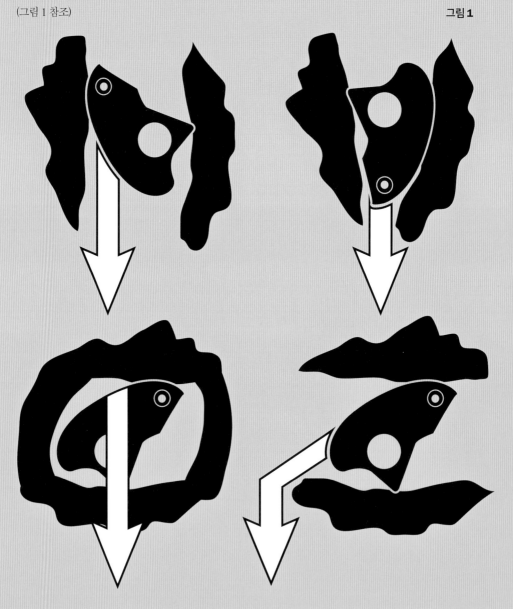

79

트라이캠을 설치할 때는 바위에서
설치하고자 하는 지점에 정확히 자리 잡도록
항상 확실하게 잡아당기고, 가능하면 길이를
연장하라.

80

수평으로 설치할 때는 트라이캠의 뾰족한
부분을 아래로 가게 해 슬링이 트라이캠의
윗부분을 감싸도록 설치해야 한다. 이렇게
설치하는 것이 훨씬 안정적이다.

81

끼어버린 트라이캠을 회수하기 위해서는
너트 회수기를 '긴 부분'에 걸고 세게
잡아채라. 잡아채는 힘을 더 강하게 하려면
퀵드로 슬링을 몇 개 함께 걸어 충격하중을
늘려라.

82

헥센트릭과 마찬가지로 트라이캠도 선등을
설 때는 한 손으로 설치하기 어렵기 때문에
확보를 볼 때 캠 대신 사용해야 한다.

83

트라이캠을 손이 닿지 않는 높은 곳에
설치하려 할 때 너무 늘어져서 힘든
경우가 종종 있다. 어떤 클라이머들은
열수축튜브(스토브에서 높게 잡고 있어야
테이프가 녹지 않고 쪼그라든다!)를 이용해
슬링을 뻣뻣하게 만들기도 한다. 또 한 가지
방법은 플라스틱 조각(단단한 우유 통이나
빨대를 이용해 조각을 만들어라)을 덧대 더
뻣뻣하게 만드는 것이다.

남극대륙의 울베타나Ulvetanna에서 선등을 서는 키에르스티 아이드Kjersti Eide

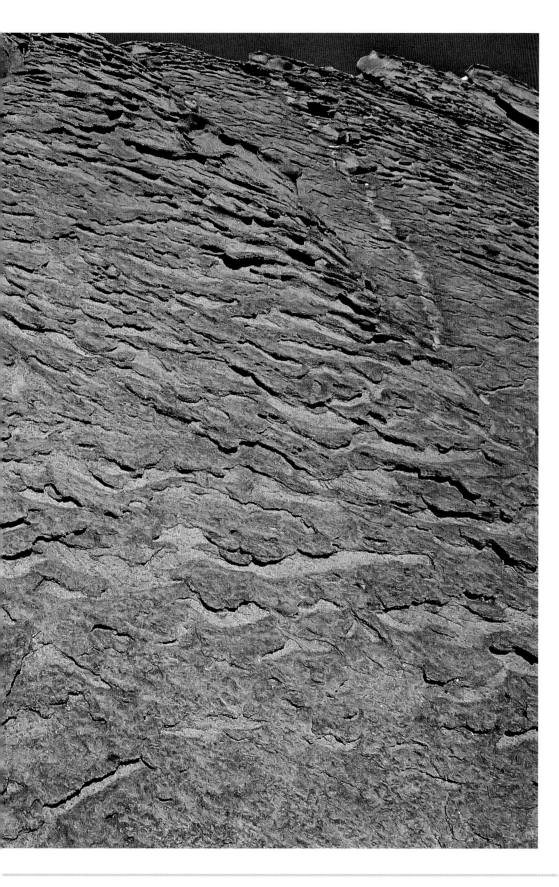

능동 확보물

84~95

84

해병대가 자신의 총을 다루듯 캠을 대하라. 마치 내 생명이 거기에 달린 것처럼 깨끗하고 먼지가 없게 유지하라. 캠에 모래나 소금, 먼지 등이 묻어 있으면 안정적으로 설치하기가 어려워지고 등반에 실패하는 결과를 낳을 수도 있다. 미지근한 물과 칫솔로 캠을 깨끗이 청소하고 나서 건조시킨 후에 마지막으로 윤활유를 쳐줘라. 나는 WD-40을 쓰는데, 어떤 사람들은 먼지가 더 낀다고 한다. 하지만 그것이 사실이라 해도, 그 말은 청소를 더 자주 해야 한다는 뜻인데, 이것은 결국 좋을 수밖에 없다.

85

캠의 축이 손상되었거나 헤드에 변형이 생겼다면, 그 캠은 버려라. 모든 캠은 디자인이 온전해야 현장에서 완벽하게 기능할 수 있다.

86

바위를 하러 갈 때 캠을 배낭 밑바닥에 처박아두지 말고 별도의 주머니에 보관하라. 이렇게 하면 케이블 파손을 유발하는 마모와 뒤틀림을 방지할 수 있다.

87

캠이 작동하지 않는 주된 이유는 트리거 케이블 파손이다. 등반 중 이런 일이 일어나면 수동으로 직접 설치해보는 것 외에는 방법이 없지만, 며칠 동안 등반을 하거나 등반 여행을 하는 중이라면 캠을 수리해야 한다. 1밀리미터 연줄 다이니마와 2밀리미터 다이니마를 몇 미터씩 항상 가지고 다니고, 더불어 가는 케이블과 쇠붙이를 가지고 다녀야 한다. 이것이 있다면 캠을 지속적으로 수리할 수 있을 것이다. 쇠붙이는 레더맨Leatherman 멀티 툴이나 돌 또는 너트 툴(너트 툴을 쇠붙이에 대고 돌로 세게 내려쳐라)로 구부릴 수 있을 것이다.

88

캠을 많이 설치하면 그만큼 감이 생길 것이다. 그리고 곧 캠이 한편으로는 쓰레기 같지만, 다른 한편으로는 아주 훌륭하다는 것을 알아차릴 것이다. 기억해야 할 점은 캠 날개의 바깥쪽이 항상 바위의 가장 넓은 면(설치장소가 얕을 때 필수이다)에 가야 한다는 것이다.

89

캠은 두 개의 넓은 캠 날개가 두 개의 좁은 캠 날개와 반대로 달려 있는데, 이중 세 면이 접촉하게 된다. 사실 캠이 작동하려면 세 개의 캠 날개가 접촉되기만 하면 되므로 바깥쪽 날개 두 개가 제대로 되어 있고 반대쪽 날개 하나가 걸려 있으면, 설치가 잘된 것이다.

90

캠은 설치와 회수가 너트보다 빠르므로 재빨리 등반하고자 할 때에 쓰면 좋다.

91

이중 축으로 된 캠은 많은 장점이 있지만, 가장 큰 장점은 낄 확률이 훨씬 줄어든다는 점이다. 왜냐고? 나도 모른다. 하지만 회수가 항상 잘된다는 점은 안다.

92

만약 캠이 끼었다면 캠 자체에 집중하고 트리거 부분은 무시하라. 너트 회수기를 사용해 캠 날개를 하나하나 빼도록 하라. (보통 한두 개만 끼어 있을 것이다) 어느 것이 움직이는지 파악하고, 움직이지 않는 것에 집중하라.

93

때로는 캠이 한 바퀴 돌아가도록 힘을 가할 수 있다. 그렇게 해서 캠 대가 크랙 안쪽으로 갈 때 빼면 된다.

94

만약 캠이 완전히 끼었으면, 캠을 옆의 더 넓은 쪽으로 치는 방법을 시도해볼 수 있다. (캠은 옆으로 갈 때는 그저 합금 덩어리일 뿐이다) 이렇게 하기 위해 너트 회수기를 축 위에 놓고 움직일 때까지 무언가 무거운 것(대형 헥센트릭이나 돌)으로 후려쳐라.

95

많은 캠이 끼지만 오랫동안 빠지지 않는 캠은 몇 개 되지 않는다는 사실을 기억하라. 그러므로 물고 늘어져라. 그것들은 결국 빠져나오게 되어 있다.

슬링, 퀵드로, 코드
96~111

96

다양한 길이의 퀵드로를 항상 가지고
다녀라. 그러면 카라비너가 모서리에서
하중에 걸릴 확률이 줄어들 것이다. 범위는
보통 중간 정도의 퀵드로(15~20센티미터)에서
긴 퀵드로(25~30센티미터) 사이여야 한다.
스포츠클라이밍을 하는 것이 아니라면,
10센티미터의 퀵드로는 시간 낭비이다.

97

박음질이 된 익스프레스 슬링express
sling(강하고 상당히 뻣뻣한 슬링을 만들기 위해
함께 박음질한 슬링)과 오픈 라운드 슬링open
round sling(되박음으로 고리를 만들어 그냥
바느질한 것)을 항상 함께 가지고 다녀라.
익스프레스 슬링은 더 강하고 카라비너를
상황에 맞도록 유지하기 때문에 융통성을
가질 수 있지만, 일반적으로 한쪽 끝에 한
개의 카라비너만을 쓰는 것이 좋다. 반면
오픈 라운드 슬링은 여러 개의 카라비너를
수용할 수 있고, 긴 것 한 개는 클로브 히치를
할 수도 있다. (최소한 30센티미터의 묶지 않은
다이니마 슬링 한 개는 항상 가지고 다녀라)

98

슬링은 정리가 핵심이다. 그리고
가능하면 회색은 240센티미터, 빨간색은
120센티미터, 보라색은 60센티미터같이
길이별로 구분해 색을 세트로 사용하라. 내
마음대로 할 수 있다면 캠 색깔처럼 이것을
EU의 지침으로 만들고 싶다. 확보를 보려고
할 때 다른 사람 장비인 난장판이 된 슬링
뭉치에서 240센티미터인 줄 알았던 슬링이
사실은 60센티미터짜리 여러 개라는 사실을
알게 되는 것보다 더 난감한 상황은 없다.
색을 세트로 사용하면 단번에 원하는 슬링을
꺼낼 수 있다. 슬링을 어깨가 아닌 하네스에
거는 것은 필수이다.

99

고무 스트링string(검고 작은 고무조각)은
잠재적으로 (하중이 측면으로 받는) 크로스
로딩cross loading 현상을 유발할 수 있는
카라비너 회전을 막아주기 때문에 퀵드로
슬링에서 로프를 거는 쪽에 사용할 것을
권한다. 페츨Petzl의 스트링이 이런 목적에는
최고이지만, 고무줄이나 '거세용 링'도 다
닳을 때까지는 유용하다.

100

슬링은 불가피하게 꼬여서 추락하면 위험할 수 있기
때문에 나는 슬링을 몸에 두르는 것은 가능하면
피한다. 대신 나는 60센티미터 슬링을 모두 퀵드로로
만든다. 이렇게 하려면 양쪽 끝에 카라비너를
건 후, 한 카라비너를 다른 카라비너에 간단하게
통과시켜 만들어진 고리에 걸면 된다. 이렇게 만든
20센티미터짜리 퀵드로 슬링의 슬링 한 줄을 풀어
당기면 길이가 늘어난다. 이런 퀵-슬링에는 카라비너가
슬링에 달려 있다고 착각하기 쉬운데, 실제로는
스트링에 매달려 있는 위험한 상황이 생길 수 있으므로
고무 스트링의 사용은 피해야 한다. (그림 2 참조)

그림 2

**슬링을 B 카라비너에 걸어
A 카라비너에 통과시킨 후
슬링의 C에 다시 건다.**

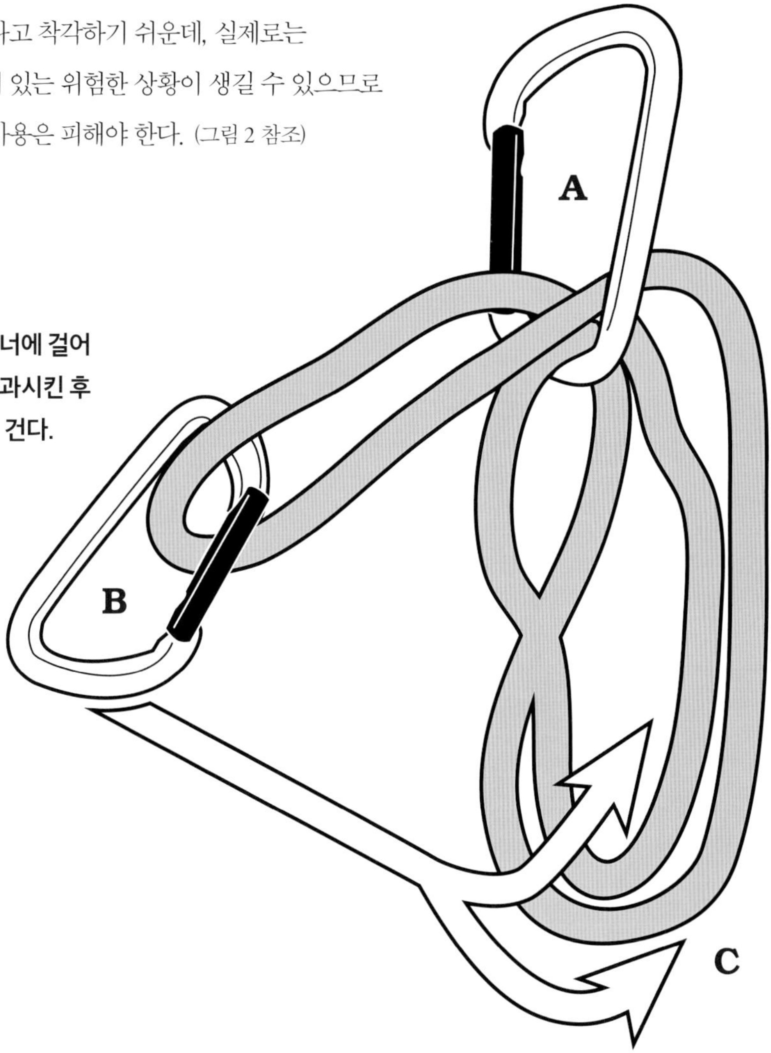

101

120센티미터의 긴 슬링인 경우, 나는
카라비너를 한쪽 끝에 걸고 슬링을
카라비너에 한 번 통과시킨 후 손가락을 세
개의 고리에 넣어 돌린 뒤, 돌아간 이 고리를
카라비너에 건다. (나선형으로 단단히 조이면
길이를 1/3로 줄일 수 있다)

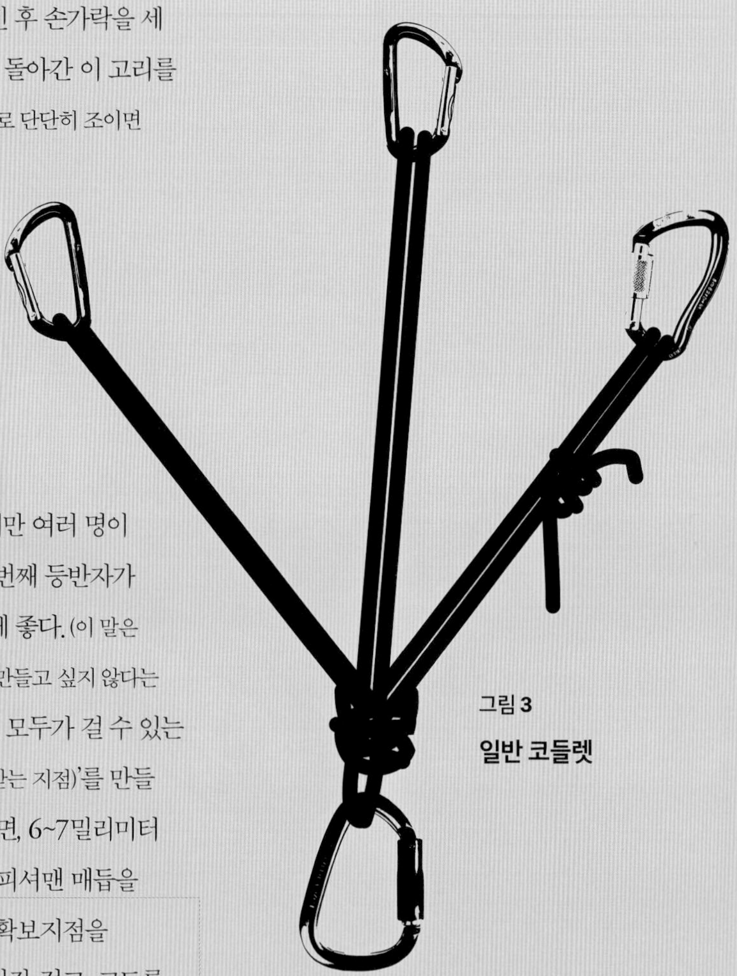

102

코들렛은 복잡한 확보이지만 여러 명이
한 팀으로 등반하면서 두 번째 등반자가
계속 올라가지 않을 경우에 좋다. (이 말은
당신의 로프로 확보 시스템을 만들고 싶지 않다는
뜻이다) 코들렛을 이용하면 모두가 걸 수 있는
한 개의 '파워포인트(힘을 받는 지점)'를 만들
수 있다. 코들렛을 만들려면, 6~7밀리미터
펄론Perlon 6미터로 이중 피셔맨 매듭을
이용해 고리를 만들어라. 확보지점을
만들기 위해서는 고리를 각각 걸고, 코드를
하나의 지점(힘이 균등하게 연결되는 지점)으로
끌어내린 후 모든 코드를 옭매듭으로 묶으면
된다. 커다란 잠금 카라비너를 여기에 걸어
파워포인트를 만든다. 클라이머가 이곳에
카라비너를 걸고 나면 로프를 자유롭게 다룰
수 있다. (그림 3 참조)

그림 3
일반 코들렛

• 1930년대에 개발한 독일 바이엘사(社)의 나일론 상표명

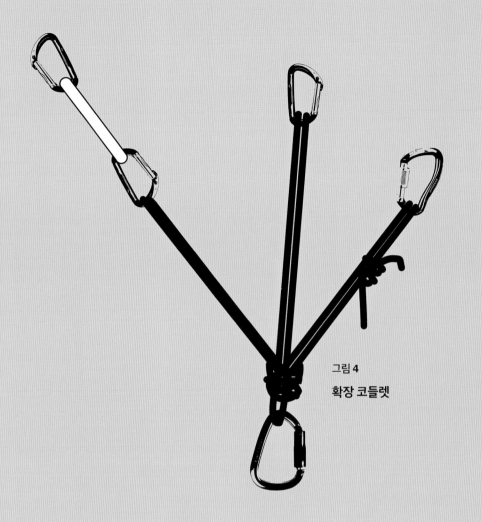

그림 4
확장 코들렛

103

안정적인 곳이 하나도 없어 10개의 줄로 복잡하게 코들렛을 만들어 확보를 했던 경험도 있다. 하지만 전체적으로는 괜찮았다. 이런 상황에서는, 코들렛이 충분히 길지 않은데 먼 곳에 걸어야 한다면, 슬링을 이용해 길이를 연장하면 된다. (그림 4 참조)

104

코들렛이 충분하지 않거나 슬링이 없다면, 이중 피서맨 매듭을 풀고 간단하게 끝에 8자 매듭을 한 뒤 가장 먼 곳에 걸면 된다.

105

코들렛을 만드는 대신 앞의 104번처럼 간단하게 6미터 코드의 양 끝에 미리 8자 매듭을 두 개 해놓은 '스네이크 코드snake cord'를 설치해도 된다. 전통적인 확보 방법으로는 단순하게 두 개의 8자 매듭을 가장 멀리 있는 곳에 걸면 된다. 이 방법에서 얻을 수 있는 보너스 하나는 주 매듭을 만들 때 실수로 잘못된 곳에 하게 될 정도로 복잡하지 않다는 것이다. (그림 5 참조)

106

어떤 클라이머는 코들렛을 풀어서 가지고 다니고, 어떤 클라이머는 이중 피셔맨 매듭으로 묶어서 가지고 다닌다. 이 두 가지 기본을 모두 충족하는 좋은 방법은 끝을 함께 맞매듭으로 묶은 뒤 이중 피셔맨 매듭으로 보강해주는 것이다. 이렇게 하면 견고할뿐더러 무게가 실린 뒤에도 풀기가 쉽다.

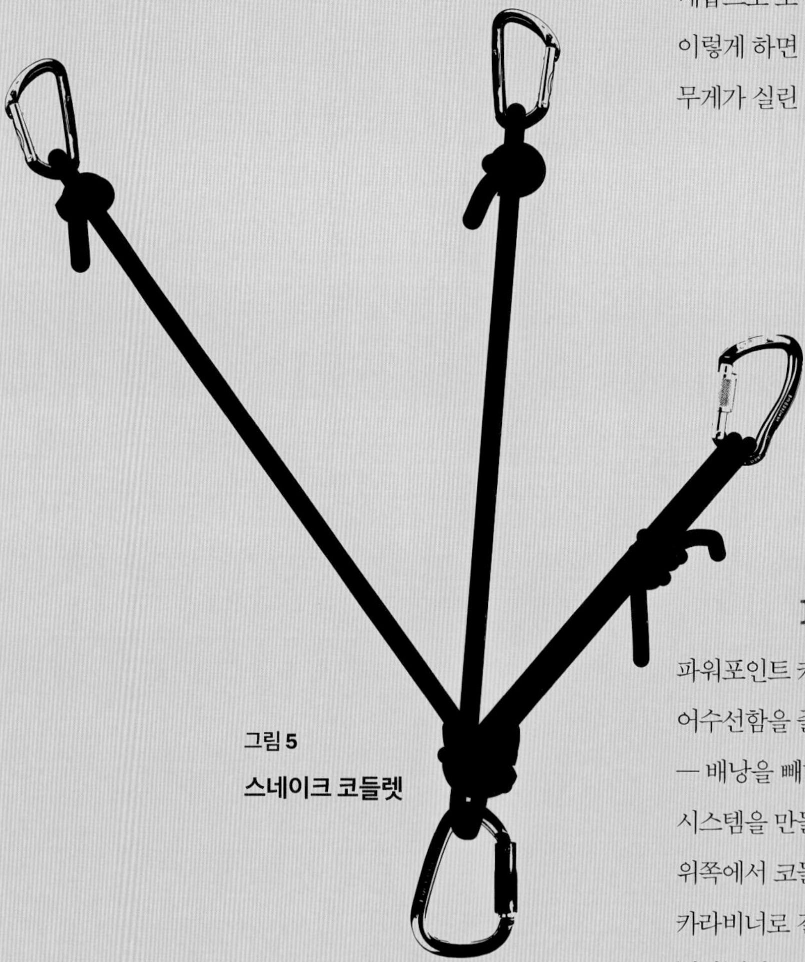

그림 5
스네이크 코들렛

107

파워포인트 카라비너의 어수선함을 줄이고 싶다면 — 배낭을 빼내거나 홀링 시스템을 만들기 위해 — 매듭 위쪽에서 코들렛의 '팔'을 한 줄씩 카라비너로 걸면 된다. 이것은 '선반'이라고 불리는데, 상당히 유용하다.

108

코들렛은 한 가지 이상의 목적을 수행한다. 예를 들면 '구조 거미rescue spider'(동시하강을 위해 팔이 세 개 있는 슬링) 또는 슈퍼 코들렛(코들렛을 두 개 묶어 12미터짜리 슬링으로 만든다)을 만들 때 사용하거나, 아니면 큰 촉스톤이나 넓은 스파이크를 감을 때 쓰는 긴 슬링처럼 사용할 수 있다.

109

코들렛을 가지고 다니기 위해 어떤 사람들은 아주 깔끔하고 작고 단단한 고리 형태로 만든다. (손으로 잡고 30센티미터 정도의 둥근 고리를 만든 다음, 마지막 40센티미터 정도를 고리에 감아 끝을 고리에 통과시켜 꽉 조인다) 어떤 사람들은 50센티미터 고리를 만들어 중간에 8자 매듭을 한 후 양쪽 끝을 카라비너에 건다. 나는 아주 간단한 방법을 선호하는데, 어깨 너비의 고리를 만들어 전체를 단순하게 몇 번 꼬아서 양쪽 끝을 카라비너에 거는 것이다. 이것은 재빨리 풀 수 있고, 줄이 배낭 뒤쪽으로 달랑거리지 않아 하강할 때 어쩔 수 없이 발이나 바위에 걸리는 일이 생기지 않도록 단단한 묶음을 만들어준다. (그림 6 참조)

그림 6

짧게 하기

비틀기

양쪽 끝 걸기

110

60센티미터, 120센티미터, 240센티미터 슬링을 구입할 수 있겠지만, 나라면 240센티미터 슬링 대신 코들렛을 사용할 것이다. 그리고 한 개의 120센티미터짜리 슬링과 퀵드로 형태로 만든 4~5개의 60센티미터짜리 슬링(앞의 100번 참조)을 가지고 갈 것이다.

111

아주 편리한 퀵드로 하나는 길고 뻣뻣한 것인데, 기본적으로 아주 뻣뻣해서 손이 닿을락 말락 한 곳에 있는 볼트나 장비에 걸 때 사용할 수 있는 30센티미터 퀵드로이다. 이것은 단순히 와이어 한 가닥을 슬링 옆에 대고 테이프로 감아주거나, 열수축 플라스틱 조각(싼 플라스틱 반찬통 스타일의 박스에서 얻은)을 슬링에 사용하는 것같이 여러 가지 방법으로 만들 수 있다. 거는 끝 쪽은 그곳에 테이프로 고정해 돌아가지 않도록 해야 하고, 게이트는 계속 열려 있을 수 있는 시스템이 되어야 한다. 나의 것은 긴 축에 부드러운 벨크로Velcro를 접착제로 붙인 다음, 얇고 단단한 벨크로 가닥을 감아두었다. 게이트를 계속 열어두고 싶을 때는 가는 벨크로를 와이어게이트에 통과시킨 후 긴 축에 감아 열린 상태로 잡고 있으면 된다.

카라비너
112~123

112

크고 작은 카라비너 모두를 사용하면 응용 범위가 넓어진다. 그러나 대부분의 장비는 작은 와이어게이트를 사용하라. 대체로 30그램이 안 되는 무게의 와이어게이트를 사용하면 장비의 전체 무게를 크게 줄일 수 있을 것이다.

113

모든 카라비너를 강도가 찍혀 있는 긴 축에 에나멜페인트(또는 스프레이 페인트)로 표시하라. 이 부분은 전기테이프가 떨어지고 난 뒤에도 색이 한참 남아 있을 것이다.

114

카라비너에 비정상적인 하중이 실릴 상황에 대비해 최소 한 개는 엄청나게 강한 단조 카라비너를 가지고 다녀라.

115

로프를 카라비너에서 풀 수 없다면, 즉 그 카라비너가 유일하게 보호해주고 있는 것이라면, 가이드 플레이트에서 작은 스크루게이트를 사용하거나 와이어게이트를 이중으로 사용하라. 구형 벤트게이트 카라비너는 로프가 빠질 확률이 훨씬

툴럼 메도우즈에 있는 파일랙돔Pywlack Dome의 바네사 섬너

높은데, 아무리 와이어게이트가 99퍼센트 정도 문제가 없다 해도, 굳이 위험을 감수할 이유가 있을까?

116

퀵드로에 있는 카라비너는 — 한쪽은 '부드럽고'(로프와 슬링에만 사용해야 한다), 다른 쪽은 '단단한'(와이어와 피톤과 볼트에만 사용해야 한다) 쪽으로 — 로프를 거는 방향과 장비를 거는 방향을 쉽게 구분할 수 있어야 한다. 나는 금속에 거는 카라비너는 은색을, 로프에 거는 카라비너는 색깔이 있는 것을 사용하는 경향이 있다. 이렇게 하면 위쪽 카라비너에 (볼트와 와이어에서의 추락에 의해 생기는) 자국이 생겨 로프를 손상시키는 위험을 피할 수 있다.

117

퀵드로에서 위쪽 카라비너는 항상 피치 방향으로 향해야 한다. 이 말은 아래쪽 카라비너는 반대 방향이라는 뜻이다. 로프는 안에서 밖으로(밖에서 안으로가 아니라) 걸어야 한다. 이렇게 하면 로프가 빠질 확률이 크게 줄어들 것이다.

118

피치가 일직선에 가까우면 게이트의 방향을 매번 바꿔주고, 정말 걱정이 된다면 로프 쪽 카라비너를 위아래로 뒤집거나, 잠금 카라비너를 추가하라.

119

여분의 카라비너를 가지고 다닌다면 한 묶음으로 걸어라. 나란한 두 개의 카라비너를 한 묶음으로 하여 그것을 두 개로 된 다른 카라비너 한 묶음에 걸어라. 이런 방법을 이용하면 공간을 크게 차지하지 않고도 네 개에서 여섯 개의 카라비너를 가지고 다닐 수 있다.

120

게이트가 과하게 조여진 잠금 카라비너는 고장 날 수 있으니 버려라. 최신 디자인은 꽉 조여도 움직이지만(1밀리미터 정도 앞뒤로 움직인다), 좋지 못한 것은 단단히 잠길 것이다. 구형 디자인에서 종종 생기는 일은, 이런 카라비너에 두 명이 매달릴 때 그중 한 명이 '닫히지 않았다'는 것을 발견하고 꽉 조인다는 것이다. 사실 이것은 스크루게이트 목 부분에 있는 약간의 공간으로 인해 조금 열려 있는 것이다. 후등자가 홀로 남아 무게가 덜 실린 채로 카라비너를 풀어야 할 때가 되면, 아마 헤라클레스의 힘이 필요할지도 모른다.

121

때때로 잠기지 않는 스크루게이트와 달리 트위스트 자동 잠금 카라비너는 항상 잠긴다는 것을 알기 때문에 겨울을 제외한 모든 계절에 나는 이 카라비너의 열혈 팬이다. 이런 종류의 카라비너가 처음에는 성가시게 느껴지지만, 한동안 사용하다 보면 한 손으로도 쉽게 쓸 수 있다.

122

긴 피치를 등반할 때는, 안에 장착된 작은 도르래 바퀴가 로프 쓸림을 줄여주기 때문에 DMM의 리볼버Revolver가 구세주가 될 수 있다. 이것은 러너에 주는 충격하중도 줄여준다. 따라서 소형 혹은 극소형 장비에도 추천할 만하다. (게다가, 카라비너에 도르래까지 두 가지 역할을 하는 장비를 가지고 있는 것은 활에 줄이 하나 더 있는 것과 같다)

123

비가 와서 할 일이 없는 날에는 4개의 카라비너를 이용해서 카라비너 브레이크 karabiner brake를 만들어봐라. 그러려면 먼저 게이트를 반대 방향으로 하여 두 개의 카라비너를 놓아야 한다. 그리고 로프를 둥글게 만들어 이 카라비너 안으로 집어넣는다. 그런 다음 나머지 두 개의 카라비너(게이트는 같은 방향으로, 서로 긴 축을 맞대고)를 이 둥근 부분 밑으로 집어넣고, 처음 두 개의 카라비너에 들어가기 전처럼 로프를 펴준다. 이것이 '브레이크-바brake-

bar' 카라비너이다. 이제 이 카라비너들을 처음 두 개의 카라비너에 넣어서, 로프가 긴 축으로 통과되도록 하라. 스크루게이트 카라비너를 처음 두 개의 카라비너에 걸고, 다시 이것을 하네스의 고리에 걸어라. 이 카라비너는 전체가 서로 분리되는 것을 막아줄 것이다. 하강이 끝나고 로프를 당길 때 브레이크-바 역할을 하는 카라비너를 떨어뜨리기 쉽다. 이런 일이 없게 하려면 와이어를 이들 카라비너와 스크루게이트 카라비너에 연결하면 된다. (그림 7 참조)

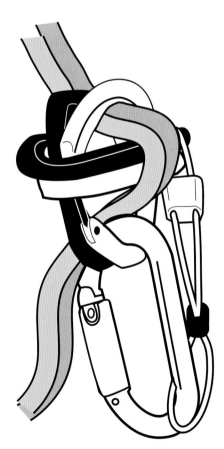

그림 7   (게이트와 긴 축이) 반대로 된 카라비너 2개가 주 카라비너의 위치를 잡아준다.

긴 축을 맞댄 **2**개의 카라비너 (로프는 카라비너의 긴 축을 타고 지나간다)

주 브레이크 카라비너의 분실을 막기 위해 사용된 와이어

아이거 북벽에서 닐 첼튼Neil Chelton이 로프와 씨름하고 있다.

매듭

124~137

124

매듭에는 종류가 아주 많다. 그리고 이 많은 것들을 배우는 것이 클라이머가 되기 위한 학습의 일부분이다. '트러커 히치trucker's hitch'나 '고르디우스의 매듭Gordian knot' 같은 것까지 알아두면 간혹 쓸모가 있기도 하지만, 실제로는 그저 몇 가지 매듭법만 알면 된다. 나에게 이 몇 가지는 다음의 순서이다. ㉮ 8자 매듭. 내가 보기에 모든 종류의 등반에서 할 수 있는 최고의 방법이다. 풀기가 쉽다는 이유로 많은 사람이 보울라인이 더 낫다고 느끼지만, 약간 풀기 어려운 로프와 나를 연결해주는 이 매듭은 보너스와 같다. ㉯ 클로브 히치. 확보를 조절하는 경우에 필수이다. ㉰ 옭매듭. 하강 로프를 연결하기 위한 매듭. 그리고 이것이 전부이다! 공정하게 말해, 몇 가지 매듭을 더 할 줄 알면 편리하다. (그림 8을 봐라) 하지만 정말로, 이 매듭만 할 줄 알면 문제가 없을 것이다. (나는 당신이 신발끈을 묶을 줄 안다는 것을 전제로 이야기하고 있다)

125

이중 피셔맨 매듭은 구형 너트와 헥센트릭에 달린 코드처럼 가는 코드를 연결하는 데 중요한 매듭이다. 코드 지름의 열 배 길이만큼 자락을 남겨둬라. 다이니마의 경우는 삼중 피셔맨 매듭을 사용해야 한다. 코드가 아주 매끄러워 부하가 크게 걸릴 때 미끄러져 빠질 수 있기 때문이다.

독일어 Halbmastwurf sicherung의 약자. 뮌터 히치 확보용 카라비너라는 뜻. [역주]

127

뮌터 히치는 확보기구를 떨어뜨렸을 경우 알아두면 좋은 매듭법이며, 확보와 하강 둘 다에 사용된다. 하지만 뮌터 히치는 로프를 꼬이게 하므로 하강에는 카라비너 브레이크를 이용하는 편이 낫다. 뮌터 히치는 알파인 스타일 지형에서 빠른 확보에 아주 유용하고, 스파이크 같은 자연물에서는 바로 확보를 볼 수 있다. 슬링을 스파이크에 감고, HMS 카라비너를 건 다음, 뮌터 히치 매듭을 한 뒤 뒤로 물러서면 된다. 뮌터 히치에서 제동을 걸기 위해서는 두 줄을 확보기구에서처럼 벌릴 것이 아니라 함께 잡아야 한다. (그림 8 참조)

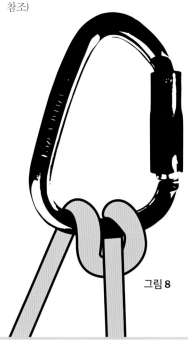

그림 8

126

비록 나는 보울라인 매듭을
하지는 않지만, 카라비너가
없어 나무나 바위의 곡면부에
직접 묶어야 할 때 이 매듭이
유용하다.

128

뮌터 히치의 변형으로는 슈퍼
뮌터가 있는데, 이것은 구조
상황에서 무거운 것을 내리기에
가장 좋은 매듭법이다. 슈퍼 뮌터
매듭은 뮌터 매듭을 간단하게 한
후, 처음 매듭에 한 번 더 매듭을
해주는 것이다. 이것은 한 개의
매듭이 로프를 꼬아주고, 두 번째
매듭이 그것을 풀어주어 로프가
덜 꼬이게 한다. 이렇게 하면
통제가 상당히 쉽다. (그림 9 참조)

129

뮌터 히치를 사용할 때는
제동 로프(손으로 잡는 쪽)가
게이트 쪽으로 밀리면 로프가
카라비너에서 빠질 수 있기
때문에 제동 로프가 (게이트 쪽이
아니라) 긴 축에 있는지 항상
확인해야 한다.

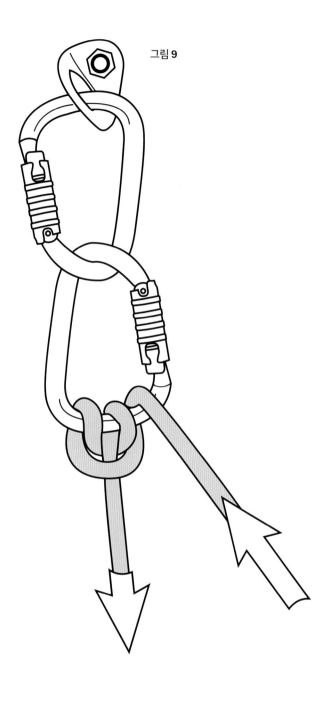

그림 9

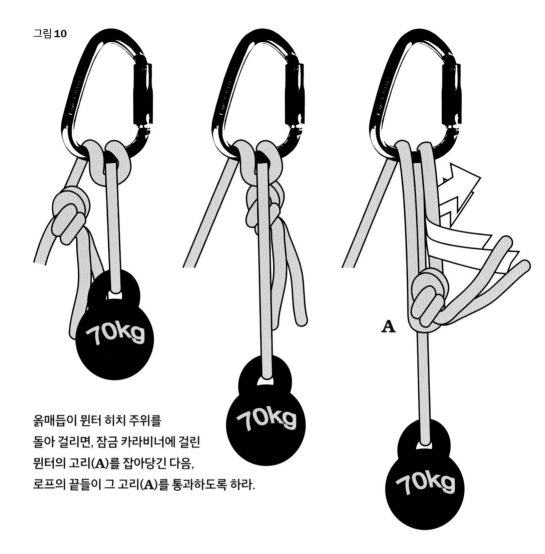

그림 **10**

옭매듭이 뮌터 히치 주위를
돌아 걸리면, 잠금 카라비너에 걸린
뮌터의 고리(**A**)를 잡아당긴 다음,
로프의 끝들이 그 고리(**A**)를 통과하도록 하라.

130

만약 여러 동의 로프를 이용해 길게 내려야
한다면, 로프를 옭매듭으로 연결한 후,
가지고 있는 HMS 카라비너 중 가장 큰
것을 이용해(특대 사이즈 HMS 한 개를 가지고
다닐 타당한 이유이다) 뮌터 히치로 내려라.
매듭이 뮌터 히치에 가까워지면 뮌터 히치에
힘을 주어 통과시킬 수 있는데, 이것은
시간과 번거로운 작업을 상당히 줄여준다.

특히 로프 끝에 매달린 누군가가 병원에
가야 한다면 더욱 그렇다. (끝자락도 반드시
통과하게 하고, 옭매듭이 카라비너를 넘어간 다음
두 매듭이 벌어지게 할 준비를 하라) 나는 이
기술을 로프 여섯 동 높이의 트롤 월에서
100킬로그램의 홀백을 내리는 데 사용했다.
이것은 시간을 많이 절약해준다. (그림 10
참조)

131

클로브 히치를 할 때 길이를
알맞게 맞추려면, 매듭을
느슨하게 한 뒤 맞는 길이가
되었을 때 첫 번째로 카라비너를
통과한 로프에 엄지를 놓고
느슨한 쪽이 꽉 조이게 당겨서
매듭을 완성하면 된다.

132

어떤 확보기구를 사용하든
손을 자유롭게 하기 위해서
묶어두는 연습을 하라. 현장에서
사용해야만 하는 일이 생기기
전에!

133

풀 수 없는 매듭이 있다면
시도할 수 있는 방법이 몇 가지
있다. 매듭을 무거운 것(바위나
망치)으로 두드리면, 형상이
변하며 느슨해질 것이다. 다만
너무 세게 치지는 마라.

134

다른 방법은 매듭을 발밑에서
앞뒤로 굴린 다음, 적당한 무게로
눌러 매듭의 형상을 변화시키는
것이다.

135

로프를 바닥에 후려쳐도 된다.

136

이빨을 사용하라.

137

무게가 심하게 실릴 매듭 중에서
가장 사용하기 좋은 것은
나비매듭이다. 매듭이 아무리 꽉
조여져 있어도, 간단하게 두 개의
'날개'를 뒤에서 누르면 매듭이
풀리게 된다. (이것이 나비매듭이
동굴 탐험가와 거벽 클라이머에게
사랑받는 이유이다)

선등
138~142

138

확보물이 넓은 간격으로 설치된 피치나 한두 개가 설치된 곳을 등반하고 있다면, 잠금 장치가 없는 카라비너가 달린 한 개의 러너에 생명을 의지하지 마라. 바위가 부서진다든지 제조상의 결함(캠의 헤드가 빠진 사람들을 나는 알고 있다!)으로 인해 확보물이 빠지거나, 로프가 알게 모르게 빠지는 경우도 있다. 우선 한 개가 전부라면, 자신의 생명(아니면 최소한 두 개의 부러지지 않은 다리)이 받아야 하는 모든 관심과 정성을 다해 그것을 대하라. 설치가 완벽하게 되었는지 확인하고, 길게 늘려 그대로 있게 하며, 잠금 카라비너나 카라비너 두 개를 엇갈리게 해서 로프에 걸어라. 가능하면 여러 개의 장비를 설치하고 중간 확보물을 만들어라.

139

조금 더 길게 떨어지는 것에 대한 공포를 극복하라. 10센티미터 퀵드로 슬링은 20센티미터 퀵드로 슬링에 비해 추락을 10센티미터씩이나 줄여주지만, 대신 20센티미터 퀵드로 슬링을 사용하면 로프에 의해 확보물이 빠져 나올 확률을 50퍼센트 줄여준다. 퀵드로 슬링이 길수록 확보물은 더 안전할 것이고, 로프 끌림이 덜할 것이며, 전체적으로 더 안전할 것이다. 10센티미터 퀵드로 슬링에 손이 가는 것은 한치 앞만 보는 것이며, 그 위로 지나가자마자 더 긴 것으로 했으면 하고 후회할 것이다.

140

아무리 쉬운 등반을 해도 항상 확보물을 설치하라. 어쨌거나 로프를 묶고 장비걸이를 가지고 있다면, 작은 보험을 드는 것이 무슨 문제가 되겠는가? 홀드는 부서질 수 있고, 발은 미끄러질 수 있으며, 확보물 없이 어려운 동작을 만날 수도 있다. 따라서 정말 필요하지 않을 때 아래에 설치한 장비가 자신을 구할 수도 있다.

141

나보다 뛰어난 클라이머에게 배운 좋은 기술 하나는 올라가는 것뿐만 아니라 내려가는 능력이다. 나는 등반을 잘하는 클라이머는 올라가서 확보물을 설치하고, 다운 클라이밍해서 휴식을 취한 뒤, 순식간에 치고 올라가 크럭스를 등반한다는 점을 알아챘다. 보통 클라이머를 녹초로 만드는 것은 확보물을 설치하는 것이므로, 이것을 먼저 하고 나서 등반에 집중하는 것은 훌륭한 테크닉이다.

142

선등을 하려고 할 때 내게 필요한 것이 다 있는지, 어디에서 필요한지 알고 있어야 한다. 반쯤 혼란스러운 상태로 장비를 오래된 장비걸이에 아무렇게나 걸어두는 것은 장비를 다루는 면에서도 나쁘지만, 심리적으로도 좋지 않다. 가능한 한 자신 있고 할 수 있다고 느껴야 한다. 프로처럼 등반하려면 프로처럼 느껴야 한다. 그렇게 하면 프로가 될 것이다!

하네스
143~187

143

하네스를 구입할 경우 등반할 때 입을 가능성이 가장 높은 옷을 입고 착용해봐라. 청바지나 재봉선이 튼튼한 옷은 피하라.(이런 것들이 여러 날을 등반하는 루트에서는 쓸려서 살이 벗겨지게 할 것이다)

144

맞는 사이즈를 구할 때 라이즈rise(다리가 확보 고리에 연결되는 부분)가 적절히 지지하는 데 올바른 길이여야 하는 것은 필수이다. 만약 몸이 너무 길고 라이즈가 너무 짧다면 하네스의 허리벨트가 아래로 당겨져 불편하게 느껴질 것이며, 추락할 때 너무 많은 하중이 허리벨트에 실릴 것이다. 너무 길면 허리벨트가 올라가서 늑골의 움직임을 방해해 위험할 수 있다. 좋은 하네스는 허리벨트가 엉덩이 위쪽으로 반듯하게 착용되어 다리가 잘 맞아야 하고, 확보 고리에서 압박이 느껴지지 않아야 한다.

145

하네스를 구입할 때는 등산장비점 직원에게 퀵드로를 많이 달라고 부탁해 걸고 빼고를 반복하면서 장비걸이 시스템을 확인해봐라.

146

하네스를 착용한 채 매달려볼 수 있는 빔에 달린 로프 같은 것이 없는 곳에서는 하네스를 구입하지 마라. 어떤 하네스라도 1분 이상 매달리면 아프기 때문에(그래서 우리에게 빌레이 시트가 있는 것이다) 매달릴 때는 아주 편안할 것이라고 기대하지 마라. 대신 하네스가 특별히 파고드는 곳은 없는지, 허리벨트가 몸을 지지해주고 대부분의 무게를 다리 고리에서 잡아주어 뒤집어지지는 않는지 확인하라.

147

확보기구나 커다란 물체를 장비걸이 뒤쪽이나 홀링 고리에 거는 것을 피하라. 그렇게 하면 척추 근처에 위험한 물체를 배치하는 것이 된다. 뒤로 떨어지거나 바닥을 친다면 그로 인해서 등뼈가 부러질 것이다.

148

침니를 등반하거나 하강할 때 좌우로 자유롭게 움직여야 하기 때문에 나는 초크백 역시 하네스의 뒤쪽에 고정시키는 것을 피한다.

149

초크백에 5밀리미터 다이니마같이 강도가 높은 코드를 사용하는 것은 하네스와 마찬가지로 여기에도 매듭을 할 수 있기 때문에 (혹시라도 필요할 때!) 추가적인 수준의 보호를 받을 수 있다. 또한 그것을 풀어 프루지크 매듭을 만들거나, 단독등반을 할 때 하네스를 착용하지 않은 상태에서 문제가 발생하면 그것을 로프에 걸어 편리하게 사용할 수 있다. (5밀리미터 코드에 매달리면 몇 분 안에 의식을 잃을 수 있다는 것을 기억하라)

150

등반을 위해 초크가 잘 섞이도록 가루초크와 초크볼을 함께 사용하라.

151

초크백을 롤-톱 roll-top 형태의 작은 드라이백에 보관하라. 이렇게 하면 배낭 안이 초크로 가득 차는 것을 막을 수 있고 여분의 옷과 장비를 보호할 수 있다.

152

실내 등반을 위해서 빠른 시스템을 원한다면, 초크백 벨트를 5밀리미터 번지 코드bungee cord 고리로 대체하라. 이렇게 하면 매듭을 할 필요 없이 코드를 잡고 반바지를 입는 것처럼 당겨 올리면 된다.

153

확보 고리는 하네스에서 가장 강한 부분이다. 그러니까 그 고리를 좀 믿어라!

154

자력구조를 위해 프루지크 고리를 하네스에 항상 달고 다녀라. 장비걸이 뒤쪽이나 홀링 고리에 두 번 돌려 거스 히치로 묶으면 카라비너를 절약할 수 있다. 최소한 1.5미터 길이에 5밀리미터 두께의 프루지크 한 개는 가지고 다녀라. (그림 11 참조)

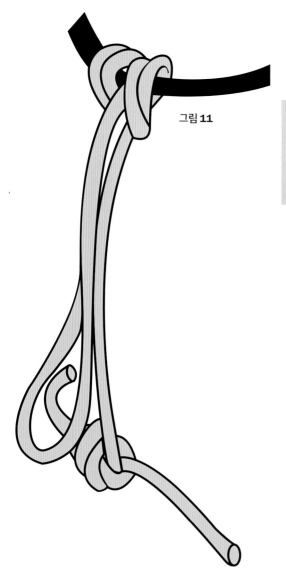

그림 11

155

멀티 피치 등반을 위해서 다리 고리로 사용할 두 번째 프루지크 2.5미터를 추가하고 페츨의 티블록Tibloc, 와일드컨트리의 로프맨Ropeman, 콩의 덕Duck 같은 경량 등강기를 고려해봐라. 이런 기구는 로프 등반을 훨씬 더 쉽고 안전하게 해주고(로프를 잘 잡아준다), 많은 자력구조 테크닉에 적용할 수 있다.

156

모든 프루지크 고리는 순서에 맞게 잘 정돈해 보관하라. 이것들은 프루지크 고리로 쓰이기보다 하강용 코드로 쓰일 가능성이 더 높다.

157

많은 클라이머들은 하네스에 작은 칼을 달고 다닌다. 이것은 하강용 슬링을 자르거나 크레바스에 떨어진 파트너의 로프를 잘라야 할 때 유용하다. 다만 하네스에 달려 있을 때 우연히 열리는 일이 절대 없도록 칼날이 접이식으로 되어 있는 칼을 선택하라. 현재는 크기도 적당하고(어떤 것들은 너무 작다) 예리한 페츨의 오렌지색 소형 등반용 칼이 가장 좋다.

158

로프를 잘라야 하는데 칼이 없으면, 로프를 프루지크 고리로 두 번 감은 후 앞뒤로 톱질하듯 움직여라. 그러면 마찰력으로 로프가 녹을 것이다.

159

데이지체인은 멀티 피치 등반에서 확보지점과 연결하는 데, 그리고 하강하거나 반칙(인공등반)을 하는 데 훨씬 더 유용하다. 3명이 한 팀으로 등반한다면, 파워포인트(모든 장비가 균등화되어 있는 가장 중요한 지점)에 걸고 끝을 바꿀 경우 로프를 풀 수도 있다.

160

또한 데이지체인의 고리는 장비를 정리하는 데 아주 유용하다. 그냥 장비를 빼서 고리에 하나씩 걸고, 파트너가 그것을 빼서 자신의 하네스에 걸면 된다.

161

데이지체인의 고리에 절대 교차로 걸지 마라. (한 개의 카라비너를 인접한 두 고리에 거는 것을 말한다) 두 고리 사이의 박음질은 200킬로그램 정도밖에 견디지 못하는 강도이므로, 만약 박음질이 뜯어지면 카라비너가 빠질 것이다.

162

데이지체인의 길이를 줄이기 위해 주 카라비너(나는 항상 트위스트 자동 잠금 카라비너를 사용한다)를 파워포인트에 건 다음, 두 번째 카라비너를 확보 고리에서 데이지체인의 원하는 고리에 걸면 적절한 길이를 얻을 수 있다. 길이를 늘이거나 줄이고 싶으면 두 번째 카라비너를 풀기만 하면 된다. 이렇게 하면 원하는 고리에 걸기 위해 주 카라비너의 게이트를 열지 않아도 된다. (이것은 더 이상 연결되어 있지 않다는 뜻이다)

163

데이지체인 같은 끈을 사용할 때는 절대 파워포인트 위에서 등반하지 마라. 카라비너가 파괴되거나, 슬링이 끊어지거나, 그렇지 않으면 최소한 고관절이 기억할 정도의 충격을 주는 추락이 일어날 수 있다. 슬링은, 나일론이든 다이니마든, 에너지를 많이 흡수하지 못하므로 슬링에만 의지한 채 추락하는 것은 강철 케이블 한 가닥에 온몸을 맡기고 추락하는 것과 같다고 보면 된다.

164

조절이 가능한 슬링(페츨, 예이츠Yates, 메톨리우스)을 확보지점에 유일하게 연결되는 것으로 사용하지 마라. 이런 슬링은 조이는 부분 때문에 강도가 낮고 중간 정도의

무게에도 쉽게 끊어진다. 만약
이것을 사용한다면, 항상 매듭이
되어 있어야 하고 매듭이 된 곳이
확보지점과의 주 연결이 되어야
한다.

165

데이지체인을 사용한다면,
필요하지 않을 때 몸에 두르는
것을 피하라. 몸에 둘렀을
때 어김없이 생길 일은
장비를 하네스에 걸려고 하면
데이지체인에도 함께 걸게
된다는 것이다. 가장 좋은 방법은
데이지체인의 떨어져 있는 고리
두 개를 잠금 카라비너로 걸고
그 뭉치를 옆쪽 장비걸이에 거는
것이다.

166

페츨의 리버소Reverso 같은 '가이드 플레이트guide
plate'를 사용한다면, HMS 카라비너에 두 번째로
작은 잠금 카라비너를 함께 걸어 챙겨라. 이것은 만약
자동 잠금 장치가 있는 기구를 사용하고자 할 때 즉시
쓸 수 있는 아주 작은 스크루게이트를 가지고 있다는
뜻이다. (이 조합에 잠금 장치가 없는 카라비너는 피하라.
그것은 로프에서 빠질 수 있는데, 이 말은 후등자가 완전한 확보
해제 상태가 된다는 뜻이다) (그림 12와 13 참조)

167

여러 날 동안 등반할 때는 여분으로 기본적인 스타일의
확보기구를 항상 가지고 다녀라. 무게는 거의 안
나가면서도, 확보기구를 잃어버릴 경우 올라갈 때든
내려갈 때든 진정한 구세주가 되어줄 것이다.

168

확보기구를 떨어뜨리는 것을 피하기 위해, 나는
페츨 리버소의 작은 구멍에서 카라비너로 한 가닥의
코드(피서맨 매듭으로 양 끝을 단단히 매어둔 3밀리미터
코드 한 가닥)를 이어두었다. 확보를 볼 때 이것이 조금
복잡하게 하긴 해도, 덕분에 나는 오랫동안 확보기구를
떨어뜨리지 않았다.

그림 12

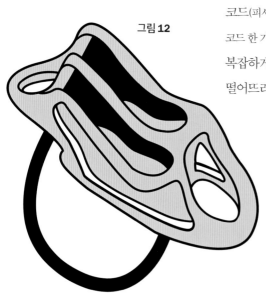

169

확보기구를 떨어뜨릴 확률을 줄이는 다른 방법은 확보기구를 분리해 로프를 끼우는 것이 아니라, 확보기구를 확보 고리에 건 상태에서 로프를 끼우는 것이다.

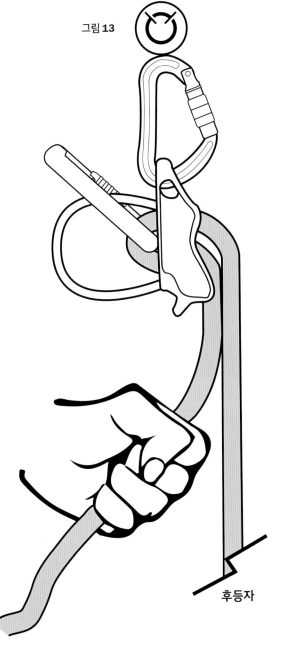

그림 13

후등자

170

'가이드 플레이트'는 멀티 피치의 전통 등반에 써야 하는 유일한 확보기구이다. 이것은 확보, 가벼운 홀링, 로프 등반(긴 프루지크 고리와 함께 사용한다)에도 사용할 수 있다. 암장에서 몇 시간 정도 가지고 놀다 보면, 확보 이외의 상황에서도 바로 사용할 수 있을 것이다.

171

하네스에 장비를 챙기는 시스템을 구축하고 그대로 따르라. 아무데나 클립하고 출발하고 싶은 유혹을 뿌리쳐라. 1분 더 투자하는 것이 샤프 엔드에 이르렀을 때 큰 이익이 되어 돌아올 것이다.

172

내가 장비를 챙기는 방식은(나는 오른손잡이다) 이렇다. 와이어 종류는 오른쪽 앞, 작은 크기와 중간 크기의 캠은 왼쪽 앞, 큰 캠과 긴 퀵드로는 왼쪽 뒤, 그리고 작거나 중간 크기인 퀵드로, 확보장비, 여분의 스크루게이트, 코들렛, 너트 회수기는 오른쪽 뒤에 건다. 목표는 양쪽의 균형을 맞추면서 필요한 장비를 빨리 찾을 수 있게 하는 것이다.

173

가지고 갈 장비가 많다면, 블랙다이아몬드의 조디악 기어슬링 같은 가슴 장비걸이 시스템을 사용하는 것을 고려해봐라. 이것은 긴 피치를 등반할 때 무거운 하네스가 무릎까지 처지는 것을 막아주며, 다음 선등자에게 장비를 넘겨주는 것도 쉬워지게 한다.

174

어떤 사람은 외줄 기어슬링을 사용하는 것을 좋아하지만, 나는 위에서 언급한 것처럼 항상 이중 기어슬링을 좋아한다. 모든 장비를 한 줄의 슬링에 거는 것은 균형이 깨진 것처럼 느껴질 수도 있고, 장비가 꼬일 수도 있으며, 최악의 경우 추락할 때 전부 떨어뜨릴 수도 있다. 한번은 추락할 때 스파이크에 기어슬링이 걸렸는데, 나는 거의 반으로 찢어질 뻔했다.

175

외줄 기어슬링이 유용한 경우는 후등자가 확보지점에 도착했을 때로, 장비를 자신의 하네스에서 분리하는 것보다 더 쉽게 정리할 수 있다.

176

후등일 때는 최대한 장비를 잘 정리하라. 퀵드로는 캠과 너트에서 분리하고, 모든 와이어는 한 개의 카라비너에 모아둬라.

177

후등일 때 로프에 장비를 덜렁덜렁 매달고 등반하지 마라. 그것은 게으른 짓이며, 등반을 하다 걸리면 문제가 될 수 있다.

178

너트를 퀵드로와 함께 꺼낸다면, 너트 쪽 퀵드로를 항상 하네스에 걸어라. 이 방법은 너트와 퀵드로가 나란히 매달려(길이 전체가 아니라) 등반 중에 걸리는 일이 없게 한다.

179

하네스를 착용한 채 자는 일이 많고(거벽이나 알파인 등반에서), 실제로 밤에 추락할 확률이 거의 없는 경우라면(큰 레지에 있는 경우), 나는 허리벨트만 차고 자는 편이 훨씬 편하다는 것을 알게 되었다. 신형 하네스에서 다리 고리를 제거하고 싶다면, 다리 라이저를 분리하고(보통은 함께 바느질되어 있다) 확보 고리를 다리 고리와 함께 제 위치로 잡아주는 리테이너 탭retainer tap을 자르면 된다. 물론 이것을 잘라내는 것은 보증기간을 무효로 만들어버리고 다리 고리 앞 라이저 길이가 더 나오게 만들지만, 나는 이것이 개조할 만한 가치가 있다는 것을 알게 되었다.

아이거의 러시안 루트를 등반하는 저자

180

하네스를 착용한 채 자는 것의 대안은 그냥 벗어버리는 것인데, 하루 종일 힘들게 매달려 시달렸을 때는 호사이다. 그래도 몽유병으로 레지에서 떨어진다든지 하는 것처럼 여전히 약간의 위험 요소가 있다면, 간단한 허리 슬링을 만들어라. 허리 슬링을 만들기 위해서는, 120센티미터 슬링을 허리에 두르고 한쪽 끝을 반대쪽 끝에 통과시켜 꽉 조이게 당긴 다음, 연이어 히치를 만들어 끝자락을 확보지점에 걸면 된다.

(그림 14 참조)

181

일반적인 루트에 너무 많은 스크루게이트 카라비너를 가지고 가는 것을 피하라. 가져가야 할 것은 커다란 HMS 카라비너 두 개(하나는 확보를 보거나 가이드 플레이트를 확보지점에 연결할 때 쓰고, 다른 하나는 로프를 코들렛에 연결할 때 사용)와 작은 스크루게이트 두 개(하나는 가이드 플레이트에서 자동 잠금 모드에 쓰고 마지막 하나는 여분)이다. 이외에는, 초경량 와이어게이트를 가지고 가서 최상의 안전을 위해 (게이트가 반대로 향하게) 두 개를 사용하는 편이 더 낫다. 이렇게 하면 융통성이 더 생긴다.

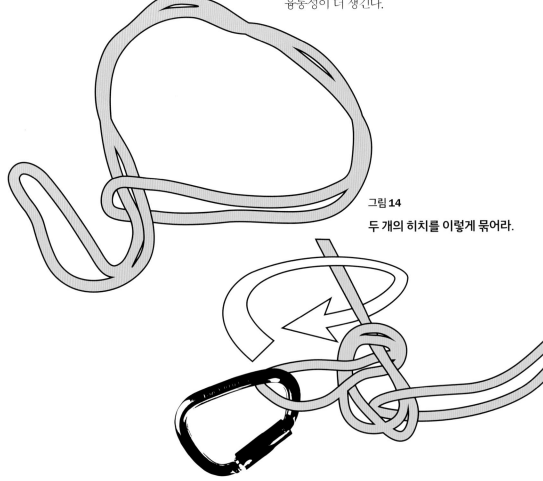

그림 14

두 개의 히치를 이렇게 묶어라.

182

경사가 매우 심한 바위 루트를 공략한다면, 나일론 '엉덩이 백'(하네스에서 무게를 분산시켜줄 천으로 된 의자)을 가져가거나 만들 것을 고려해봐라. 만약 가지고 있지 않거나 만들 수 없다면, 상황이 닥쳤을 때 허리 벨트에서 홀링 고리까지 슬링을 걸어 사용할 수도 있다. 이것은 적어도 훌륭한 박음질 테스트이다!

183

하강용으로 일반 신발을 가지고 가고 싶다면, 하네스 뒤쪽에 카라비너로 걸어라. (거는 고리가 강하고 충분히 큰지 확인하는 것이 먼저다!) 그보다 더 좋은 것은, 등반이 그다지 어렵지 않다면, 접지력이 좋은 고무창 어프로치 슈즈를 신고 등반하는 것이다.

184

그림 15

피피 훅은 프랑스식 자유등반을 하거나 그냥 편법으로 등반할 때 아주 유용하다. 데이지체인에 사용하면 위치를 미세하게 조정할 수 있다. 20~30센티미터의 짧은 코드를 확보 고리에 직접 연결해 사용하면 제일 좋다. 필요 없을 때는 하네스의 벨트 속으로 밀어 넣으면 된다. (그림 15 참조)

185

멀티 피치 루트에서 작은 물병이나 헤드램프, 휴대폰, 퍼텍스Pertex 윈드재킷, 한두 개의 에너지 바를 넣는

용도로 초크백을 추가로 사용할 수 있다. 또 다른 방법은 힙색을 사용하는 것인데, 힙색에는 더 많은 양의 물, 보온력이 있는 상의, 모자, 장갑, 응급처치 키트 등을 넣어 가지고 다닐 수 있다. 작은 배낭 대신 힙색이나 초크백을 하나 더 사용하면 등반 중 앞이나 옆으로 쉽게 돌려 사용하거나, 침니를 등반할 때 걸리적거리지 않게 돌려서 사용할 수 있다.

186

만약 힙색을 사용한다면, 플라스틱으로 된 패스텍스Fastex 버클을 금속 더블백 버클(아웃도어 직물회사에서 구입이 가능하다)로 바꾸는 것을 고려해봐라. 이것은 등반 중 버클이 풀리거나 망가질 가능성을 없애준다.

187

간단한 방법으로 약간의 추가 보험을 들고 싶다면, 셀 재킷 주머니에 에너지 바, 모자, 헤드램프를 쑤셔 넣은 다음, 팔을 잡고 재킷의 몸통 부분을 돌려 짧게 만들어 허리에 묶어라.

저렴하게 장비 마련하기
188~195

188

등반 장비는 아주 튼튼해서 보통 중고도 괜찮다. 단지 로프나 슬링과 같은 섬유 제품은 중고를 피하라.

189

이베이eBay는 장비를 싸게 구입할 수 있는 좋은 곳이지만, (차나 그 외의 곳에서) 다른 클라이머의 장비를 훔친 사람들도 그곳을 통해 처분하려고 할 것이다. 구매를 하기 전 판매자의 세부사항과 판매내역을 확인하라. 만약 조건이 너무 좋아 믿어지지 않는다면, 아마도 믿지 말아야 할 것이다.

190

만약 당신이 어린데 꼭 필요한 장비가 있다면, 나이 든 클라이머에게 공짜로 얻을 수 있는지 한 번 시도해봐라. 나이 든 클라이머는 천천히 많은 장비를 모으는 경향이 있다. "어린 클라이머가 오래된 등반장비를 간절히 찾고 있습니다."라고 뻔뻔하게 암장 게시판에 메모를 붙여놓으면 너트나 캠, 와이어를 얻게 될 것이다. 다만 그것이 반짝이는 새것일 것이라는 기대는 하지 마라!

191

주는 사람을 신뢰할 수 있는 경우를 제외하고 새것으로 구입해야 할 한 가지는 로프이다. 만약 누군가 로프를 거의 공짜로 처분하려 한다면 그것은 아마도 그 로프를 더 이상 신뢰하지 않기 때문일 것이고, 누군가 이베이에 판매하려고 한다면 당신은 "왜?"라고 물어보아야 한다. 주위를 잘 둘러보면 싸게 살 수 있는 매장을 찾을 수 있을 것이다.

192

엄청난 노력이 필요한 루트를 공략하려면, 값싼 로프 사용을 피하라. 일반적으로 저렴한 로프는 최상급의 로프같이 잘 만들어졌거나 다루어지지 않았기 때문에 바위가 노출된 곳이나 한 피치짜리 등반, 스포츠클라이밍을 위해 남겨 두는 것이 좋다. 이런 로프가 하강할 때 엉키고 꼬여 뜻밖의 문제를 일으킨다는 사실을 깨닫게 될 것이다.

193

새 로프를 살 형편이 되지 않는다면, 어떤 전문점들은 인공암벽이나 한 피치짜리 등반이 가능한 길이의 자투리 로프(200미터 롤에서 남은 자투리)나 짧은 로프를 가지고 있을 것이다. 만약 자투리나 짧은 것을 구입한다면, 확보기구에서 로프가

빠져나가는 치명적인 가능성을
피하기 위하여 끝에 매듭을 하고
테이프를 감아 풀리지 않도록
하라.

194

하네스는 소프트 장비이지만
아주 튼튼하고, 노출이 지나치게
많지만 않으면 상당히 오래 쓸
것이다. 바느질 상태가 좋은지와
버클이 잘 작동하는지만
확인해라. (반복적인 더블백double-
back 방식의 사용이 웨빙을 닳게 할
수 있기 때문에 더블백 버클이 필요치
않은 최신 셀프락 버클이 훨씬 좋다)

195

바위가 노출된 곳을
등반하려는데 헬멧이 없다면,
자전거 헬멧으로 대신할 수 있다.
자전거 헬멧은 충돌 추락(머리가
바위에 부딪히는 상황) 때 도움이
될 것이다. 다만 자전거 헬멧의
부품(버클, 철망 등)은 등반용
헬멧과 같은 강도를 견디도록
설계되어 있지 않다는 점을
명심하라.

인공암장
196~208

196

클라이머들이 사고가 날 확률이 높은 곳이
인공암장이다. 그 이유는 인공암장은 멋지고,
안전하며, 위협적이지 않은 환경이기 때문이다.
사실 중력은 어디서나 똑같으며, 톱로프와 두꺼운
매트가 갖추어진 이 아늑한 인공암장은 위험에
대한 인식을 낮추는 경향이 있어 사고로 이어질
가능성이 높다. 첫째, 땅바닥이 훨씬 딱딱한 것 같기
때문에 자연바위에서 선등을 할 때 우리의 뇌는 더
집중한다. (어쩌면 인공암장에 매트 대신 못이 박혀 있거나
활활 타오르는 용암 웅덩이가 있다면 더 안전할지 모른다) 또한
자연에는 주의를 산만하게 하는 요인이 적다. 예를
들면, 인공암장에서 요란하게 울리는 지랄 같은 테크노
음악, 좌우에서 등반하는 사람, 대화, 소리를 지르는
사람, 또는 어려운 문제를 시도하는 사람, 어려운
문제에서 떨어지는 사람, 혹은 다른 사람이 하기 전에
비어 있는 로프를 집어 등반을 하려고 서두르는 사람도
없다. 이 모든 것들은 복잡한 환경을 만들어 사람이
매듭을 하거나 확보를 제대로 보는 것을 잊어버리게
하는 경향이 있다. (자연암장에서 매듭 하는 것을 잊어버리는
사람을 몇 명이나 알고 있나?) 요점은 확보를 보거나 매듭을
할 때 방해받지 않아야 한다는 것이다. 항상 매듭을
하고 옭매듭을 하는 것(좋은 옭매듭은 본 매듭을 절반만
했어도 자신을 구할 수 있다)과 같이 확보나 매듭을 위해
세트 시스템을 갖춰라. 그리그리 같은 확보기구를
사용하고, 올바르게 사용하는 법을 배워라. 등반을
즐기되 중력은 어디에나 존재한다는 것을 기억하라.

197

종종 사람들은 등반하기 전에 워밍업을 하는 것을 쑥스러워한다. 하지만 그렇게 하는 것은 더 어려운 등반을 하는 데 정말 도움이 되고, 더 중요한 것은 그것이 부상을 줄여준다는 점이다. 가벼운 동적 스트레칭으로(팔을 돌리고, 머리를 좌우로 돌리고, 허리를 비틀어주고, 쪼그려 앉기를 몇 번 하고, 다리를 하나씩 돌려라) 천천히 워밍업을 할 필요가 있다. 그다음에 쉬운 루트에서 여러 번 등반하면서 천천히 몸이 풀리고 스트레칭이 되는 것을 느껴라. 몸이 풀린 것이 느껴지면 가볍게 손가락 스트레칭을 하라.(손가락을 뒤로 당기거나 무릎을 꿇은 채 손가락을 몸 쪽으로 돌려 손바닥에 체중을 싣는다) 더 어려운 등반을 하기 전까지 몇 분 동안 이렇게 한다면 인공암장 등반이 더 재미있을 것이고, 신체의 부담이 줄어들 것이다.

198

등반을 시작하는 사람들이 저지르는 대표적인 실수는 등반을 하면서 발을 직직 끌어 암벽화 앞부분을 닳게 하는 것이다. 닌자처럼 조용하게 등반해봐라. 마치 발 홀드가 달걀 껍질로 만들어진 것처럼 발을 디뎌라.

199

발의 감각을 키우기 위해서 암벽화의 발가락 부분을 사용하는 것을 피하고, 대신 인사이드와 아웃사이드 에지 그리고 뒤꿈치를 이용하라.

200

실제로 많은 초보자들이 암벽화의 발끝 부분을 무시하는데, 이것은 암벽화 자체 또는 암벽화가 어떻게 쓰이는지 생소하거나, 발가락 힘이 부족하거나, 팔이 하고 있는 것에 너무 집중하기 때문일 수 있다. 이것을 극복하기 위해 손을 사용하지 말고 슬랩을 등반해봐라. 대부분의 경우 루트를 올라가는 원동력은 발과 다리이고, 팔과 손은 단지 균형을 잡고 잠시 몸을 유지하는 역할을 한다는 점을 곧 알게 될 것이다.

201

팔이 젖산으로 인해 전혀 움직이지 못하게 되는 것(펌핑)은 인공암장 등반의 한 부분이고, 강해지기 위한 과정이다. 하지만 등반을 할 수 없을 정도로 너무 심하게 펌핑이 온다면, 훈련에 제약을 받을 것이다. 홀드, 특히 작은 홀드에 매달려 있는 전체 시간을 줄이기 위해 최대한 빨리 등반을 해봐라. 동시에 휴식을 취하고 회복하기 위해 얼마나 큰 홀드가 필요한지 알아내야 한다. 그 말은 작은 홀드가 연속되는 구간은 빨리 지나가고(차분하게), 더 큰 홀드에서 회복한다는 뜻이다. 또한 발을 잘 쓰고 몸을 붙여주면 손의 하중이 줄어들 것이다.

[사진] 존 코필드John Coefield

202

긴장하지 않으면 등반도 더 잘되고 펌핑도 덜 온다. 왜 긴장했는지 그 이유를 찾아 조치를 취하라. 대표적인 것은 추락에 대한 공포이다. 따라서 익숙해질 때까지 추락을 반복하면 이 공포심을 이겨낼 수 있다. 공포심이 없어지고 나면, 한 단계 더 높은 등반을 할 수 있다.

203

큰 홀드를 잡을 때 재미삼아 손의 위치를 다양하게 바꿔봐라.

204

부드럽고 차분하게 등반하려고 노력하라. 아주 길게 뻗어야 하는 동작이나 어리석은 하이스텝 동작을 하지 마라. (필요할 때를 대비해 아껴둬라) 사부가 풋내기 제자를 한 손가락으로 밀었는데, 그 제자가 넘어지는 오래된 무협영화 중 하나에 자신이 출연했다고 상상해봐라. 교훈은 균형 잡기이다. 움직일 때 그 동작에서 균형을 유지하는 것에 집중해야 한다. 중심을 잃을 수 있는 한 방을 맞지 않으려고 하는 것처럼, 다음 홀드에 신경 쓰지 말고 몸 전체에 집중하라.

205

첫 볼트에 거는 것이 가장 위험하고, 사람들의 발목이 부러지는 곳 역시 이곳이다. 그러므로 확보자가 로프를 충분히 꺼내 놓았는지, 만약 걸기 전에 떨어지면 받쳐줄 준비가 되어 있는지 확인하라. 로프를 어깨에 걸치고 첫 볼트에 다다르면 퀵드로를 걸고, 어깨에서 로프를 두 손가락으로 잡아 걸어봐라.

206

어떤 클라이머들은 첫 볼트에서 풀릴 확률을 줄이기 위해 로프의 첫 번째 카라비너를 스크루게이트로 하기도 한다. 약간 편집적이긴 하지만(와이어게이트도 괜찮다) 심리적으로는 좋은 방법이고, 스크루를 잠그는 것은 마음의 안정에 도움이 된다.

207

펌핑이 오기 시작하면, 펌핑을 풀고 손을 털 수 있는 홀드로 가도록 노력하라. 팔꿈치를 심장보다 높게 해 손을 털어주는 것이 뒤쪽으로 내려 터는 전통적인 방법보다 더 효과적이다.

208

무엇을 해야 할지 알면 머뭇거리지 마라. 동작을 하다 떨어져야지, 동작을 하려고 하다가 떨어지면 안 된다.

암벽화
209~219

209

극도로 어려운 등반을 하고 있지 않다면, 아주 꽉 조이는 것보다 적당히 조이는 편안한 암벽화가 등반을 더 여유 있게 해줄 것이며, 멀티 피치 루트라면 두 배로 편안할 것이다. 엄지발가락 앞쪽이 살짝 구부러지고 꼭 맞도록 해 발이 암벽화 안에서 돌지 않도록 하라.

210

암벽화가 꽉 조여서 생기는 통증과 발에 맞지 않아서 생기는 통증을 헷갈리지 마라. 새 암벽화는 먼저 뒤꿈치를 접고 발을 넣어 발가락 형태가 내 발의 모양과 맞는지 확인하라. 밑창의 길이는 그 다음에 생각하면 된다.

211

발 모양이 괴상하다면 발 모양에 맞게 빨리 늘어나도록 라인이 대져 있지 않은 암벽화를 구입하라.

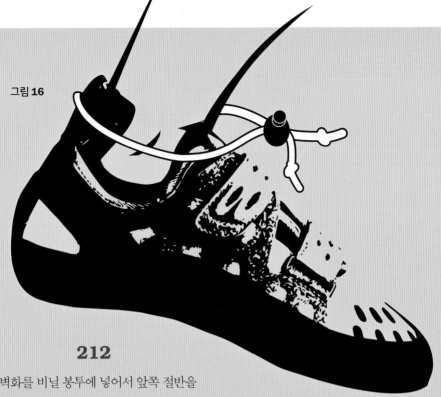

그림 16

212

암벽화를 비닐 봉투에 넣어서 앞쪽 절반을
끓는 물이 담긴 냄비에 60초 동안 넣으면,
암벽화의 형태를 잡는 속도가 더 빨라질
수 있다. (60초를 넘기면 접착이 약해질 수 있다)
그러고는 발에 비닐 봉투를 씌우고 암벽화를
신은 채 걸어서 유연하게 해줘라. 이렇게
하면 암벽화를 발 모양에 맞추는 데 도움이
될 것이다.

213

암벽화가 발에 부분적으로 맞지 않는 부분이
있다면 '러빙 바rubbing bar'(구부러진 금속
조각)가 있는 매장을 방문해, 그 부분이
늘어나도록 문질러라. 뭉툭한 물체와 약간의
팔 힘만 있다면 집에서도 할 수 있다. 다만
소재에 구멍을 낼 만한 것은 어떤 것도
사용하지 마라.

214

멀티 피치 루트를 등반하는데 확보를 보는
동안 암벽화를 느슨하게 하고 싶다면, 얇은
번지 코드 한 가닥을 암벽화 뒤쪽의 고리에
통과시킨 후 발목에 감아 코드록으로
고정시켜라. 이렇게 하면 뒤꿈치가 벗겨져도
암벽화가 떨어지지 않는다. 고리를 만드는
대신 두 줄을 코드록에 통과시키는 것이
등반 중 실수로 러너에 거는(이것은 좋은 일일
리가 없다!) 위험을 줄여준다.
(그림 16 참조)

215

창갈이 기술이 갈수록 점점 나아지고 있지만, 암벽화의 주된 골격이나 중간 창까지 가기 전에 창갈이를 해야 한다. 이 부분이 닳기 시작하면 새 암벽화를 사는 것이 더 효율적이며, 기존 암벽화는 창갈이를 해서, 갖다 버려도 가슴이 아프지 않을 만큼 쉬운 거벽등반에 사용하는 것이 좋다.

216

더운 날씨에 거벽의 멀티 피치 등반을 한다면, 양말을 신고도 맞는 아주 편안한 암벽화를 구하고, 심지어는 깔창을 사용하는 것도 고려해봐라. 발이 부어오르면 양말을 벗으면 되지만, 이상적으로는 암벽화가 항상 꼭 맞아야 하므로, 땀이 찬 발이 양말을 신고도 맞을 정도로 충분히 큰 암벽화 안에서 놀거나 돌지 않도록 깔창이 도와줄 것이다.

217

암벽화에서 냄새가 나면 등반이 끝날 때마다 베이비파우더를 뿌려라.

218

냄새가 너무 심해 베이비파우더가 들지 않는다면 중탄산나트륨(베이킹 소다)을 뿌린 후 비닐 봉투에 넣어서 냉동실에 하룻밤 보관하라. 그런 다음 아침에 중탄산나트륨을 다 비우고 칫솔로 문질러 씻어 내라.

219

진정 발 냄새, 그리고 그 결과로 냄새나는 암벽화와 관련된 무좀으로 고통 받고 있다면, 얇은 면양말을 사용하고 등반을 하러 갈 때마다 양말을 바꿔 신어라.

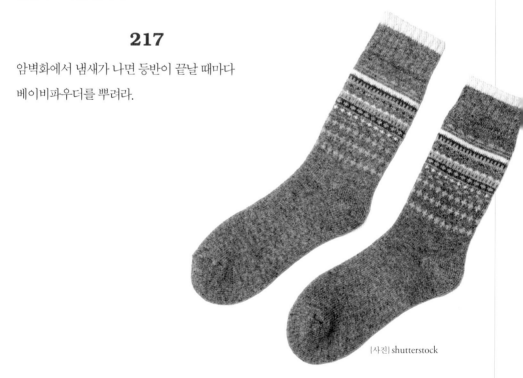

[사진] shutterstock

등반용 의류
220~232

220

한 피치짜리 등반을 한다면 청바지와 티셔츠, 추리닝 바지와 누더기 같은 플리스 등 어떤 것도 괜찮다. 개인적으로 나는 한 피치짜리나 거벽이나, 다양한 환경에 모두 적합한 옷이 좋다고 늘 생각한다. 몸에 맞는 것은 필수이다. 옷은 너무 꽉 끼거나 너무 헐렁하면 안 되고, 모든 소재는 용도에 맞아야 한다.

221

빨강과 노랑은 사진이 가장 잘 받는 색이고, 검정과 회색은 최악의 색이다. 좋은 사진을 원한다면 생각해볼 가치가 있는 문제이다.

222

매끄러운 소재는 침니와 크랙에서 몸을 끼워야 할 때 마찰력을 줄이기 때문에 피해야 한다. 쉘러Schoeller 같은 회사가 만든 통기성이 아주 좋은 원단은 방풍, 방수, 약간의 보온 효과가 있고 경량이면서 엄청 더울 때에도 괜찮은 완벽한 소재이다.

223

클라이밍 바지에 모든 앞지퍼가 아래에서 위로 잠기도록 되어 있는지 확인하라. 그래야 하네스를 착용하고 있을 때에도 쉽게 소변을 볼 수 있다.

224

시간이 경과하는 대로 온기를 조절할 수 있기 때문에 카프리 스타일capri style(무릎 아래) 또는 무릎 위로 접을 수 있는 바지가 멀티 피치 등반에는 최적이다.

225

등반용으로는 긴팔 상의가 이상적이다. 긴팔 상의는 크랙 등반에서 팔을 보호해주고, 햇빛과 바람도 차단해주면서 팔을 빨리 걷어 올려 몸을 식힐 수도 있다. 좋은 재질의 베이스레이어base layer가 가장 좋고, 거기에 목 부분에 지퍼가 달려 있으면 몸을 식힐 때 더 좋다.

226

어떤 상의를 사더라도 몸에 넉넉한 것을 선택하라. 짧고 '스포티'한 상의는 하네스에서 금세 빠져나와 올라갈 것이고, 이것이 피부를 문질리고 쓸리게 만들 것이다.

227

바지의 솔기가 피부를 문질러대는 것을 피하기 위해 바지가 충분히 길어 허리 윗부분이 반드시 하네스 위쪽으로 오도록 하라. 그리고 하네스를 착용하기 전에 상의를 바지에 밀어 넣어라. 스타일이 엄청 구리다는 것은 알지만 쓸리는 것은 막아준다.

228

더 추워질 것에 대비해 가벼운 플리스를 챙긴다면 엄지 구멍과 모자, 긴 몸통이 있고 팔을 올리기 편한 디자인을 선택하라. 이 하나가 플리스와 장갑과 모자와 거의 다름없는 역할을 한다.

229

가벼운 퍼텍스 상의가 이상적인데, 베이스레이어나 플리스의 역할을 할 수 있기 때문에 두꺼운 소프트쉘softshell보다 낫다.

230

암벽등반은 바위가 젖으면 상당히 어려워지는 경향이 있어, 대부분의 클라이머는 산에 있는 루트를 가지 않는 이상 방수 의류를 챙기지 않는 경향이 있다. 등반하는 동안 입지 않을 것이라면, 초경량의 (심지어 통기성 없는) 러닝용 방수의류가 비상용으로 사용하기에는 괜찮다.

231

파워 스트레치Power Stretch 바지는 겨울철 암벽 등반에 이상적이다. 소프트쉘 바지 안에 입으면, 겨울철 자연암장부터 주요 알파인 벽까지 가능하다.

232

보온이 더 잘되게 하고 싶지만 팔의 부피가 더 커지는 것은 원하지 않는다면 조끼가 딱 적합한데, 경량 합성소재로 된 조끼는 크랙에서 팔이 미끄러지지 않게 하면서 중요한 부위에 추가적인 방풍 기능을 더해준다. (하지만 배를 붙이다시피 하면서 올라가야 할 때는 후회할지도 모른다)

아이거 북벽에서 닐 첼튼이 드롭 니drop-knee 동작을 취하고 있다.

233

가이드북을 가지고 다니는 것보다는 관련 페이지만 복사해 그것을 대신 가지고 가라. 만약 긴 루트라면 코팅을 해서 줄로 엮어라. 또 다른 방법은 가이드북의 페이지를 휴대폰이나 카메라로 사진을 찍어서 가져가는 것이다. 이렇게 하면 루트에서 참고할 수 있다. (선등을 하면 카메라는 가지고 있겠지만 휴대폰은 가지고 있지 않을지 모른다.)

234

옆쪽 루트에 대한 정보를 가지고 있어라. 이것이 내가 어디 있는지 파악하는 데 도움이 될 것이다.

235

산의 환경 속에서 등반한다면, 가까운 바위를 등반하러 가는 것처럼 생각하지 마라. 루트를 접근하고 벗어나기 위해 즉시 이용할 수 있는 정보와 도구를 가지고 있어야 한다. 이것은 지도(또는 지도의 부분), 작은 나침반, 그리고 하강에 관한 상세 정보를 뜻한다.

236

팀에 시계가 있어 속도를 항상 측정할 수 있게 하라. (언제 해가 질 것인지 메모해두라) 크랙 등반에서는 망가지거나 재밍을 방해할 수 있기 때문에 시계는 손목보다는 다른 곳에 달려 있는 것이 훨씬 좋다. 보통 나는 시계를 장비걸이나 배낭의 끈에 걸어두고, 1시간마다 삐 소리가 나게 세팅해 스스로를 재촉한다.

237

복잡한 루트를 등반할 때 매우 낙천적이고 긍정적인 태도로 인해 옆길로 새지 않도록 주의하라. 길을 잘못 들었을지도 모른다는 약간의 편집중적인 생각으로 항상 루트 파인딩을 하라.

238

길을 잘못 들었다면, 다운 클라이밍을 하거나 하강을 해서 올바른 길로 가라. 그냥 밀어붙이면서 후등자를 올리고 싶은 유혹에 넘어가지 마라. 이것은 상황을 악화시킬 것이다.

239

펜듈럼pendulum이나 텐션 트레버스tension traverse를 할 줄 아는 것은 복잡한 멀티 피치 루트에서 큰 도움이 된다. 루트에 다시 돌아가기 위해 이 방법을 쓴다면, 아마 뒤쪽에 남겨지는 장비가 있을 것이다. 로프 하나를 이용한다면 몸이 쓸리는 현상 때문에 펜듈럼 지점 위쪽으로 가기 전까지 확보물을 설치할 수 없을 것이고, 중간 확보지점을 만들어 자신을 확보하고 펜듈럼 지점에서 매듭을 풀어서 회수하는 편이 더 현명할 수 있다. 다만 로프를 놓지 마라!

240

텐션 트레버스는 자유등반을 하기에는 너무 어려운 곳을 옆으로 움직일 수 있게 해주고, 원래의 루트로 돌아가기에 좋은 방법이다. 횡으로 트레버스를 하면 할수록 더 어려워지므로, 살짝 아래쪽으로 내려가는 것이 보통 가장 좋다. 핵심은 확보자와의 원활한 의사소통이다. 대화를 단순하게 하면서 미터 단위로 지시사항을 전달하고, 로프를 멈춰야 할 때는 '정지!' 하고 외쳐라. 트레버스를 하는 앵커는 매우 튼튼해야 하며, 실패하면 상당히 험악한 꼴을 봐야 하기 때문에 (두 지점을 균등화하는) 작은 확보지점을 만들 필요가 있다.

툴럼 메도우즈에 있는 스테틀리플레저돔Stately Pleasure Dome을 등반하는 바네사 섬너

남극대륙의 노보Novo 기지에서 건강과 안전

안전

241~327

바람이 많이 불면 로프를
슬링 두 개로 갈라 하네스에 걸어라.

헬멧
241~250

241

거의 모든 경우, 특히 까다로운 지형을 통해 루트에 접근할 때나 낙석의 위험이 있는 곳에서 가장 먼저 착용해야 하는 것은 헬멧이다. 머리가 박살이 날 때 헬멧이 배낭에 매달려 있다면 그보다 슬픈 일도 없다.

242

항상 헬멧을 쓰는 습관을 들여라. 그것은 안전벨트를 매는 것처럼 곧 거추장스럽지 않게 될 것이다. 헬멧은 낙석이나 선등자가 떨어뜨리는 장비(또는 떨어지는 선등자!)로부터 당신을 지켜줄 뿐만 아니라, 로프가 다리에 걸려 위아래로 뒤집히는 경우와 이와 다른 이유로 머리 먼저 떨어지는 수많은 추락에서 보호해줄 것이다.

243

긴 루트를 등반한다면, 다시 말해 어두울 때 시작해서 어두울 때 끝난다면, 헤드램프를 헬멧에 그대로 둬라. 작은 LED 헤드램프를 챙기면 어디에 있는지도 잘 모르겠지만, 밤이 빨리 찾아올 때 그 자리에서 준비가 되어 있다는 뜻이다.

244

헤드램프 배터리가 새것인지 확인하고, 만약 여분을 챙긴다면 올바르게 정렬해 테이프를 감아 한 번에 꽂을 수 있게 준비해둬라. 이 시스템은 새 배터리가 헌것과 함께 있어도 어떤 것이 어떤 것인지 추측할 필요가 없다는 뜻이다.

245

어두울 때 시작하면, 날이 훤할 때 상대방의 헤드램프가 꺼져 있는지 확인하는 습관을 들여라. 자칫하면 하루 종일 켜두기 쉽다. (LED 헤드램프가 좋은 점 하나는 스위치를 켜두어도 며칠은 간다는 것이다)

246

머리가 먼저 크랙에 낀다든지, 또는 슬링을 머리 위로 꺼내려 할 때 헤드램프를 떨어뜨리는 일이 생길 수 있다. 이것을 피하기 위해서, 나는 번지 코드 고리를 헬멧의 환기구멍에 통과시켜 정수리 위로 두 개의 고무 밴드를 만들어준다. 헤드램프를 착용할 때 헤드램프 끈을 네 개의 클립으로 고정하기에 앞서 코드에 통과시켜 준다. 그럼 클립이 빠진다 해도, 헤드램프는 머리에 붙어 있을 것이다.

247

겨울철 등반을 위해 헬멧이
필요하다면 바라클라바를 쓴 채
헬멧을 써보고, 그 위에 재킷 후드가
얼마나 잘 맞는지 봐라.

248

겨울철 등반을 위해선 일반적으로
외부가 단단한 헬멧이 더 낫다.
부드러운 헬멧은 얼음을 맞으면 더
빨리 손상될 수 있다.

249

부드러운 발포 헬멧을 사용한다면
절대 그 위에 앉지 마라. (아니, 어떤
헬멧에도 앉지 마라) 헬멧은 배낭에
항상 마지막에 집어넣고, 비행기를
탈 때는 깨지는 일이 없도록 기내용
가방에 넣고 가라.

250

경사도를 불문하고 설사면에서
장비를 착용하거나 벗을 때는
가이드의 멍청한 고객을 위한 '행복한
거북이'(정수리가 위를 향한 헬멧)와 '슬픈
거북이'(정수리가 아래쪽 눈을 향한 헬멧)
주문을 기억하라. 이것만 따르면
헬멧이 미끄러져 없어지는 일은 피할
수 있을 것이다.

하강
251~268

251

멀티 피치 하강에서는 한 사람을 리더로 정하라.
이 사람이 모든 확보지점을 구축하고, 모든
장비와 가장 좋은 헤드램프를 가지고 다닌다.
한 사람이 하강 세팅을 하면 모든 사람이 동일한
리듬으로 하나의 시스템을 계속하게 된다. 또한
어려운 하강에서는 리더가 지형을 예측해 앵커를
어디에 설치하는 것이 가장 좋을지 판단하는
등의 결정을 한다. 리더는 또한 가능하면 두 개의
작은 등강기(티블록이나 로프맨 등)를 가지고 있다가
필요하면 다시 올라와야 한다.

252

항상 로프 끝에 매듭을 해 덩어리로
던지기보다는 그 끝을 붙잡고 놓지 말아야 한다.
두 끝을 각각 확보 고리에 연결하라. 이렇게 하면
하강하다 끝이 빠져나가는 일은 생기지 않을
것이다. (끝에 매듭을 하는 전통 시스템에서 매듭은 큰
충격의 추락에 풀릴 수 있다) 이것은 또한 (60미터
로프일 때) 최대 30미터가 아래로 동그랗게 늘어져
있어, 무언가를 떨어뜨려 로프를 손상시킬
위험을 줄여준다. 끝에 거의 다다르면 약간 꼬일
수도 있다. 만약 이럴 경우, 확보 고리에서 로프를
풀고 계속 내려가면 꼬인 것이 풀릴 것이다.

253

254

로프 끝을 확보 고리에 달 때는 당겨야 하는 로프에 8자 매듭을 하고, 다른 로프에 옭매듭을 해 어떤 로프를 당겨야 하는지 상기시켜줘라.

255

하네스에서 하강기구를 안전한 퀵드로(카라비너를 스크루게이트로 대체한 것), 또는 슬링이나 데이지체인으로 길게 하라. 손을 그 기구 밑으로 가져갈 수 있기 때문에 이것이 장비를 다루는 데 훨씬 더 수월하다. 만약 120센티미터 슬링을 사용한다면 중간에 매듭을 해서 하강기구를 아래쪽 고리에 걸고, 위쪽 고리에 스크루게이트를 걸어라. (확보 고리에서 안팎으로 걸기 위한 용도이며 데이지체인과 비슷하다)

256

항상 프루지크 고리로 클렘하이스트, 오토블록(마샤르 트레세machard tresse 또는 프렌치 프루지크로도 알려져 있다)을 사용하고, 어느 것이든 다리 고리에 걸어라. 더 좋은 방법은 연장 시스템을 사용해 확보 고리에 거는 것이다.

257

258

리더가 앵커가 잘되었다고 판단하면, '당기는' 로프를 앵커에 통과시킨 후 양 끝을 건 다음 '고릴라 울음소리'를 낸다. 말 그대로 고릴라가 아주 낮은 음으로 부르는 소리(낮은 음의 '욱' 소리)를 내는 것이다. 이 소리는 다른 사람들에게 내려와도 좋다고 전하는 것인데, 메시지가 전달되었다는 것을 나타내기 위해서 항상 '고릴라 울음소리'로만 대답해야 한다. 낮은 음의 소리는 일반적인 소리보다 훨씬 더 멀리 간다.

259

만약 앵커에 대해 확신이 서지 않는다면, 매달린 채로 뛰어서 잡아주는지 확인해봐라. 또한 마지막 사람이 가지고 내려올 수 있는 백업을 설치하는 것도 고려해봐라. (이 경우에는 마지막 사람이 반드시 가장 가벼운 사람이어야 한다)

260

로프를 당길 때는 끝이 앵커 쪽으로 들리면 중력이 나머지를 해결하도록 천천히 부드럽고 조심스럽게 하라. 만약 아주 빠르게 당긴다면, 로프의 끝이 채찍질을 하면서 감겨버릴 것이다. 로프를 당기면서 새로운 앵커에 로프를 집어넣고, 로프 끝이 날아와서 맞으면 안심하고 있는 마음에 일격을 당할 수 있기 때문에 주의해야 한다.

261

복잡한 지형에서는 너무 욕심 부리지 마라. 30미터씩 짧게 하강을 하는 것이 온갖 문제를 줄여줄 것이다. (로프 마찰이나 첫 하강자의 매듭이 끼는 것 등)

262

로프는 옭매듭으로만 연결하고 다른 매듭은 절대 사용하지 마라. 만약 이것이 문제라면 좀 더 용감해져라. 옭매듭은 관심을 거의 못 받는 매듭이지만, 모서리 부분을 다른 어떤 매듭보다 잘 타고 넘을 것이다. 8자 매듭을 하면 절대 안 된다. 쉽게 구르고 잘 풀리는 단순한 옭매듭과 달리, 두 개의 로프를 8자 매듭으로 연결하는 것은 많은 클라이머를 죽거나 다치게 했다.

263

바람이 많이 불면 로프를 두 개의 슬링으로 갈라서 하네스에 장착하라.

264

로프의 지름이 다르면, 가는 로프가 두꺼운 로프에 비해 당기기가 훨씬 쉽고(로프 전체 길이 하강을 한다면 중요하다), 반면에 무거운 로프는 바람이 불 때 더 일직선으로 떨어진다는 점을 주목할 필요가 있다. 바람이 엄청 세게 분다면, 리더를 확보기구나 뮌터 히치를 이용해 두 줄로 내려줘라. 리더가 다시 주마링으로 올라와야 할 필요가 있는 경사가 심한 미지의 영역으로 하강할 때는 (하강하다 몇 미터 지나친 잠재적 앵커일 수도 있고, 확보지점까지 전체를 다시 올라와야 할 수도 있다) 두 로프를 모두 8자로 묶어라. 로프를 각각 묶어주면 함께 묶는 것과 비교할 때 꼬이는 현상이 줄어들고 다루기도 쉽다. 이렇게 하면 리더가 두 로프 중 어떤 것으로도 주마링을 할 수 있다. 일단 앵커에 닿으면, 매듭을 풀어 '시험적으로' 당겨볼 수 있도록 하라.

265

로프에 마찰력과 제동력이 더
필요하면, 카라비너 하나를
확보기구에 추가하거나 남아
있는 로프 끝을 간단하게 다리에
감아라.

266

하강 중 높은 마찰력이
우려된다면, 로프를 통과시킨
카라비너를 앵커에 남겨둬라.
이것이 앵커에서 로프를 당길 때
로프 끌림 현상을 약화시켜줄
것이다. (카라비너가 로프의 표면
마찰력을 테이프슬링보다 더 낮춰줄
것이다)

267

만약 로프를 당기는 것이
아주 힘들면, 작은 등강기를
설치해 당기는 힘을 늘리는 데
사용해봐라.

268

낙석이나 날카로운 모서리에 의해 로프가
손상되었지만 하강을 해야 한다면 어떻게 할 것인가?
이를 위해서는 손상된 로프 끝을 구부려 옮매듭(8자
매듭이 아니고)을 하라. 고리는 작게 잘 만들어라. 이제
상태가 좋은 로프를 앵커와 옮매듭에 통과시킨 후
기본 하강 매듭을 만들되, 고리와 두 개의 자락이
있는 매듭을 만든다. (보통은 끝자락만 두 개 생긴다) 작은
스크루게이트를 고리에서 좋은 로프에 걸어라. (서로
엇갈린 두 개의 카라비너가 더 안전하다) 가능하면, 앵커에서
작은 구멍에 로프를 통과시켜라. 핵심은 매듭의
크기가 맞지 않아 통과할 수 없게 하는 것이다. 이제
좋은 로프로 하강을 하라. (만약 가는 로프 하나를 쓴다면
카라비너를 더 추가해 마찰력을 높일 필요가 있을 것이다) 확보
지점에 도착하면, 손상된 로프를 당겨 좋은 로프가
확보지점에서 끌려 내려오게 하라. (그림 17 참조)

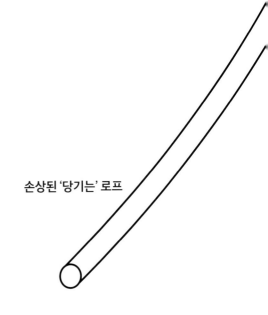

손상된 '당기는' 로프

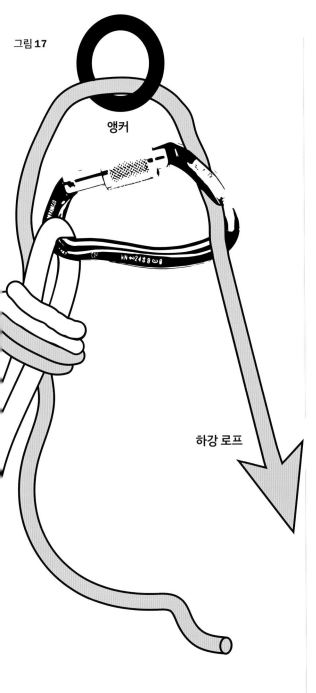

그림 17

앵커

하강 로프

269

정말 뜨거운 환경에서는 아주
빠르게 이성을 잃기 쉽기 때문에
이런 곳은 어떤 일을 하기에 매우
위험하다. 일사병과 열사병은 강인한
클라이머마저 무릎을 꿇게 할 수 있다.
만약 날씨가 뜨겁다면, 영하 50도를
대할 때처럼 진지하게 받아들여라.

270

온화한 곳에서 더운 곳으로 이동하면
적응할 필요가 있을 것이다. 이렇게
몸을 태양과 열에 조금씩 노출시키면
며칠이 걸릴 수 있다. 그늘진 곳에서
매달리는 것으로 시작할 수도 있지만,
날마다 열에 조금씩 노출시켜야 하고,
다시 적응할 수 있도록 시원한 곳으로
돌아와야 한다. 만약 열기 속에서
무엇인가 힘든 것을 하려고 한다면,
시원한 곳에 있는 동안 쉬운 루트를
서둘러 올라가는 것같이 격렬한
운동을 하도록 하라.

271

날씨가 덥다면, 옷을 어떻게 입는지부터
어떻게 움직이는지까지 그 지역 사람들이
하는 것을 관찰하고 따라 하라. 더운 나라
사람들은 한낮에 움직이지 않는다. 그들은
일찍 일어나 일을 하거나 시원한 밤에
외출을 한다.

272

몸이 가려진 상태를 최대한 유지하는 것이
필수인데, 특히 머리를 가려야 한다. 긴
바지와 긴팔 티셔츠를 입고, 헬멧 뒤쪽에
머리 가리개를 부착하라.(아니면 헬멧에 부착된
빌트인 선 캡을 사용하라) 선글라스도 써서 몸을
최대한 조금 노출되게 하라.

273

노출되는 피부는 어디든 강력한 선크림을
발라라.(손등과 귓등도 포함이다) 하지만
선크림이 몸을 가리는 것을 대신할 수는
없다.

274

선크림을 바를 때 손바닥과 손가락이
미끈거리지 않도록 손등과 손가락 등을
사용해 발라줘라. 또한 선크림은 햇볕에
노출되기 30분 전에 발라야 하며, 시간이
지나면 다시 발라주어야 한다.

275

팀에 열사병에 걸린 사람이 있는지 유심히
관찰해야 한다. 열사병의 주요 증상은
메스꺼움과 구토, 망상, 심한 피로이다. 만일
누군가 이런 증상으로 고통 받고 있다고
의심되면, 수분을 최대한 공급하고 가능하면
시원해지도록 도와줘야 한다. 만약 거벽을
등반 중인데 갈 곳도 없고 피할 곳마저
없다면, 구조 요청을 하거나 움직이지 말고
있다가(은박 서바이벌 블랭킷을 타프로 이용해
그 뒤에 숨어라), 시원해지는 저녁에 후퇴할
것을 고려해봐야 한다. 만약 모두가 통제
불능 상태가 된다면, 한낮의 햇볕에 복잡한
등반에서 하강하는 것은 사태를 훨씬 더
심각하게 만들 수 있다.

276

헐겁게 짜진 원단은 자외선 차단지수가
낮다. 이 말은 티셔츠나 베이스레이어를
입고도 햇볕에 탈 수 있다는 뜻이다. 자외선
차단지수UPF를 확인하고, 최소 UPF25
이상의 옷을 선택하라.

277

두꺼운 흰색 청바지가 얇은 파란색 나일론
소재보다 훨씬 시원하니 가지고 있는 것
중 가장 밝은 색을 입어라. 반면에, 어두운
색은 더 따뜻하지만 사실 빛을 피부까지 덜
통과시켜준다.

278

소변 색깔은 수분 공급을 얼마나 잘하고 있는지 나타내주기 때문에 잘 지켜봐야 한다. 색이 옅을수록 수분 공급이 더 되었다는 뜻이다. 오랫동안 수분 공급이 충분하지 않으면 신장과 비뇨기의 감염으로 빠르게 이어질 수 있다는 점을 기억하라.

279

더운 날씨에는 땀이 섬유에 달라붙어 냉각을 도와주기 때문에 면이 항상 유리하다. 반면 고기능성 합성소재 원단은 대기로 땀을 바로 날려버린다. 채도가 높은 원단은 피부에 자외선을 더 많이 통과시킨다는 점을 기억하라.

280

오래 그늘지는 루트를 선택하거나, 지형이 험준한 곳(그래서 그늘이 있는 장소)을 선택하라.

281

물의 배급을 제한하는 것은 필수이다. 이 말은 필요한 양보다 덜 마시라는 뜻이 아니라, 필요한 만큼만 마시라는 것이다. 가지고 있는 양을 유심히 관찰하고, 벌컥벌컥 마시기보다는 조금씩 홀짝홀짝 마시도록 하라.

282

물에 스포츠드링크 가루를 첨가해서 소금과 미네랄을 보충해줘라. 게다가 좋은 맛은 물 마시는 것을 더 즐겁게 해줄 것이다.

283

어디서나 사용할 수 있는 대표적 알파인 등반의 요령은 작은 플라스틱 튜브를 가지고 다니는 것이다. 등반을 하면서 이것으로 크랙 안쪽의 녹은 물을 빨아먹을 수 있다.

284

만약 보통의 물을 마신다면, 잃어버린 것을 벌충할 수 있게 매일 밤 소금과 미네랄을 음식으로 섭취해주는 것이 필수이다.

285

무게가 문제되지 않는다면, 수분 함량이 높은 음식이나 캔으로 된 음식이 전체적인 수분 섭취를 늘려줄 것이다. 과일 통조림은 벽에 매달리는 더운 날에 훌륭한 주식이 된다.

286

많은 파트너가 벽에서 마시는 콜라 한 캔에 대한 나의 애착에 콧방귀를 뀌지만, 그 위에 올라가서, 콜라 한 모금을 입 안 가득 마시면 더운 날 등반의 입속 찝찝함이 모두 날아간다.

저자가 엘캡을 '한 번에' 오른 뒤 낮잠을 즐기고 있다. [사진] 알윈 존슨Alwyn Johnson

287

술과 커피는 피하되, 베두인족처럼
하라. 즉 차를 마시는 것이다.
블랙이든 우유를 넣든, 설탕을 넣든
잼을 넣든. (차에 잼을 넣어 먹는 것은
러시아 클라이머들 사이에서는 인기가 있다)
북아프리카인은 신선한 민트와 차를
섞어 마시기도 하며, 뜨거운 차를
마시는 것은 땀의 배출을 촉진하고
몸을 확 식혀줄 것이다. (이런 이유의
탈수증세로 인해 땀의 배출이 멈췄다면
뜨거운 음료를 마시는 것을 피하라)

288

뜨거운 날 거벽을 등반할 때는 미리 물을 얼려
놓아도 좋다. 홀링 백 가운데 있는 물은 바깥쪽이
마실 수 있도록 녹으면서 며칠 동안은 얼어 있을
수 있다.

289

누군가가 남겨 놓은 물을 발견하면 조심하라.
그것은 아주 오래되었을 수도 있고, 상당히
위험한 박테리아가 가득 들어 있을 수도 있다.
가지고 가되, 다른 물이 다 떨어졌을 때만
사용하라. 스토브가 있다면 최소 1분 정도는
끓여야 하고, 2,000미터 이상에 있다면 3분은
끓여야 한다.

푸석 바위

290~301

290

모험적인 등반을 할 계획이라면 푸석 바위를 경험하라. 모든 것이 사상누각처럼 여겨지는 푸석한 피치 중간에 자신이 있다는 것을 갑자기 깨닫는 것은 급격하고 위험한 학습곡선이다. 나라마다 종류가 다른 푸석 바위가 있으므로 쉬운 루트에서 시작해 요령을 습득하라.

291

푸석한 피치의 확보를 볼 때는 빙벽등반의 심리상태를 적용해 추락선 바깥에 위치하라. 확보자를 가격하거나 팔을 부러뜨리는 것은 즐거운 외출이 아니다.

292

푸석 바위에서는 어떤 장비의 설치라도 끝까지 의심하고 확인해야 한다. 만약 크랙에 장비를 설치한다면, 크랙 양쪽이 다 튼튼한지 확인하라. 추락할 때 플레이크나 블록 같은 가벼운 돌출부가 틈을 벌릴 수 있다. 캠은 바위에 거의 4배의 충격력을 가한다.

293

선등을 할 때 푸석 바위에 잠재적 확보물 설치를 거르는 편이 나을지, 아니면 추락하면 자신이나 확보자에게 돌이 떨어지는 위험을 감수하는 편이 더 나을지 자주 판단해서 결정해야 할 것이다. 만약 정말로 확보물을 설치해야 한다면, 바위에 가해지는 힘을 줄이기 위해 수동 확보물(너트)을 사용하고, 중간 확보지점을 설치하라.

294

선등자가 "낙석!" 하고 외칠 때 대부분의 초보자가 하는 행동을 절대 하지 마라. 내가 맞을 것인지 보려고 고개를 위로 쳐드는 짓을 하지 말라는 것이다. 낙석에 맞거나 맞지 않거나 둘 중 하나이지만, 헬멧을 쓰고 있을 때는 머리에 맞는 것보다 얼굴에 맞는 것이 훨씬 더 나쁘다. "낙석!"이라는 말을 들으면, 바위에 밀착해 몸을 헬멧 아래로 최대한 집어넣어라.

295

앵커를 위한 '삼지점' 규칙은 헐거운 피치에서는 두 배가 될 필요가 있다. 그리고 가능한 한 많이 따로 떨어진 구획의 바위로 장비를 펼쳐 설치하라. 이 말은 스파이크, 블록, 너트, 캠, 고정 피톤에 슬링을 연결해 모두 균등화해야 한다는 뜻이다. 이런 피치에서 나는 10개의 장비가 함께 묶인

적도 있었다. 안전하다고 공표하기 전에 뒤로 물러나서 전체적인 상황을 점검하라. 이 두 개의 수직과 수평 크랙이 사실은 한 개의 커다란 푸석 바위의 둘레는 아닌지?

296

확보지점이 형편없을 때 절대 묵인하지 마라. 현대 장비로 언제나 새로운 자리를 찾을 수 있다. 처음에는 좋지 못한 앵커를 만든다 해도, 그것을 러너로 사용해 다음 피치까지 짧게 올라간 후, 좋은 장비를 설치할 수 있는 장소를 발견하고, 다시 다운 클라이밍을 해서 이것을 확보의 일부로 사용할 수 있다. 또한 모퉁이를 돌면 기쁜 소식과 마주치는 일이 종종 있으니 앞이나 위에 있는 것에만 전적으로 집중하지 마라.

297

흔들리는 바위 구간에서는 항상 더블 로프를 사용하고, 두 로프가 서로 떨어져 있도록 세심한 주의를 기울여라. 돌덩어리를 뽑았는데, 이것이 로프 하나에 떨어졌지만 다른 로프는 1미터 50센티미터 정도 떨어져 있다면, 이 두 로프가 떨어져 있음에 감사하게 될 것이다.

298

푸석 바위지대에서는 모든 홀드를 가볍게 잡아 시험하고, 몸 전체의 체중을 싣기 전에 어깨에만 체중을 실어봐라. 스탠스도 같은 방식으로 항상 주의를 기울이고 공손하게 대해야 한다.

299

푸석한 피치를 등반할 때 엔지니어의 뇌구조를 가지는 것은 좋은 생각이다. 이것은 동작이 온전한지 판단하기 위하여 홀드와 피치의 배치를 면밀히 살피게 해준다.

300

바위로 접근할 때 지형을 익히는 시간을 가져라. 대부분의 바위는 많은 블록과 볼더로 특징을 이룰 것이지만, 큰 바윗덩어리 위에 있는 작은 바위 조각을 찾을 수 있는지 살펴봐라. 작은 바위 조각은 비나 눈, 바람을 통해 큰 바위에서 떨어져나가 이동하는 경향이 있기 때문에 종종 이것은 최근에 낙석이 있었다는 증거가 될 것이다.

301

만약 바위가 대단히 푸석한 것으로 널리 알려져 있다면, 접근은 최대한 안전하게 해야 한다. 만약 접근이 말도 안 되게 나쁘다면, 다른 곳에 가서 등반하는 것을 고려해봐야 한다.

드류 쿨르와르Dru Couloir를 등반하는 저자. [사진] 리치 크로스Rich Cross

구조

302~317

302

눈/산사태에서 파헤쳐져 나오는 것을
피하려면(살았든 죽었든), 눈/산사태 과정을
수강해 산에서 올바른 판단을 내리는 법을
학습하라. 그리고 더 중요한 것은 이런
판단이 잘못되었을 때 사람을 어떻게
파내는지 배워라. 많은 과정이 보조금을
받을 수 있고 하룻밤에 걸리지 않으니,
국립산악단체에 확인해봐라.

303

만약 수강을 할 수 없다면 혼자서라도
공부하라. 교육용 DVD를 사서 보고,
유튜브에 많이 있는 관련 영상을 보고, 책을
읽어라.

304

만약 당신과 다수의 사람들이 눈/산사태에
매몰되는 것을 피하는 법을 배우고 싶거나
매몰된 사람들을 어떻게 찾는지 관심이
있다면, 자격이 있는 가이드에게 하루 비용을
지불하고 자신의 활동에 맞춰 교육받는 것을
고려해봐라.

305

심각한 날씨에 심각한 환경으로 들어설 때는
생존 문제를 심각하게 받아들여라. 겨울철
알파인 등반은 단순한 등반이 아니다.
안전하게 움직일 수 있는 장비세트를 가지고
있는지, 돌아오지 못할 때 살아있도록
유지시켜주는 키트가 있는지 반드시
확인하라.

306

산에서는 항상 쉘터를 가지고 다녀라.
이것은 팀 전체가 들어가서 따뜻함과
격려(곤경에 처하고도 웃을 수 있는 것은 생존의
필수 요건이다)를 나눌 수 있는 것이어야 한다.
이 쉘터는 보시 백bothy bag(큰 나일론 자루)의
형태로 되어 있다. 그리고 비박색과 재킷과
먹을 것이 있다면 그 성능이 향상될 수 있다.
이중 한 가지를 가지고 있는 것은 삶과
죽음을 가르는 차이가 될 수 있다.

307

모든 경사면이 눈/산사태로부터 안전하다는
확신이 없는 한, 팀의 구성원 모두 경량
삽(플라스틱이 아닌 금속)과 눈/산사태
탐침(그리고 비컨, 팀의 모든 구성원이 하나씩
소유하고 있다면)을 가지고 다녀야 한다.
이것은 스키를 타는 사람들이 같은 환경에서
일상적으로 준비하는 것이다.

308

구조와 의료를 위해서 돈을 내야만 하는 곳을 등반한다면 보험에 가입하라. 만약 돈을 내야 할까 봐 도움을 청하는 것을 피하거나 늦춘다면, 도움이 필요할 때쯤에는 이미 너무 늦을 것이다.

309

만약 안전하게 해낼 수 있고, 누구도(자신이나 친구 또는 다른 클라이머들) 지나친 위험에 노출시키지 않을 작정이라면 항상 자력구조를 해야 한다. 만일 확신이 서지 않는다면, 산악구조대가 있을 경우 그곳에 전화하라. 며칠이 걸릴 일이 몇 분이면 해결될 것이고, 5분 만에 극도의 장편 서사영화(아이거에서 다리가 부러진 친구)에서 초원에 서 있게 된다. 영웅이 되지 마라. 하지만 역시 멍청이가 되어서도 안 된다.

310

유럽에서(영국을 포함) 구조가 필요하다면 112에 전화를 걸어라. 이 번호는 잔액이 없는 선불결제 전화기를 포함한 어떤 전화로도 전화를 걸 수 있다. 유럽의 몇몇 나라를 비롯해 많은 국가에 산악구조 서비스가 없다는 점을 명심하라.

311

그 대신, 자신이 있는 영역을 관할하는 산악구조대의 전화번호를 구하라. 이 번호로 직접 연락해 자신의 상황에 대해 대화를 나누고 조언을 얻어라. 이것은 경미한 부상을 당한 클라이머가 있다거나, 탈수가 심하게 되었다거나, 올라가야 할지 내려가야 할지 확실치 않다는 등의 것을 이야기하는 단순한 '알림'이 될 수 있다. 99퍼센트의 경우, 구조대는 "기다리세요. 우리가 당신에게 가겠습니다."라고 할 것이지만, 그들이 바쁠 때도 자신이 도움이 필요할지 모른다는 것을 알려주는 것이 좋다.

312

저렴한 구식 '벽돌' 스타일 휴대폰(선불폰)을 구입해, 이것을 산에서 사용하라.(두 개의 방수 지퍼백 안에 넣어서) 배터리는 스마트폰보다 훨씬 더 오래가고, 소모품이며, 더 가볍고, 더 강하다(유리가 없다). 비상시에 배터리가 1퍼센트 남아 있는 최신 전화기 대신, 배터리가 많고 작동되는 전화기를 가지고 있는 것은(전화가 터진다면), 통화 상대로 산악구조대가 연결되어 있을 때 자신을 구제해 줄 것이다. 영국에서는 구조서비스에 문자를 보낼 수도 있지만, 먼저 등록을 해야 한다. 지금 당장 하라! 112에 문자 등록을 하고 지시를 따르라.

313

헬기는 특효약이 아니다.
그것은 악천후, 안개나 구름이
끼었을 때는 비행할 수 없으며,
일반적으로 낮에만 운항한다.
만약 당신이 헬기가 5분 안에
도착할 수 있을 것이라는
가정 하에 '핀'을 뽑는다면,
글쎄, 당신은 틀렸다. 그들은
구조의 필요성에 우선순위를
두고 일을 처리할 것이다. 이
말은 밖에서 밤을 지새우게
될까 두려워 전화를 했다면,
어쨌거나 밤을 지새우게 될
것이라는 뜻이다. 나에게는
헬기가 날지 못해서 죽은 친구가
여럿 있고, 아슬아슬하게 때를
맞추어 구조된 친구가 더 많이
있다. 구조를 요청한다면, 어떤
것도 가정하지 말고, 대비책을
마련하라.

314

알프스의 구조 헬기는 자신들이
알고 있는 클라이머가 등반하는
장소를, 그들의 상태를 관찰하기
위해 자주 확인할 것이다. 만약
한 대가 가까이 날아온다면,
손을 흔들거나 신호로 오해될
수 있는 어떤 동작도 하지 마라.
만약 구조되고 싶다면, 두 손을
머리 위로 들고, 팔을 쭉 펴서
'예'를 뜻하는 'Y' 자를 만들어라.
구조를 원하지 않는다면,
아무것도 하지 않거나 한쪽 팔만
들어라. (그림 18 참조)

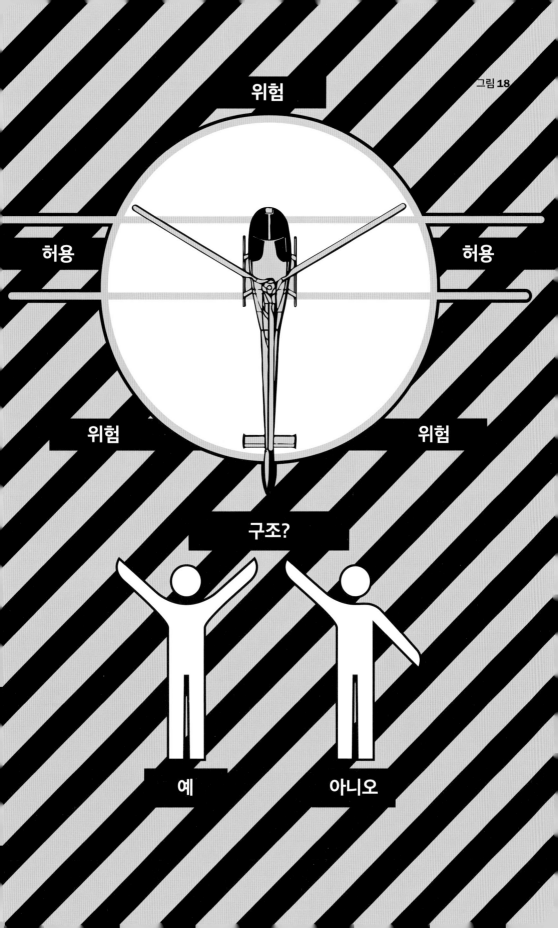

315

만약 헬기로 구조된다면, 로프를 포함한
모든 장비를 치우고 위기 상황에 대비하라.
만약 확보지점에 있다면 슬링 하나로 모두를
연결해 한 명씩 확보를 풀고 갈 수 있게 하라.
고글이 있다면 쓰고 있어라. 헬기가 올 때
승무원이 무엇을 하라고 말해줄 텐데, 그들이
말하는 대로 해야 한다. 기억해야 할 가장
중요한 것은 지시를 받았을 때만 헬기에
접근해야 하며 항상 승무원의 시야에 있어야
하는데, 조종사의 시야에 있다면 그것이 가장
이상적이다. 산에서는 만약 경사가 심한
지형에서 헬기 쪽으로 내려간다면, 날개에
맞을 수 있다는 점을 의식하고 있어야 한다.
기본적으로 헬기는 위아래가 뒤집어진
커다란 잔디 깎기 기계와 같으므로, 그에
맞게 대하라!

316

흔히 헬기의 로프 맨이 가이드가 될
것이다. 또는 두 명의 가이드가 있을 수도
있다. (구조가 필요한 클라이머를 대할 한 명)
구조대는 당신에게 긴 로프를 연결할 수
있다. 이 말은 헬기가 와서 상태를 체크한
후 날아갔다가 밑에 두껍고 긴 로프를
연결한 다음 그 끝에 구조대원을 매달고 올
것이라는 뜻이다. 구조대가 다가와, 무엇을
할지 말해줄 것이다. 구조대의 지시사항을
그대로 따르도록 하라. 보통은 긴 줄에
슬링으로 건 뒤 확보지점에서 연결을 풀고,
마침내 들어 올릴 것이다.

317

긴 로프의 연결 구조에서 가장 위험한 것은
헬기가 날아오르려는 찰나에 구조되는
사람이 바위에 연결되어 있는 상황(예를
들면, 확보지점에 연결되어 있는 것)이다. 그리고
이것은 관련자 모두를 위험에 빠지게 할
수도 있다. 그러므로 지시를 받았을 때 풀 수
있도록 한 개의 카라비너에 연결되어 있는지
확인하라.

밤 지새우기
318~327

318

긴 루트에서 갑자기 밤을 지새우는 것은 생각보다 훨씬 심각한 일일 수 있는데, 이것은 결국 준비가 얼마나 잘 되어 있는가의 문제이다. 즉, 이런 일에 준비가 되어 있는지, 고통에 대처할 수 있는지가 중요하다! 나는 이런 경험이 몇 번 있었는데, 운이 좋게도 내가 편집증적인 성향의 사나이인 덕분에 항상 의지할 수 있는 장비가 있었다.

319

첫 번째로 드는 생각은 '계속 가도 될까?'일 것이다. 등반을 하면서 일몰과 일출을 보게 되더라도, 밤을 지새우기 위해 멈추는 것보다는 나을 것이다. 만약 멈추었지만 잠을 잘 수 없게 된다면, 다음 날 훨씬 느려지게 될 것이다. 새로운 배터리와 약간의 물, 음식이 있다면 속도를 유지해 정상에 닿을 수 있도록 해줄 것이다.

320

만약 계속 가고는 있지만 기운이 다 빠졌다면, 자신도 모르는 사이에 잠이 들 정도로 상태가 나빠질 수 있다. (한번은 40시간 동안 깨어 있었던 적이 있었는데, 등반을 하다가 러너에 걸고 잠이 든 뒤 그곳에 매달려 있는 상태로 잠에서 깼다!) 만약 이렇게 피곤하다면, 45분 이내로 토막잠을 자라. 이것이 에너지를 충전시켜줄 것이며, 그러면 다음 4시간 동안 기분이 훨씬 나아질 것이다. 만약 45분 넘게 잠이 든다면, 뇌가 더 깊은 상태의 수면에 빠지게 될 것이고, 다시 깨어나는 것은 어렵고 기분은 끔찍하게 될 것이다. 수면부족 생존의 기준은 수면이 부족할 때 4시간마다 15분씩 토막잠을 자는 것이다.

321

밖에서 밤을 지새워야 할 때 장비 목록에 몇 가지를 추가한다면 심리적 충격이 덜할 것이다. 첫 번째는 플라스틱이나 반사 호일로 된 단순한 서바이벌 블랭킷이나 서바이벌 백이다. 가지고 있는 것이 가벼워서 남겨두고 갈 필요가 없고, 상태가 좋아서 꺼냈을 때 뜯어지지 않는 것이어야 한다.

322

만약 모두가 경량 서바이벌 백을 가지고 있다면, 자신의 편안함을 극적으로 향상시켜줄 것은 보시 백bothy bag이다. 이것은 커다란 나일론 봉투로, 그 안에 앉거나 누울 수 있다. 이것은 통기성이 있거나 심지어는 방수가 되지도 않지만, 바람을 피하고 모두의 체열을 한 장소에 가두어 둘 수 있다는 점은 생존 가능성에 있어 큰 차이를 만들어줄 것이다.

323

만약 보시 백을 벽에 고정시켜 공간을 더 확보할 필요가 있다면(따라서 젖은 나일론이 얼굴에서 펄럭거리지 않게 하고 싶다면), 바깥쪽에 거스 히치 슬링으로, 안쪽에 너트로 그 중간에 보시 백을 잡아둬라.

324

깔고 앉거나 누울(이쪽이 더 좋다) 것이 있다면, 의도치 않게 밤을 지새워야 하는 상황에 좋다. 힙색이나 배낭에 쓰는 사각형의 발포 고무나 패드가 있다면 도움이 될 것이다. 나는 종종 내 몸이 충분히 들어갈 정도의 폭에 어깨에서 엉덩이까지 오는 길이의 3밀리미터 텐트 깔개 폼을 다섯 개의 조각으로 나누고 청테이프를 붙여, 음료수 가방에 맞게 만들어 가지고 다닌다. 나는 이것을 여러 번 사용했는데, 생각보다 효과가 좋다. 글쎄, 만약 엄청나게 피곤해서 못으로 된 침대에서도 잘 수 있다면 그렇게 하라.

325

비상 단열재는 자신이 가진 장비로도 만들 수 있다. 이런 것으로는 로프가 단연 최고이다. 바닥에 뱀처럼 구불구불하게 해놓고 그 위에 누워라.

326

만약 추울 것 같으면 파트너를 끌어안아라. 처음에는 좀 어색하겠지만, 시간이 지나면 이내 친구와 바짝 달라붙어 안고 있다는 민망함보다는 생존에 대해 생각하게 될 것이다.

327

추운 날씨에 대비하기 위해 옷을 가지고 간다면(밤을 지새우거나 폭풍이 치는 경우, 또는 그냥 밤에 등반할 때), 가성비가 최고인 장비를 선택하라. 나는 좋은 모자와 플리스 소맷동이 달려 있고, 엉덩이를 따뜻하게 덮어줄 정도의 길이에 무게가 중간 정도인 후드를 항상 가지고 다닌다. 이런 후드가 있으면 모자를 따로 챙기지 않아도 된다. 만약 방한복이 더 필요하다면(말하자면, 등반 중 자게 되리라는 것을 알고는 있지만 침낭을 가져가고 싶지는 않다면), 나는 플리스 위에 입을 경량 합성 다운재킷(모자가 달린)을 가져갈 것이다.

남극대륙의 홀스틴드Holstind에서 10일째가 되는 날, 포타레지 비박

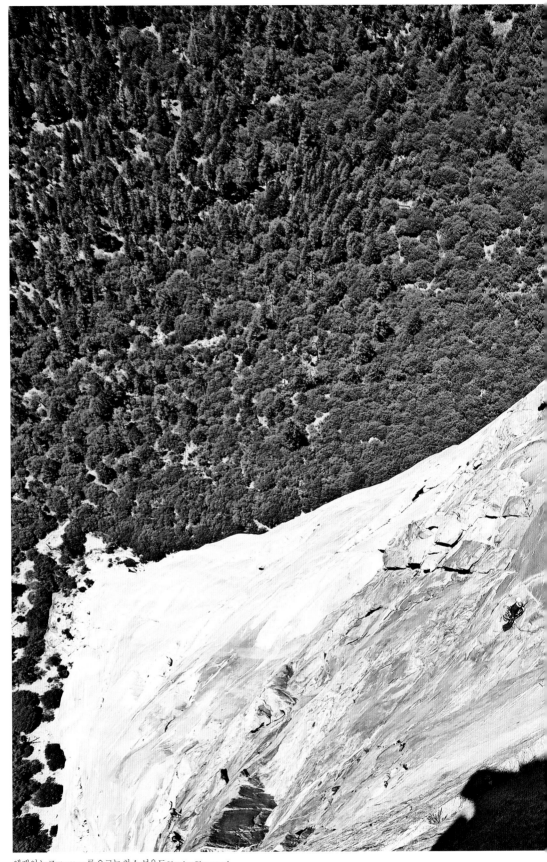
엘캡의 노즈The Nose를 오르는 찰스 셔우드Charles Sherwood

엘캡의 노즈에서의 포타레지 비박

거벽

328~434

로프에서 주마를 빼려면
살짝 위로 움직여야 하기 때문에 매듭에 붙을
정도로 가까이 밀어서는 절대 안 된다.

피톤
328~340

328

모세Moses의 토마호크Tomahawk나 블랙다이아몬드의 펙커Pecker로 대표되는 부리 모양 피톤은, 캠과 너트의 개량과 함께, 다른 스타일의 피톤을 거의 다 필요 없게 만들었다. 거의 모든 고산이나 동계등반 또는 거벽의 루트에서 비크beak 외에 필요한 것은 한두 개의 베이비 앵글baby angle, 짤막한 로스트 애로우Lost Arrow, 그밖에 끝이 짧은 앵글sawn-off angle이다. (그림 19)

329

피톤을 설치할 때는 무엇보다도 그것을 뭉툭한 기구로 보지 마라. 대신 너트를 다루듯 하라. 당신은 어떤 지점에 피톤을 설치하는 것만으로 그 피톤의 힘을 알 수 있겠는가? 그 좋은 본보기가 수평 크랙에 설치하는 피톤일 것이다. 피톤은 지렛대 효과로 단단히 물리기 때문에 망치질은 피톤을 안으로 박아 넣기 위해서만 필요하다.

330

망치질은 피톤을 약하게 하거나 파손할 수 있고, 바위를 깨뜨릴 수 있어 과도하게 하는 것을 피해야 한다. 예를 들면, 크랙에 박힌 단단한 핀에 망치질을 많이 하면 크랙의 양쪽 벽면이 깨질 수 있다. 이끼가 긴 바위에 잘 설치하기 위해 필요한 것이 무엇인지 낮은 곳에서 배우고, 슬링을 이용해 시험해봐라.

331

후등자가 피톤을 어떻게 뺄 것인가를 항상 생각하고, 앞뒤로 망치질을 할 수 없는 좁은 곳에 설치하지 마라. 왜냐하면 이것이 대부분의 피톤을 회수하는 유일한 방법이기 때문이다.

332

로프와 슬링에 손상을 줄 수 있으므로, 피톤에 꺼끌거리는 부분이 있다면 줄로 갈아내라.

333

기존의 피톤에 걸 때는 구멍이 온전한지, 부러지지는 않았는지 확인하라. 만약 부러졌다면, 피톤의 몸통에 슬링으로 거스 히치를 하라.

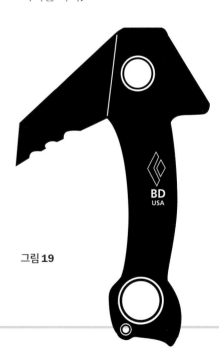

그림 **19**

334

기존에 박혀 있던 피톤은 아주 튼튼할 수도 있지만 시한폭탄이 될 수도 있다. 얼마나 오래 되었는가? 표면 속으로 녹이 슬었는가? 결론은 그것을 믿고 목숨을 맡기지 말라는 것이다. 보통 그런 것들은 고급스러운 캠과 너트의 발명 이전에 설치되어 있었고, 멀지 않은 곳에 확보물을 연달아 설치할 수 있는 좋은 크랙이 있을 것이기 때문에 백업을 해두거나 그냥 무시해버려라. 이것은 확보지점을 설치하는 데 있어서는 두 배로 중요하다. (많은 사람이 확보지점에서 쓰레기 같은 피톤 한 개에만 걸어도 만족해하는 것 같다)

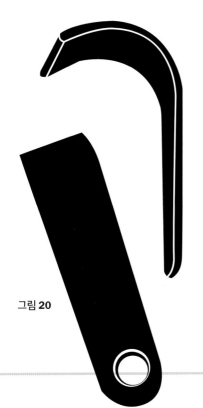

그림 20

335

만약 거벽과 맞붙게 된다면, 캠 훅을 어떻게 사용하는지 배워라. 구부러진 이 강철 조각이, 한때 많은 피톤을 설치해야 했던 약점을 보완해주어, 시간과 장비를 절약하게 해주었다. 조디악Zodiac에 있는 '더 니플The Nipple' 피치가 훌륭한 예이다. 이 피치는 한때 여러 개의 로스트 애로우를 천장 크랙에 연달아 박아야 했다. 이제는 캠 훅 두 개만 설치하고 뛰어넘으면 되기 때문에 전에 1시간이 걸리던 곳이 몇 분이면 된다. (그림 20 참조)

336

비크는 끝을 옆으로 눕힌 다음 대가리 부분에 슬링을 묶어(지렛대 힘을 줄이기 위해) 나이프블레이드(나는 더 이상 나이프블레이드를 가지고 다니지 않는다)처럼 수평 크랙에 설치할 수 있다.

337

비크를 설치할 때는 금속과 바위 사이의 '압박'으로 고정되기 전에 잘 '걸리는' 것을 항상 목표로 하라. 종종 아주 안정적으로 설치된 비크가 손가락으로 건드리기만 해도 빠지는 경우가 있는데, 사실은 바위에 아주 잘 걸려 있기 때문이다.

338

장비를 정리하기 쉽게 훅의 구멍(또는 머리)에 코드로 고리를 만들고, 피톤을 걸 수 있는 공간을 더 확보하기 위해 O형 카라비너를 사용하라.

339

자신의 피톤에 스프레이로 페인트를 뿌려 어떤 것이 자신의 것이고 어떤 것이 기존에 박혀 있던 것인지 알 수 있게 하라. 만약 수십 개의 비크를 가지고 어려운 인공등반 구간을 등반한다면, 소·중·대 크기에 각각 다른 색 스프레이를 뿌려라.

340

많은 전통적인 루트에서는 끝이 짧은 앵글 피톤이 필요할지 모르기 때문에 다양한 크기를 가지고 갈 필요가 있다. 이 피톤은 예외 없이 손으로 설치가 가능해서 바위가 더 손상되는 것을 막아준다.

주마링
341~354

341

슬랩과 크랙, 급경사의 페이스 등반을 배우듯 프로그FROG 시스템(가슴 하네스, 크롤Croll, 손잡이가 있는 주마), 텍사스Texas 시스템(손잡이가 있는 주마 두 개), 스포츠Sport 시스템 (주마 하나와 크롤), 로프 워킹Rope Walking 시스템(프로그 시스템과 같지만 발 등강기 사용), 비상 시스템(프루지크와 미니 등강기)을 포함한 모든 형태의 주마링을 연습하라. 이 모두를 급경사와 슬랩에서 연습해 각각의 장단점을 파악하고, 그 피치에 맞는 스타일을 선별하라.

342

숙달해야 할 중요한 기술 한 가지는 손잡이가 있는 주마의 레버를 엄지로 조작해, 로프에 걸고 빼는 것을 한 손으로 하는 것이다. 두 손을 사용하는 것은 느리고, 만약 이 동작을 벽에서 수천 번을 해야 한다면 문제가 될 수도 있다.

[사진] shutterstock

343

무게가 실리지 않은 로프를 올라가야 할 때(또는 아래쪽 로프에 무게가 충분히 실리지 않았을 때) 위쪽 주마를 밟고 일어서면 자신의 움직임에 따라 로프가 아래쪽 주마를 따라 올라올 것이다. 대부분의 초보자들은 주마를 올리면서 반대편 손을 이용해 로프를 잡고 아래로 당기겠지만, 이것은 비효율적이다. 가장 이상적인 것은 손에서 주마를 놓지 않는 것이다. 이 문제를 피하기 위해서, 아래쪽 주마를 끌어올릴 때 캠(안전 레버가 아닌)을 뒤로 살짝 당겨주면, 로프가 저항 없이 부드럽게 따라올 것이다.

344

내려가는 주마링은 훌륭한 엄지/캠 기술을 필요로 하기 때문에 주마링을 위와 아래 두 방향 모두 연습하라. 로프가 팽팽해져 하강기를 끼울 수 없는 상황에서 이용할 수 있는 훌륭한 기술이다.

345

위쪽 주마에 연결된 데이지체인의 길이는 두 개의 주마를 이용하는 텍사스/요세미티 시스템에서 대단히 중요하다. 위쪽 주마에 완전히 매달려 있을 때 주마를 조작할 수 있어야 한다. 이 말은 체중이 완전히 실린 상태에서도 팔이 살짝 구부러져 있어야 한다는 뜻이다. 이 거리는 마커나 2밀리미터 코드로 해당 구멍에 작은 고리를 만들어 표시할 수 있다. (테이프는 떨어질 것이다)

346

당연하게 들릴지 모르지만, 많은 사람들이 왼쪽 주마와 오른쪽 주마가 있다는 것을 알지 못한다. 왼손으로 잡았을 때 캠이 또렷하게 보이는 것이 왼쪽 주마이고, 그 반대가 오른쪽이다. 이것은 또한 캠을 위치시켜 엄지손가락으로 레버를 당길 수 있도록 한다.

347

주마링의 첫 번째 규칙은 언제나 두 지점이 연결되어 있어야 한다는 것이다. 주마를 하나 빼도 자신은 항상 연결되어 있어야 한다. (따라서 매듭 하나, 주마 하나) 나는 프로 클라이머의 주마가 로프에서 빠지는 것을 많이 보았다.

348

만약 그리그리로 확보를 보고 있다면, 로프가 고정된 다음에도 그대로 두어, 줄이 묶여 있는 매듭의 끝에 다음 백업과 함께 '흐르는 매듭'으로 사용하라. 처음 시작할 때는 로프를 타고 올라가면서 로프를 당겨야 하겠지만, 곧 로프가 자체의 무게로 늘어질 것이다.

349

트레버스와 로워아웃lower-out은 둘 중 한쪽에 주마를 단 채 로프를 풀지 못하게 해 후등자를 마지막 확보물에 남겨두는 기술로, 초보자들에게는 필살기이다. 이런 상황에는 위쪽 주마에 장비를 통과시키고 그리그리에 모든 체중이 실릴 때까지 로프를 팽팽하게 당긴 다음, 중간 주마를 풀고 나서 그리그리로 내려준다. 로프가 그리그리를 통과하면 자신은 위 주마로 옮겨질 것이고, 그러면 확보물을 내릴 수 있다. 로프가 느슨해지면 아래쪽 주마를 다시 걸고 장비를 풀기 위해 다시 몸을 움직여라.

350

만약 그리그리가 없다면 어떻게 할 것인가? 글쎄, 연습을 좀 해야 하긴 하지만, 장비를 위쪽 주마에 통과시키고, 두 번째 주마 아래 로프를 손으로 팽팽하게 당겨, 엄지로 캠을 뒤로 젖혀 로프가 빠져나갈 수 있게 하면 내려갈 수 있다. 이 방법은 사실 그리그리를 사용하는 것보다 더 빠르지만 연습이 좀 더 필요하다.

351

만약 발에는 손잡이가 달린 등강기를 사용하고 몸에는 그리그리를 사용한다면, 주마링에서 하강으로 빠르게 전환할 수 있다. 이 방법은 루트 세팅과 점검에 많이 사용되지만, 다른 주마를 떨어뜨렸을 때도 유용하다.

352

프로그 시스템의 가슴 하네스와 크롤은 공중에 매달려 있는 로프에 좋다. 크롤 세팅을 할 때, 하네스 뒤쪽에 매달려 있거나 어깨에 매달려 있는 두꺼운 번지 코드 고리를 사용할 수도 있다. 어떤 시스템을 사용하든, 이상적인 설치는 서 있을 때 몸을 약간 굽히는 것이다.

353

로프에서 주마를 빼려면 살짝 위로 움직여야 하기 때문에 매듭에 붙을 정도로 가까이 주마를 밀면 절대 안 된다.

354

주마의 윗부분에 백업 카라비너를 거는 습관을 피하라. 이것은 시간 낭비이며, 주마를 똑바로 밀거나 회수하는 데 불필요하다. 뿐만 아니라, 매듭으로 하거나 그리그리를 사용하거나, 어쨌든 백업을 해야 한다. 유일한 예외는 로프가 수평으로 이동할 때 장비를 통과시키는 경우인데, 백업 카라비너가 등강기로 인해 로프가 꼬이는 현상을 막아줄 것이다.

'키위' 스티브 베이트Steve Bate가 엘캡의 조디악 Zodiac을 단독등반 하고 있다.

홀링과 홀백
355~375

355

페즐의 프로 트랙션Pro Traxion 도르래를
사용할 때, 아래쪽에 카라비너를 걸어
도르래가 우연히 열리는 일이 절대로 없게
하라.

356

홀링 매듭을 보호하기 위해 플라스틱
병뚜껑을 사용하는 대신, 중간 크기의 주유
깔때기를 사용하라. 깔때기에 구멍을 뚫거나
녹인 다음 작은 프루지크 고리를 엮어,
로프의 매듭을 푼 다음에도 잃어버리지
않도록 하라.

357

홀링 줄을 홀백에 연결할 때는 나비매듭을
이용해, 무게가 얼마나 많이 실리든, 얼마나
빡빡하든 풀릴 수 있게 하라.

358

홀백을 카라비너에 건다면, 홀백의 양쪽
끈을 카라비너 두 개에 각각 따로 걸어라.
카라비너 한 개에 홀백 끈 두 개를 다 걸면
세 방향으로 무게가 걸려 카라비너가 쉽게
뒤집힐 수 있다. (만약 길이가 맞지 않는다면, 일반
카라비너를 하나 더 쓰면 된다)

359

회전 고리(스위벨swivel)는 정말 슬랩 루트
홀링에만 필요하다. (그림 21 참조)

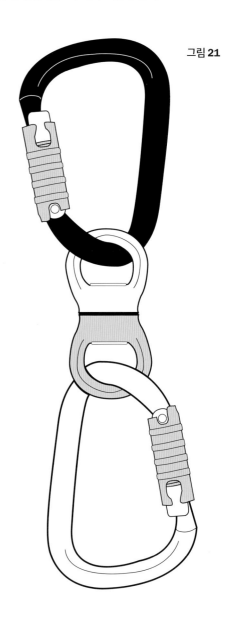

그림 **21**

360

하네스나 벽에 홀링 장비를 연결할 때 홀링 줄을 도르래에 먼저 집어넣고, 작은 스크루게이트를 끝에 (피셔맨 매듭으로) 걸어라. 이렇게 하면, 도르래를 확보지점에 걸고자 할 때 먼저 로프 카라비너를 풀고, 도르래를 통해 잡아당겨, 확보지점에 걸 수 있다. 이제 도르래를 풀어 확보지점에 연결한다. 그러면 홀링 줄을 떨어뜨리지 않을 수 있다.

361

매듭을 통과해 홀링을 해야 한다면, 로프를 맞매듭으로 연결하고, 피셔맨 매듭으로 백업을 하되, 로프 끝자락을 1미터 정도 남긴다. 도르래에서 매듭을 몇 센티미터 정도 남겨두고, 매듭 아래에 주마를 설치해 도르래의 무게를 낮춰준다. 긴 끝자락에서 피셔맨 매듭을 풀고, 옭매듭을 해서 확보지점에 건 다음 맞매듭을 풀고, 이전 로프 끝을 도르래에 통과시킨 후 도르래를 열어 새 로프를 집어넣고 홀링을 계속한다.

362

카드보드지나 얇은 플라스틱으로 홀백에 안감을 대서 날카로운 물체가 소재를 뚫어 손상을 입히는 일이 없도록 하라.

363

홀백 밑바닥에서 이동용 줄을 꺼내는 것을 생각하기 전에 하강을 하려고 짐을 다 싸버리는 초보의 전형적인 실수를 저지르지 않도록 하라!

364

대부분의 사람들은 홀링을 위해 정적static 로프를 사용하는 것을 좋아하지만, 나는 종종 동적dynamic 로프를 사용한다. 이것은 만약 내 선등용 로프가 손상된다면 나에게 여분의 등반용 로프가 있다는 뜻이다. 동적 로프는 정적 로프만큼 강하지 않다는 것이 단점이긴 하지만, 끝에 100킬로그램의 무게가 매달리면, 홀링을 할 때 동적인 특성은 최소화된다.

365

굵은 홀링 줄은 선등할 때 상당히 심한 끌림 현상을 일으킬 수 있고, 일단 30미터 이상 올라가고 나면, 세 번째 로프가 있거나 로워아웃lower-out을 위한 줄이 있지 않는 이상 장비를 올려 보내는 것이 불가능하다. 이런 일을 피하기 위해, 보통 하프 로프나 작업용 보조 로프(5밀리미터나 7밀리미터의 코드)로 된 것을 사용할 수도 있다. 이 시스템을 이용하면, 모든 확보 키트(코들렛, 도르래, 카라비너)도 올려 보낼 수 있고, 하네스에 실리는 무게도 줄일 수 있다.

366

홀링 줄을 다루는 일에 게으름 부리지 마라.
항상 로프백에 집어넣거나 홀백 줄에 고리
모양을 만들어라.

367

홀링을 할 때 로프가 홀백에서 다음
확보지점까지 반듯하게 올라올 것인지,
확보 중에 쓰레기 같은 것에 걸리지
않을지를 미리 능동적으로 확인하라. 만약
두 개의 잠금 카라비너로 연결했다면,
꼬인다고 해도 카라비너를 풀고 정리해서,
다시 건 후 홀링을 할 수 있을 것이다.

368

모든 작용에는 반작용이 있다는
것을 기억하라. 이 말은 결합용
코드 슬링을 풀거나, 홀링 장치를
풀면, 그 홀백은 예상대로 움직일
것이라는 점을 알아야 한다는
뜻이다. 잘못된다면 홀백은
확보지점으로 60미터를
떨어질 것이고, 확보지점을
파괴할 수 있을 만큼 큰
힘을 발휘할 것이다.

369

홀링은 단순히 홀백에 무게를 싣는 것 그
이상이다. 그것은 자신보다 훨씬 무거운
물체를 옮기는 것으로, 말 그대로 무게
들기이다. 벽에서 하는 홀링은 어떤 기계적
확대율도 만들어내지 않으며, 단순히
1:1이다. 만약 체중만으로 홀백을 움직일
수 없다면, 근육을 더 사용하거나 지능을 더
사용해야 할 것이다. 아무리 무겁다 해도,
홀백은 결국 움직일 것이다.

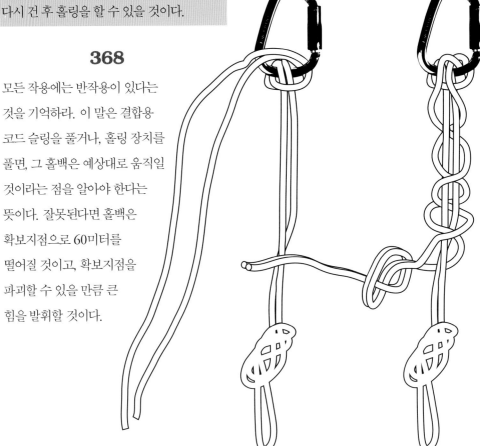

370

만약 엄청나게 무거운 중량을 끌어올려야
한다면 — 세 명이나 네 명의 많은
보급품(물과 같은 것)을 끌어올린다고 한다면
— 짐 무게를 200킬로그램 이하로 유지하라.
짐이 200킬로그램 이상이라면, 그때는
하중을 두 개의 홀링 줄로 나누고 두 개의
다른 홀링 지점을 만들어라. 몸무게가
가볍고 혼자서 등반한다면, 짐을 나누는 것
역시 가능하다. 아니면 그냥 가볍게 한 개로
하라!

371

확보지점에 홀백을 슬링이나
데이지체인으로 절대 걸지 마라.
대신 7밀리미터나 8밀리미터 코드 두 줄로
묶어라. 이것을 하기 위해서, 6미터 길이에
7~8밀리미터 두께의 코드로 홀백의 가장 긴
줄(아니면 그냥 하나만 골라라)에 통과시켜,
절반 정도 위치에 올 때까지 잡아당긴
후 8자 매듭을 한다. 홀백이 확보지점에
도착하면, 두 개의 줄로 간단히 이중 뮌터
히치 매듭을 하고 꽉 조인 다음
묶으면 된다. 묶을 때는
팽팽한 줄의 두 끝을 간단하게
반대 방향으로 여러 바퀴
감아준 다음, 옭매듭을 하면
된다. 퀵 릴리즈 매듭을 하지
마라. 혹시라도 풀리게 되면
그 결과는 끝장이다. 이것은
보통 '도킹docking'이라고
한다. (그림 22와 23 참조)

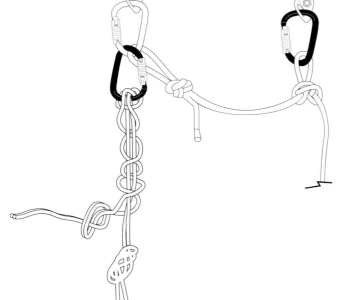

그림 22 및 23
홀백 고정 코드 슬링
7~8밀리미터 코드 슬링.
퀵 릴리즈 매듭이 아닌
옭매듭으로 한두 번 묶어라!

372

홀백이 고정되어 도르래에서
홀링 줄을 풀면 곧바로 백업용
홀링 줄을 확보지점에 걸어라.

373

루트에 트레버스 구간이
있는지 확인하라. 만약 있다면,
로워아웃용 줄을 챙겨라. 이런
줄로는 길이 30미터에 두께가
6~7밀리미터 되는 코드나
오래된 하프 로프가 유용하며,
뮌터 히치로 내리면 된다.

374

만약 당신이 로워아웃을 해야
하지만 로워아웃용 줄이 없다면,
홀링줄을 픽스하자마자, 그 줄을
짧게(나비매듭으로) 클립하고,
끝을 풀어서 로워아웃에 필요한
만큼 사용하라.

375

로워아웃의 필요성은 물통을
깨뜨리는 것을 피하는 데 있다.
또한 만약 날카로운 모서리가
있다면, 로프 끝에 수백
킬로그램의 장비세트를 달아
그네를 태우는 것은 좋지 않다.

속도등반
376~398

376

빨라지고 싶다면, 사실 빠르게 등반할 필요는 없지만,
그냥 등반하라. 필요한 것은 멈추는 것(확보, 음식,
음료 섭취, 담배 피기, 저녁노을 바라보기)을 피하는 것이다.
멈춰 있는 시간을 최소로 줄이면, 빨라질 것이다.
더 이상 말할 필요가 없다.

377

하네스에 시계를 하나 차고, 작업하는 데 시간이
평균적으로 얼마나 걸리는지 기록하라. 예를
들면 다음과 같은 것이다. 한 피치를 등반하는 것,
확보지점을 구축하는 것, 파트너 확보 준비, 확보 해제,
후등자의 등반 시간, 다음 선등자의 확보 해제 및 선등
시간.

378

속도등반에서는 선등자가 창의 끝이므로, 무슨 수를
써서라도 그 창을 앞으로 나아가게 하는 것이 팀의
역할이다. 만약 선등자가 당신이 확보를 풀기를,
그리고 후등자가 장비를 회수하며 올라오기를
기다린다면, 할 수 있는 모든 것을 도와줘라. 모든
행위는 선등자가 등반을 계속할 수 있도록 하는 데
집중되어야만 한다.

379

후등으로 올라갈 때 있는 힘을 다하라. 장비도 마찬가지이다. 그리고 만약 그것이 그곳에 올라가서 선등자를 계속 진행시킬 수 있는 것이라면 장비를 — 심지어는 로프까지도 — 잡아당기는 것을 두려워하지 마라.

380

내가 처음으로 올라간 엘캡El Cap의 인공등반 피치 난이도는 A1이었고, 그곳을 등반하기 위해 아주 튼튼한 와이어에 확인, 또 확인을 하면서 겁에 질려 천천히 기어 올라가느라 오전 시간을 전부 소비했다. 몇 년 후 조디악Zodiac을 18시간(17피치) 만에 등반했을 때 그중 10피치를 오르는 데 걸린 시간이 그때와 비슷했다. 차이가 뭐냐고? 글쎄, 장비를 어떻게 쓰는지에 대해 기계적으로 기본적인 이해를 하고 있었던 점은 같았고, 수백 피치를 인공등반으로 오르긴 했지만, 그것은 정말 내 접근 방법의 차이였다. 나는 속도등반을 하고 있었다. 나는 스피드 클라이머였고, 의심과 망설임, 근거 없는 공포는 이런 클라이머의 마음속에 들어올 자리가 없다. 드루아트Droites 북벽을 6시간 만에 초등했을 때에도 마찬가지였다. 나는 단지 나를 붙잡고 있던 모든 부담에서 마음을 자유롭게 해야만 했다. 그것은 생각보다 더 쉬울 수 있다.

381

쉬운 곳에서 함께 움직이는 법을 배우고, 함께 단독등반 하는 것에 자신감을 가져라. (만약 로프와 장비가 있다면 사용하는 편이 낫다) 이것이 전체 시간을 줄여줄 것이다.

382

왜 속도등반을 하냐고? 글쎄, 미지의 영역을 최대한 빠르고 안전하게 움직여 통과한다는 스릴 외에도, 속도등반은 알파인 등반의 근본 원칙이다. 그리고 산에 노출되는 시간을 줄이는 법을 터득하게 되면 속도등반은 당신을 훨씬 안전하게 해줄 것이다.

383

로프에 페츨의 소형 등강기인 티블록을 걸고 말 그대로 '달리는 확보'로 후등자가 추락할 때 잡아주는 것을 함께 움직이며 연습하라. 만약 선등자가 추락한다면, 티블록은 작동하지 않을 것이고, 추락은 일반적인 선등자의 그것과 같을 것이다.

384

속도등반을 한다고 해서 확보물 설치를 깜빡해야 한다는 뜻은 아니다. 만약 그냥 지나치면 추락 확률이 커질 것이다. 빨리 등반하기에 너무 어려운 루트를 해보거나 아주 빠르게 온 힘을 다하여 도전할 수 있는 쉬운 루트를 해봐라. 길게 추락한다면 속도기록에 큰 흠집이 생길 수 있기 때문에 확보물을 설치하되 단독등반을 하는 것처럼 하라. (조심스럽게!)

385

만약 정말로 속도를 높이고 싶다면 '숏픽싱short fix(짧게 끊어 등반하기)'을 어떻게 하는지 배워라. 숏픽싱은 후등자가 올라와서 확보를 봐주기까지 기다리는 시간의 손실이 거의 없는 시스템이다. 기본은 확보지점에 도착해서, 늘어진 로프를 모두 당겨 올리고, 후등자에서 확보지점까지 로프를 팽팽하게 당겨 거는 것이다. (트래버스로 로워아웃을 해야 한다면 로프를 약간 남겨둬라) 그리고 당겨 올린 로프로 다음 피치를 로프 단독등반 한다. (그리그리를 사용하거나, 아니면 추락하지 않는다는 믿음만 가지고) 후등자는 이제 주마링으로 최대한 빨리 올라와서, 도착하자마자 선등자의 확보를 보기 시작한다. 여분의 장비는 별도의 로프나 홀링 줄을 통해 올려 보낸다.

386

속도등반을 할 때 몸에서 상당량의 에너지를 끌어다 쓸 것이므로 영양과 수분 공급에 세심한 주의를 기울여라. 또한 밀어붙이는 등반에서는 4~5일치의 등반을 하루 만에 할 수 있다. 낮과 밤, 거기에 내려오는 시간까지 견딜 수 있을 만큼 넉넉한 양의 물과 빠르게 등반하면서 먹기에 편한 음식을 충분히 가지고 가라. 내가 가장 좋아하는 방식은 4시간마다 샌드위치를 먹고, 그 사이사이에 에너지 젤과 에너지 바를 추가로 먹는 것이다.

387

거벽을 한 번에 밀어붙이며 등반하는 기술은 루트 전체에 팀의 에너지를 어떻게 분산하는지를 아는 것이다. 일반적으로 이것은 처음에는 안정적으로 가다, 리듬을 타기 시작하면 속도를 높여 어둠 속에서, 아니면 (만약 빠르다면) 해가 있는 동안에 루트를 끝낼 시간을 남겨두는 것이다.

노르웨이의 트롤 월을 등반하는 알렉스 감Aleks Gamme

388

일찍 출발하는 것을 단순하게 새벽 5시로만 생각하지 마라. 일찍 출발하는 시간이 사실 저녁 7시일 수도 있다. 다만 전날일 뿐이다. 만약 몸 상태가 좋고 들떠 있다면, 저녁에 시작해서 밤새워 등반을 하면, 아침에는 루트 중간쯤에 있을 것이고, 이상적으로는 어두워지기 훨씬 전에 정상에 도착할 것이다. 종종 있는 일이지만, 어두울 때 시작해서 다시 어두워진다면, 그땐 정말로 난관에 부딪히게 될 것이다.

389

휴식은 밀어붙이는 데 중요하다. 그리고 루트의 ⅓만 선등하면 되기 때문에 3인조가 이상적이다. 한 사람이 확보를 보고 있을 때 다른 사람은 한숨 자거나 차를 마시면서 휴식을 취할 수 있다.

390

너트처럼 설치와 회수가 느린 확보물을 설치하는 것을 피하라. 대신 캠을 더 가지고 가서 충분히 활용하라.

391

노즈The Nose를 하루 만에 등반하겠다고? 그것을 온사이트로 하는 것은 일반인에게는 상당히 드문 일이다. 그러니 처음에는 3일 넘게 등반하면서, 빠르게 가되 하루 만에 중단하고 내려올 정도로 너무 빠르게 가지는 마라. 이것을 당일 등반을 위한 정찰 정도로 생각하라. 이제 일주일을 쉬면서 전략을 구상하라. 루트를 두세 개의 아주 긴 피치로 나누고, 로프를 짧게 연결해 함께 움직이고, 루트에 대한 정보를 가지고 하루 만에 끝내버려라. 저녁에 시작하고(벽이 조용하고 시원할 때), 새벽에 벽 위쪽에 도착하는 것을 목표로 하라. 간단하다!

392

싱글 로프가 속도등반을 하는 유일한 방법이지만, 망가질 수 있으니 너무 가는 로프는 피하라.

393

만약 아주 빠른 선등자라면, 후등자가 확보를 보기 전에 로프가 모자랄 수 있다. 숏픽싱으로 등반할 때 70미터 로프 사용을 고려해봐라.

394

대안이 되는 거벽 속도 시스템은 3인조로, 세 번째 클라이머가 두 번째 로프로 홀링 줄을 타고 올라가, 마지막 등반자가 장비를 회수하는 동안 다음 피치의 선등을 시작하는 것이다.

395

다른 대안은 숏픽싱 방법인데, 선등자가 등반 로프와 홀링 줄을 팽팽하게 잡아당기고, 세 번째 클라이머가 장비를 회수하는 동안, 두 번째 클라이머가 홀링 줄을 타고 올라가서 선등자가 끌어올린 로프의 끝을 넘겨받아 선등을 서는 것이다. 이 시스템의 장점은 로프가 하나만 있으면 된다는 것이다.

396

만약 야간에 빨리 등반을 하려고 한다면, 가지고 있는 헤드램프의 상태를 확인하고, 선등자는 가장 밝은 것을 사용하라.

397

여분의 헤드램프와 배터리를 항상 가지고 다녀라.

398

거벽에서 두 다리가 멀쩡한 채 내려오고 싶다면 감당할 수 없는 엄청난 속도의 스타일로 등반하지 마라. 항상 성공과 실패 양쪽을 다 생각해서 계획을 세우고, 후퇴할 때 필요한 기구를 가지고 가라.

(치터 스틱cheater stick 등)

손으로 볼트 작업하기
399~413

399

드릴 작업으로 생기는 돌가루를 깨끗하게 불어 날려 보낼 수 있는 튜브를 항상 가지고 다녀라. 그리고 작업이 끝날 때까지 구멍에 습기가 들어가는 것을 막아라.

400

볼팅 작업 키트 전부를 볼트 주머니나 초크백에 넣어 보관하라. 그곳에 스크루게이트를 달고, 드릴 손잡이에 줄을 묶어 떨어뜨리지 않도록 하라.

401

레더맨 툴이나 손가락 사용은 그렇게 잘되지 않기 때문에 가지고 있는 볼트에 맞는 크기의 렌치를 가져가는 것을 잊지 마라.

402

떨어뜨리지 않도록 렌치에 손목걸이를 테이프로 묶어라.

403

만약 페츨의 8밀리미터 셀프 드라이브self-drive 볼트를 사용한다면, 볼트 주머니에 아주 작은 스크루 드라이버를 하나 가지고 다녀라. 이것은 볼트의 중심부에 돌 부스러기가 꽉 끼었을 경우 깨끗이 제거하기 위한 용도로 사용할 수 있다. 만약 이 부분이 깨끗하게 되지 않는다면, 볼트 구멍을 뚫기가 훨씬 힘들 것이고, 쐐기 부분이 효율적으로 작동하지 않을 수 있다. (그림 24 참조)

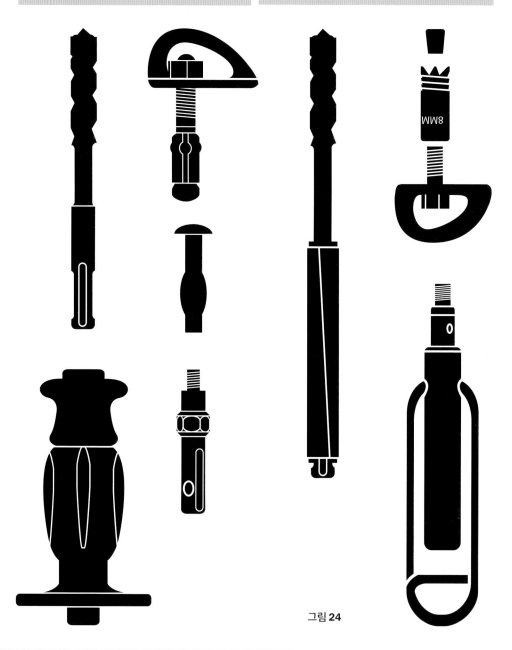

그림 24

404

셀프 드라이브 볼트를 사용할 때는 잃어버리기 쉬우니 항상 여분의 쐐기를 가지고 다녀라.

405

볼트가 설치되었을 만한 거벽에서는 8밀리미터 셀프 드라이브 행거를 가지고 가고, 구멍이 어떻게 생겼는지 알아두어라. 이것은 놓치기 쉽다.

406

볼트 구멍을 뚫을 때 1초에 한 번에서 세 번 두드려라. 날을 손상시킬 수 있으니 드릴 손잡이를 너무 세게 치지 마라. 당신이 해야 할 일은 바위를 천천히 쪼아낸 다음 돌리는 것이다.

407

바위의 경도가 볼트 구멍을 뚫을 때 가장 크게 작용하는 요소이다. 처음 몇 번 망치질을 할 때 바위의 경도에 대해 많은 것을 알 수 있다. 어떻게 하는 것이 바위를 깎는 데 가장 좋은지 확인하라. 두 번 치고 돌려보거나 한 번 치고 돌려봐라.

408

볼트 구멍을 뚫을 때 바위가 플레이크나 헐거운 필라pillar가 아니고, 믿을 만한 부분인지 확인하라.

409

볼트를 박는 일이 필요할지도 모르는 루트를 등반하기 전에 그것을 연습하라. 기술을 한 번 익히고 나면 상당히 빠르게 설치할 수 있지만, 그때까지는 불가능한 일처럼 여겨질 것이다.

410

만약 8밀리미터 버튼 헤드button head 볼트(또는 윌더니스wilderness 볼트)를 사용한다면, 부드러운 바위를 뚫는 경우를 제외하곤 9밀리미터 드릴의 날이 필요하다.

411

거친 루트를 새로 개척한다면, 확보지점에 두 개의 10밀리미터 스테인리스강으로 된 볼트를 설치하고, 등반선에는 8밀리미터 버튼 헤드 볼트를 설치해, 시간이 좀 걸리더라도 제대로 하라. 만약 8밀리미터 셀프 드라이브 볼트를 사용한다면 행거를 남겨둬라.

412

품질이 좋은 드릴 날을 사용하라. 힐티Hilti SDS면 완벽하다.

413

만약 비상용 볼트를 박기 위한 가벼운 시스템을 원한다면, 22센티미터 길이의 9밀리미터 힐티Hilti TE-CX 비트를 구입하라. 여기에 플라스틱 튜브나 호스 파이프로 손잡이를 만들고 코드로 손목걸이를 만들어서, 이 날을 드릴과 손잡이로 동시에 사용하라. 이것과 함께 픽세Fixe의 8밀리미터 버튼 헤드 볼트와 스테인리스 행거나 모세Moses의 경량 키홀 행거lightweight keyhole hanger를 사용하라. 이것은 또한 리벳이나 배트 훅bat hook을 박기 위해 구멍을 뚫을 때 사용할 수도 있다.

훅

414~424

414

만약 거벽을 공략한다면, 가지고 있어야 할 가장 중요한 훅은 블랙다이아몬드의 뾰족한 그래플링grappling 훅이다. 기성품으로 나오는 이 훅은 끝으로 갈수록 점점 무디게 되어 있다. (다리를 찌를 수 있으니 날카롭게 만들지 마라) 뾰족하다는 말은 좁은 공간에도 들어갈 수 있고, 많은 사람들이 훅을 걸어 생긴 디봇divot에도 걸 수 있다는 뜻이다.

415

훅에는 항상 5밀리미터 다이니마 슬링을 사용하라. 아직까지는 더 강하고, 더 튼튼하며, 풀릴 확률도 적다는 점에서 이것이 끈보다 훨씬 낫다. 고리를 충분히 길게 해 매달려 있는 동안 훅이 움직이지 않게 하되, 많이 내려가지 않도록 너무 길게 하지는 마라.

416

뾰족한 그래플링 훅 외에도, 모세Moses의 뾰족한 훅 두 개와 평평한 훅 두 개를 가지고 다녀라. 이 훅들은 아주 작은 모서리(성냥개비 사이즈)에 더 쓸모가 있을 것이고, 평평한 훅은 하중을 넓게 분산시켜 준다. (부드러운 바위에 좋다)

417

어떤 사람들은 그래플링 훅의 끝 부분을 잘라 평평하고 둥글게 개조해 제2의 스타일을 만든다. 이렇게 하려면 훅 끝의 각도가 약해지는 부분을 잘라, 줄로 갈아 무디게 만들면 된다.

418

훅을 줄로 갈 때는 항상 손 줄을 사용하고, 미친 듯이 쇠를 너무 뜨겁게 하지 않도록 하라.

419

커다란 훅은 몇몇 어려운 루트에 좋은데 점점 보기가 힘들다. (피시Fish 훅은 구할 수 있지만, 피카Pika와 버민Vermin은 더 이상 존재하지 않는다) 대안이 되는 것은 토마호크 같은 비크 3호를 사용하는 것인데, 플레이크에 걸거나 심지어는 필요한 곳에 테이프로 고정시킬 수도 있다. (그림 25 참조)

420

훅을 걸 때 만약 빠지면 얼굴이 박살날 수 있으니 훅을 똑바로 쳐다보지 마라. 또한 항상 헬멧을 착용하라. 훅이 몇 번 터져 머리를 후려치고 나면 피투성이가 될 수도 있다.

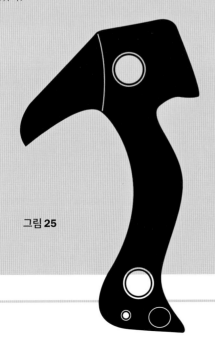

그림 25

421

훅도 다른 장비들과 마찬가지로 시험할 수 있다. 다만 너무 역동적으로 확인하지는 마라. 체중을 실어보고, 생각해본 다음, 체중을 조금 더 실어보고(데이지체인이나 에이더aider를 사용하라), 올라서라.

422

훅을 크기별로 세트를 만들어 정리하는 것을 피하라. 카라비너 한 개를 떨어뜨리고 같은 크기의 훅을 모두 잃어버리는 일이 생길 수 있다. 대신 크기를 섞어 세트를 만들어 걸고, 주요 거벽에 대비해 여분의 세트를 항상 가지고 있어라.

423

블랙다이아몬드의 탈론Talon은 뾰족한 것과 평평한 것, 그리고 그 중간 모양이 다 있기 때문에 백업용 훅으로 좋다.

424

아무 것도 없어 보이는 어려운 거벽에서 배트 훅 구멍을 놓치고 있지는 않은지 확인하라. 이것은 모세Moses처럼 뾰족한 훅을 걸기 위해 뚫어 놓은 작은 구멍이다. 이 구멍은 형편없이 생겼지만 불쑥 나타난다. (배트 훅은 잦은 사용으로 닳기 때문에 요즘은 구멍을 뚫으면 보통 리벳으로 채워져 있다)

피피 훅과 연결 장치
425~434

425

하네스에 장착한 피피 훅은 장비에 연결과 해제를 쉽게 해주며, 대부분의 거벽 등반에서 확보 고리에 카라비너를 연결하는 것보다 훨씬 뛰어나다.

426

피피 훅을 연결할 때는 장비에 거는 것이 어렵게 될 수 있으니 연결을 너무 짧게 하지 마라. 사람들은 장비와 아주 가깝게 가야 할 것 같아 이런 방법을 쓰지만, 사실 대부분의 경우 25센티미터 연결선을 써도 괜찮다. 이 방법을 쉽게 하려면, 8밀리미터 다이니마 슬링 30센티미터를 사서, 피피에 거스 히치를 하고, 그 피피를 확보 고리에 거스 히치로 연결하라.

427

피피 훅을 더 짧게 만들 필요가 있다면, 피피를 카라비너에 통과시킨 다음 확보 고리에 다시 훅을 걸면 거리를 절반으로 줄일 수 있다.

top-stepping, 밟고 있는 확보물에서 최대한 높이 올라서는 것 |역주|

428

톱-스테핑top-stepping을 많이 해야 하는 어려운 인공 등반에서는 위로 더 당겨야 하기 때문에(허리가 장비 위쪽에 있다) 피피를 카라비너로 교체하고 싶을 것이다. 30센티미터 슬링을 확보 고리에 거스 히치로 걸면 그것을 쉽게 할 수 있다. 카라비너가 어디에 있는지 알 수 있도록 카라비너를 페즐의 스트링이나 고무 밴드(또는 슬립 노트)로 한자리에 고정시켜두면 좋다.

429

연결 장치로 카라비너를 사용할 때 열쇠구멍 스타일의 카라비너를 사용해 장비나 끈에 걸리지 않도록 하라.

430

피피를 사용하지 않을 때는 허리밴드에 밀어 넣으면 된다. 어떤 사람들은 하네스에 작은 벨크로(찍찍이)를 바느질로 붙여 등반할 때 장비가 걸리지 않도록 하기도 한다.

431

만약 조절이 가능한 데이지체인을 사용한다면, 슬링을 같은 정도 길이로 맬 수 있기 때문에 피피 훅이 필요치 않다.

432

피피 훅 대가리에 달린 작은 구멍은 훅을 홱 잡아당겨 장비를 회수하기 더 수월하게 하는 데 사용하는 '당김줄'을 위해 설계되었다. 끝에 매듭을 해서 한 줄만 묶거나(밝은 색 코드를 사용하라), 필요 없을 때 피피를 옆에 거는 데 사용할 수 있도록 고리를 만들어라.

433

피피 훅은 순수한 인공 등반보다 훨씬 더 많은 곳에 사용할 수 있다. 거벽에서 하는 것 중에 가장 쓸모 있는 것 중 하나는 나중에 끌어올릴 수 있도록 홀백을 피피에 매달아두는 기능이다. 이것은 고정 로프 끝에 홀백을 남겨두고, 주마링으로 올라간 다음(하중이 실린 로프에 주마링을 할 필요가 없다는 뜻이다), 홀백을 끌어올리면 되기 때문에 로프를 고정한다면 좋은 방법이다. 물론 이것은 홀백이 5달러 정도 하는 작은 알루미늄 훅에 달려 있다는 뜻으로, 상당한 위험을 감수해야 하는 것으로 볼 수 있다.

434

콩Kong의 조절이 가능한 피피는 어려운 인공 등반에 인기가 있다. 이것은 코드의 길이를 설치 지점에 맞게 조절할 수 있어서, 미세한 길이 조정이 쉽도록 만들어졌다.

아이거의 러시안 루트에서 확보를 보는 장면

아이거의 가장 어려운 곳에 있는 닐 첼튼

빙벽등반

435~481

머릿속으로 휴식을 그려야 한다.
상체의 부담을 덜 수 있는 지점, 그리고
이상적으로는 그와 동시에 장비를 걸어놓고 쉴
수 있는 곳을 그려봐라. 이것을 수영하는 도중에
나오는 섬이라고 상상하라.

한겨울의 세로 토레Cerro Torre에 접근하는 리치 크로스

435

피크를 날카롭게 유지하고, 사용하지 않을 때는 줄로 갈아라. (나는 절반으로 잘라 길이가 5센티미터 정도밖에 안 되는 작고 납작하고 세밀한 줄을 사용한다) 아주 길고 어려운 몇몇 루트에서는 피크를 등반 중간에 갈아야 할 수도 있다.

436

빙벽등반은 팔동작이 다라고 느낄지 모르지만, 주로 발동작이고 크램폰을 얼마나 믿느냐에 달려 있다. 수직이 되지 않는 루트에 톱로핑으로 매달려 손과 크램폰만 이용해 발을 쓰는 데 자신감을 키우고, 발의 움직임을 봐야 한다.

437

피크가 오목한 곳(스쿱scoop: 숟가락으로 뜬 것처럼 파인 곳, 딤플dimple: 작게 움폭 들어간 곳, 폴드fold: 주름진 곳)만 찍도록 노력하라. 그런 곳은 얼음이 덜 깨지고 피크의 고정이 가장 안정적이다.

438

얼음의 더 밝은 부분을 찾아라. 이런 곳은 더 많은 공기를 함유하고 있어 피크가 잘 박힐 것이다.

439

압박에서 벗어나라. 그렇게 하는 편이 더 쉽고, 펌핑이 덜 오고, 더 즐겁고 안전하다. (장비를 더 설치하면 펌핑이 덜 오고, 훨씬 더 부드럽게 움직일 수 있기 때문에 추락할 확률이 낮아진다)

440

빙벽등반을 한동안 하지 않았다면, 바닥에서 몇 분 정도 동작을 하면서 피크가 어떻게 작용하는지, 발동작은 어떻게 해야 하는지를 뇌에 상기시켜줘라.

441

아이스액스에 블랙다이아몬드의 스피너 리쉬Spinner Leash 같은 랜야드lanyard를 항상 사용하라. 이것은 아이스액스를 떨어뜨리지 않는다는 점에서 명백한 성과가 있지만, 보다 중요한 것은 더 편안하게 해준다는 것이다.

442

최대 강도의 추락을 감당할 수 있는 랜야드를 사용하라. 이것은 선등 중 낙빙에 맞거나 심한 눈보라 또는 눈사태에 휩쓸렸을 때 생명을 구할 수도 있다.

443

랜야드 끝에 있는 쓰레기 같은 카라비너를 강도가 좋은 작은 크기의 와이어게이트로 교체하라. 스크루게이트를 사용할 수도 있지만, 젖어 있는 빙벽 루트에서는 물이 아이스액스를 따라 흐르며 게이트를 얼어붙게 할 수도 있다.

444

만약 아이스액스에서 랜야드를 분리한다면, 아이스액스를 다른 확실한 곳에 연결하거나 장비걸이에 걸어라. 아이스액스가 로프에 부딪치면 얼음에서 아주 쉽게 떨어져 나갈 수 있다.

445

아이스액스를 하네스에 착용한 채 하강을 하거나 움직이면 이것이 카라비너에서 저절로 빠지는 경향이 있기 때문에, 나는 일반적으로 잠금 카라비너에 매달아놓는다.

446

아이스액스를 하나만 박고, 킥을 한 다음, 손과 손의 위치만 바꾸는 연습을 해봐라. 얼마나 오래 매달려 있을 수 있는지 알면 아마 놀라게 될 것이다.

447

만약 난이도를 더 높이고 싶다면, 톱로핑으로 빙벽등반을 원 없이 할 수 있는 곳(노르웨이의 리우칸Rjukan 같은 곳)으로 가서 연습하라고 강력히 조언하고 싶다. 왜냐하면 빙벽에서 난이도를 높이기 위해 선등으로 연습하는 것은 아마 가장 위험한 것일지 모르기 때문이다. 그런 난이도(난이도 5나 그 이상)를 선등하기에 앞서 톱로핑으로 20번 정도는 연습할 필요가 있는데, 나는 분명 매우 조심하는 편이다.

448

만약 해외로 빙벽등반을 하러 간다면, 별도의 언급이 없는 한 암벽 장비는 던져버리고, 빙벽 장비만 아주 많이 가져가라. 확보지점 설치를 위해서는 4개의 아이스스크루가 필요할 것이므로(각 2개씩), 나라면 쉬운 빙벽 루트에서는 여기에 5개를 더 가져가고, 어려운 빙벽 루트에서는 10개를 더 가져갈 것이다.

449

아주 긴 아이스스크루(22센티미터)는 한 개만 가져가고, 나머지는 짧은 것(10센티미터나 13센티미터)과 중간 길이(17센티미터)로 챙기되, 짧은 것과 중간 길이가 주를 이루게 하라.

450

긴 아이스스크루는 힘이 가장 많을 때, 또는 추락 하중이 가장 크다고 생각되는 곳에(로프가 조금 남아 있을 때) 설치하라. 그리고 10센티미터나 13센티미터 아이스스크루는 더 높은 곳에서 빠르게 설치해야 할 때 사용하라. (10센티미터나 13센티미터 아이스스크루도 좋은 얼음에서는 충분히 강하다)

451

아이스스크루를 넣고 다니는 플라스틱 '팬파이프pan pipe' 같은 것이 허세처럼 보일지 모르지만, 이것은 정말 쓸모 있기 때문에 강력히 추천하고 싶다. 페츨의 조절 가능한 랜야드로 벨트를 만들거나, 나만의 강도 높은 벨트(금속 버클에 튼튼한 폴리에스터 박음질이 된)를 만들어라. 그리고 일단 바느질이 끝나면 테이프를 붙여라. 이렇게 하면 버클이 부서져도 아이스스크루나 튜브, 아니면 전체를 날려버리지 않을 수 있다.

452

어프로치를 할 때나 배낭에 꾸릴 때 팬파이프에 있는 모든 아이스스크루를 슬링으로 꿰어, 등반 시작 지점으로 갈 때나 배낭을 풀 때 (협곡의 밑바닥까지) 아이스스크루가 날아가지 않도록 하라.

453

마르기 전까지는 아이스스크루를 팬파이프에 보관하지 말고, 아이스스크루의 끝을 양질의 캡으로 보호하라. (그리벨Grivel에서 나오는 노란색이 튼튼하다)

454

등반하기 전에 WD-40을 아이스스크루 구멍에 뿌려, 중심에서 얼음이 쉽게 빠져나오도록 하고, 등반이 끝난 후 다시 뿌려 부식을 방지하라.

455

행거에 테이프나 페인트로 표시해 어떤 것이 내 것인지 알 수 있게 하고, 만약 그렇게 할 수 없다면, 다른 크기로 스프레이를 뿌려 팬파이프 안에 들어 있을 때 구별할 수 있게 하는 방법도 고려해봐라.

선등
456~481

456

선등을 하기에 앞서, 잠시 루트를 살펴보고 확보물을 어디에 설치할지 생각하면서 마음속으로 루트를 먼저 등반해봐라.

457

만약 조준 능력이 형편없다면, 아이스액스를 박을 곳을 먼저 피크 끝으로 톡톡 쳐보는 것도 좋다. 그다음에 몸을 뒤로 젖히고 그 위치에 박으면 된다. 이 방법은 실제 행동하기 전에 뇌가 동작을 암기하도록 해준다.

458

만약 당신의 손에 움켜쥐는 힘이 떨어진다면, 아이스툴을 휘두를 때 안정성이 떨어진다는 것을 느끼게 될 것이다. 이러한 현상을 줄이려면, 엄지를 샤프트 뒤에 대라.

459

머릿속으로 휴식을 그려야 한다. 상체의 부담을 덜 수 있는 지점, 그리고 이상적으로는 그와 동시에 장비를 걸어놓고 쉴 수 있는 곳을 그려봐라. 이것을 수영하는 도중에 나오는 섬이라고 상상하라.

460

선등을 할 때 긍정적인 태도를 취하고 이것을 말로
표현하라. 아이스액스의 단단한 자루를 잡으면
"기차라도 세울 거야."라고 말하고, 확보자가 부지런히
움직이도록 해라. 부정적인 언어나 생각을 피하라.
종종, 약간 주눅이 든 초보자와 등반한다면, 그들보다는
긍정적이어야 하기 때문에 등반이 더 잘된다. 반면 좀
더 균형이 있는 팀에서는 약간 느긋한 태도를 취할 수
있다. 최고의 클라이머들이 등반하는 모습을 지켜봐라.
그들은 아주 긍정적인 태도를 유지하는 경향이 있다.

461

확보자 바로 위쪽으로 등반해서는 절대로 안 된다.
낙빙이 확보자를 기절시키거나 골절을 일으킬 수 있기
때문에 이것은 빙벽등반의 철칙이다. 90퍼센트의 경우
이렇게 할 필요가 없고, 올라가면서 확보자를 벗어나는
짧은 트래버스만 해주어도 확보자가 아무런 피해를
입지 않을 수 있다.

462

낙빙에 맞는 것이 불가피한 상황이라면, 최소한 그
지형에서 조금이라도 보호가 되도록 몸을 집어넣을
수 있는 곳에서 확보를 봐야 한다. 약간 튀어나온 곳
밑이라든지 한쪽 구석 같은 곳 말이다.

463

또한 머리 위쪽에 배낭을 걸고 그 아래에 숨어서
확보를 보면 낙빙을 맞을 위험을 줄일 수 있다.

464

확보지점을 구축할 때
아이스스크루의 간격이 항상
아이스액스 한 개 정도의
간격이 되도록 하라. 이보다
아이스스크루가 가까우면
얼음에 균열이 생길 수
있다. 일반적인 안전 간격은
50센티미터이다. (아이스액스의
길이가 보통 50센티미터이다)

465

피크의 높이를 절대 같게 하지
마라. 반드시 다르게 하라.
그리고 피크 사이의 얼음이 쉽게
깨져 추락할 수도 있으므로 약한
얼음이든, 아주 강한 얼음이든
피크 간격은 항상 아이스액스
한 개 이상을 유지하라.

466

얼음은 중력으로 형성되므로,
등반을 할 정도로(걸어가는 정도가
아니라) 경사가 가파르게 되면,
발은 '지구와 평행'을 이루어야
한다.

467

피크는 몸에 가깝게 하고 발은 어깨보다 넓게 벌리는 현대의 '삼각형' 자세로 빙벽을 오르는 방법을 배워라. 이 기술은 아주 안정적이고, 빠르고, 몸이 열리면서 돌아가는 현상을 피할 수 있다. 과거의 'X'바디 자세는 두 자루의 아이스액스를 옆으로 나란히 박고(나쁨!), 발을 올리고(팔에 힘껏 힘을 주고), 몸을 들어 올린 다음(다시 팔에 힘이 많이 실림), 아이스액스 하나를 더 위에 찍는다. 다시, 두 자세를 톱로핑으로 연습해, 강에서 카약을 탈 때 롤 기술을 완벽히 구사하는 것처럼, 삼각형 자세를 완벽히 습득하라.

468

다음을 기억하라. '스크루처럼 몸을 돌리고, 완전히 주저앉은 자세로 발을 차라.' 아이스액스를 휘두를 때는 하체를 얼음에 붙여야 하고, 킥을 할 때는 발을 올리고 엉덩이를 뒤로 빼야 한다. 이 방법이 발의 피로를 줄여주고, 발뒤꿈치를 낮게 유지해줄 것이다.

469

등반을 할 때 '좋은 자세'를 유지하도록 노력하라. 부드럽게 안정적으로 움직여라. 이것을 의식하고 등반을 잘하고 있다는 신호로 이용하라. 자세가 무너지거나 긴장이 되는 것을 깨닫기 시작하는 순간에는 잠시 다른 옵션을 고려하라. 휴식을 취할 수 있는가? 확보물을 설치해 파트너가 올라오게 할 수 있는가? 혹시 아이스액스에 걸고 아이스스크루를 설치한 다음 숨을 좀 돌릴 수 있는가? 빙벽에서 무리하면 다치기 쉬우므로, 목숨이 걸린 것처럼 등반하라.

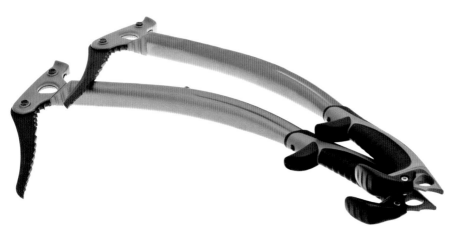

[사진] shutterstock

470

빙벽에서 움직일 때 팔은 두 가지 자세만 취하면 된다. 쭉 펴거나 완전히 구부리거나. 팔을 쭉 폈을 때는 '뼈'로 매달리지만, 팔을 완전히 구부렸을 때는 근육에 부하가 걸리면서 힘이 빠르게 떨어질 것이므로, 팔을 구부리고 있는 시간을 최소로 유지하는 데 집중하라. 이렇게 하기 위해서, 동작을 하기 전에 각 동작에 대한 시나리오를 가지고 있어야 한다. 이것은 다음 자리의 위치를 쳐다보고, 발을 올리고, 팔을 구부린 상태로 피크를 옮긴 다음, 다시 팔을 펴서 매달린다는 뜻이다. 만약 팔을 완전히 구부린 채 다음 자리를 찾는다면, 몇 초를 더 낭비하게 될 것이고, 피치와 루트 전체를 다 합하면 팔의 피로로 이어질 것이다. 또한 겨울이 시작되기 전에 락 오프lock-off 훈련을 할 필요가 있다. 이 훈련은 턱걸이를 하면서 락 오프 자세(팔을 당긴 상태에서 버텨주는 동작)를 유지하는 것이다.

471

크램폰을 착용할 때 바인딩을 해머로 가볍게 두드려 잘 잠겼는지 항상 확인하라.

472

크램폰의 버클을 발목 안쪽의 앞으로 돌린 다음 잡아당겨, 발목을 이중으로 꺾지 않고도 잠글 수 있도록 하라.

473

이중 링으로 된 크램폰의 버클은 끈을 한 번 통과시키고 다시 한번 통과시키면 된다. 또한 WD-40을 아이스스크루에 뿌릴 때 부츠의 박음질 부분에도 한 번 씩 뿌려주면 어는 것을 막을 수 있다.

474

크램폰을 암벽화처럼 여기고, 특히 뒤꿈치 부분을 포함해 모든 발톱을 최대한 활용하라. 체중을 뒤꿈치 부분에 싣거나, 크램폰을 옆으로 찍으면 종아리의 부하가 줄어들 것이다.

475

제프 로우Jeff Lowe가 언급한 것처럼, '헤징hedging'을 연습하라. 이것은 안쪽 발톱을 얼음에 대고 발목을 살짝 돌려 바깥쪽도 박히도록 하는 것이다.

476

아이스스크루를 박고 싶거나, 크럭스 전에 휴식을 취하고 싶은 지점에 가까워지면, 종종 나는 크램폰을 옆으로 놓을 수 있을 만큼 넓은 자리를 만든다. 그리고 그 위에 균형을 잡고 올라서서 종아리 근육을 푼다.

477

만약 확신이 들 정도로 깊이 피크를 박을 수 없는 얇은 얼음을 등반하고 있다면, 얼음을 우편함 모양으로 깎아 낸 다음 피크를 옆으로 박아라. 그런 후에는 얇은 얼음에 킥을 하는 대신 이 같은 우체통을 스탠스로 사용할 수도 있다.

478

이렇게 얇은 얼음을 등반할 때는 아주 짧은 아이스스크루 외에 암벽 장비도 가져 갈 필요가 있다. (나는 얇은 얼음에 대비해 2센티미터 아이스스크루를 준비한 사람과 등반한 적도 있다!) 그리고 이러한 상황에서는 어떤 경우를 마주칠지 모르기 때문에 장비가 많이 필요하다.

479

얇은 얼음으로 덮인 루트에 암벽 장비를 사용할 때 핵심은 바위의 형태와 구조가 어떻게 전개되는지 그 리듬을 이해하는 것이다. 크랙은 어디에 있는가? 코너는 보이지 않는가? 포개져 있는 바위는 있는가? 캠이 들어갈 만한 좋은 자리가 있는가? 이런 것들을 이해할 수 있다면 얇은 얼음을 까낸 다음 바위 확보물을 설치할 수 있는 기회가 생길 것이다.

480

빙벽등반이 끝나고 나면 보관하기 전에 모든 금속 장비에 WD-40을 한 번 쭉 뿌려라.

481

추락을 걱정하지 마라. 추락하고 싶어도 추락할 수 없으며, 만약 한다 하더라도 눈 깜짝할 새에 끝날 정도로 빠를 것이다. 그러니 왜 걱정을 하는가? 대신, 등반에 집중하라!

아이거의 할린Harlin 루트에 박혀 있는 낡은 링 볼트

프티 드류에 있는 라파이유 루트의 마지막 피치. |사진| 이안 파넬

혼합등반 클라이머의 가장 큰 적인 타는 듯한 아픔!

혼합등반

482~503

혼합등반에서는 루트를 벗어나, 여름이라면 바위가
불안정하게 쌓인 곳을 오르는 경우가 종종 있다는
것을 기억하라. 따라서 느슨한 바윗덩어리나
위험한 플레이크가 여전히 아주 많다.
어떤 것이라도 아래로 당길 때는 헐렁한 해벽을
등반하는 것처럼 조심스럽게 접근하라.

482

피크를 잔디 한 움큼, 얼음 한 조각, 또는 납작한 홀드에 걸었지만 너무 무서워 올라가지 못했던 경험이 몇 번이나 있는가? 아마 상당할 것이다. 또한, 발은 떨어지고 앞에서 언급한 형편없이 박힌 피크에 완전히 매달려서 올라가야 했던 경험은 몇 번이나 있는가? 이것 역시 상당할 것이다. 손과 손가락으로 하는 자유등반은 만약 잡을 수만 있다면, 손끝이 미세 홀드에 닿는 순간 'OK' 사인을 보내서 눈 깜짝할 사이에 판단을 하게 해준다. 우리가 잡고자 하는 것과 우리 뇌 사이의 관계가 더 이상 지속되지 않을 때 어떤 일이 생기는지 생각해보자. 인공등반이나 겨울 등반에서 이 연결고리는 불가피한 장벽(아이스액스, 피톤, 스카이훅)에 의해 파괴된다. 왜냐하면 우리가 잡고자 하는 것이 잡을 수 없는 것(얼음, 눈, 또는 매달리기에 너무 작은 홀드)이기 때문이다. 이런 상황에서, 우리는 물리학의 법칙과 다양한 신뢰와 경험에 의지하지 않을 수 없다. 클라이머가 아닌 사람은 등반용 구조물에 걸리는 아이스액스를 신뢰할 것이다. 왜냐하면 그들은 아이스액스를 잡아당겨도 피크가 저절로 빠지지 않는다는 것을 알기 때문이다. 하지만 만약 그들에게 나무를 올라가라고 요구한다면, 그들은 자신감이 떨어진 모습을 보일 것이다. 왜냐하면 나무가 피크가 박힐 정도로 부드럽다는 것은 이해하지만, 떨어지지 않으려면 피크가 얼마나 들어가야 할지 확신이 서지 않기 때문이다. 반면 아이스 클라이머는 이 지식을 천천히 쌓아간다. 처음에는 얼음이나 흙덩어리에 피크가 너무 깊이 박히겠지만, 빠지지 않게 하려면 어떤 깊이로 박아야 할지 머릿속에서 천천히 정리가 될 것이다. 이것은 피크가 어떻게 작용하는지, 그리고 사용하고 있는 도구에 대한 이해가 결합된 결과이다. 이러한 사실은 혼합등반에도 똑같이 적용된다. 45도로 휘두른 아이스액스는 빠지지 않겠지만, 15도의 각도로 휘두른 아이스액스는 빠질지 모른다. 우리는 천천히 무엇이 가능한지 배워간다. 내가 하고자 하는 말은 손가락으로 잡을 수 있는 미세 홀드에 대해 우리는 배우지 않는다는 것이다. 우리는 그냥 안다. 하지만 우리가 명백한 것을 넘어서 인공적인 수단을 사용해 무엇을 올라갈 수 있는지는 모른다. 그래서 우리는 시간을 들여 해답을 찾기 위한 경험을 쌓아가야 한다. 이제 팁이 등장할 차례다. 만약 모른다면? 만약 자신이 한계를 넘는 등반을 하고 있다면? 말하자면, 벤 네비스Ben Nevis에서 5센티미터 두께의 얼음을 올라가야 하는데, 90센티미터 두께의 만년설밖에 등반을 해본 적이 없다면? 레지에서 납작한 홀드를 당겨야 하는데 전에 큰 덩어리에 피크를 걸어본 경험밖에 없다면? 인공 등반에서는, 어떤 장비가 맞는지 몰라 그 결과가 좋지 않을 것 같을 때는, 뛰어서 시험해보고, 슬링을 건 다음 몸 전체의 체중을 실어라. 이것은 장비가 안전한지 확인하는 것뿐 아니라, 뇌에 긴장을 풀고 동작을 하라고 전달하는 역할도 한다. 겨울 등반에서 장비를 설치할 때 확실하지 않거나 의심이 든다면, 이와 같은 접근 방법이 잘 먹힐 수 있다. 두 개의 데이지체인을 이용하는 인공등반 클라이머와 달리, 이렇게 하기 위해서는 팔을 대신 사용해야 한다. 이것을 하기 위해서 아이스액스를 박고, 잘 박혔는지 알고 싶다면 세게 잡아당겨봐라. 혹여 그것이 빠져도 떨어지지 않을 것이라는 태도로 임할 필요가 있기 때문에 이것은 사실 약간의 연습이 필요하다. 또한, 올바른 마음가짐을 가져라. '제발 빠지지 마라.' 대신 '이 피크를 빼버리겠어!'라고 생각하라. 이 기술은 한계를 밀어붙일 때 좋지만, 등반이 너무 느려지고 팔이 몹시 피곤해질 것이기 때문에 남용하지는 마라.

483

만약 아이스액스를 한 번도 휘둘러본 적이 없다면, 건물이나 담벼락에서 가지고 놀면서, 한 방향으로는 들어가지만 그 방향을 바꾸면 걸리는 개념을 이해하라.

484

크랙에는 무엇이든 집어넣을 수 있는데, 그 비결은 창의적이 되는 것이다. 이것은 피크, 애쯔, 망치, 샤프트를 포함한다. 자신의 장비를 알고 있는 암벽 등반가처럼, 아이스액스를 인공등반 장비처럼 볼 필요가 있다. 어느 부분이 어디에 어떻게 맞을지를 따져보아라.

485

스윙을 할 때 아이스액스를 부러뜨리는 것부터 제대로 박히는 데 충분하지 못한 힘을 가하는 것까지 좁은 유효 범위가 있다. 이 범위의 중간 지점이 '완벽한 스윙'이다. 이 완벽한 스윙에 감이 왔을 때 다음 스윙을 위해서 필요한 운동 범위를 유지하도록 노력해야 한다. 어려운 겨울 등반에서 이것이 가장 중요한 기술이다. 글쎄, 어쨌든 영국에서는 그렇다!

486

아이스액스는 강하지만
휘두를 때 피크가 휘어지거나,
부러지거나, 또는 아이스액스의
헤드가 떨어져 나가거나,
샤프트가 부러질 수 있으니
최대속도로 휘두르는 것은
피하도록 하라.

487

크랙에 피크를 집어넣을 때
아주 편리한 기술 하나는 다른
아이스액스로 망치질을 조금
더해서 빠지지 않을 것이라는
자신감을 갖는 것이다. 나는
등반할 때 이 방법을 많이
사용했는데, 보이지 않는 곳에
설치할 때 아주 큰 효과가
있다. (오래전 베인 업헐드Beinn
a'Bhuird의 가브 쾨이어Garbh Choire에
있는 미트레 리지Mitre Ridge 크럭스를
오를 때 이 방법을 사용했었다. 나는
아이스액스를 박고, 몇 번 두드린 다음
몸을 끌어당겼다.) 물론 그 비결은,
요컨대 동작을 하고 그 자리에
아이스액스가 용접된 것처럼
박힌 것을 알게 되지 않으려면,
지나치게 많이 두드리지 않는
것이다.

스코틀랜드의 노던 코리스Northern Corries에 있는 더 비카The Vicar를 오르는 저자

488

작고 평평한 홀드에 걸 때 한 번 만족스럽게 걸고 나면, 피크의 각도나 위치를 바꾸지 않는 것이 필수이다. 만약 그렇게 한다면 피크가 빠질 확률이 아주 높다. 이것을 하는 가장 좋은 방법은 윌 개드Will Gadd의 훌륭한 조언을 따르는 것인데, 윌은 아이스액스 헤드에 커피 한 잔이 놓여 있고, 자신이 움직일 때 한 방울도 흘려서는 안 된다고 상상해보라고 말한다.

489

피크를 거는 동작은 아래로 당길 때에만 효과가 있을 것이고, 몸이 위로 갈수록 피크는 불안정해질 것이다. 두 손을 높이 올려 아이스액스를 아래로 당기는 것은 손을 더 멀리 뻗어 가장 위쪽에서 당길 때도 잘 걸린 상태를 유지해준다. 다리나 덤불이 많은 바위에서 톱로핑으로 연습하면서 피크가 무엇을 할 수 있는지 확인하라.

490

피크를 걸고 편안하게 움직일 수 있게 되면, 활용할 수 있는 홀드가 한 종류 더 있다는 것을 알게 될 것이다.

491

피크를 날카롭게 유지하라. 이것은 스코틀랜드 출신 혼합등반 클라이머의 기질에 반하는 이야기이지만, 날카로운 피크가 모서리에 걸려 완벽한 중심점을 만들어줄 것이기 때문에 훨씬 더 믿음직스러울 것이다. 이 말은 피크가 빠지지 않을 것이라는 뜻이다.

492

혼합등반에서는 루트를 벗어나, 여름이라면 바위가 불안정하게 쌓인 곳을 오르는 경우가 종종 있다는 것을 기억하라. 따라서 느슨한 바윗덩어리나 위험한 플레이크가 여전히 아주 많다. 어떤 것이라도 아래로 당길 때는 헐렁한 해벽을 등반하는 것처럼 조심스럽게 접근하라. 물론 겨울에는 진흙도 잔디도 흙도 얼 것이고, 어떤 것은 더 단단히 잡아주겠지만, 200킬로그램짜리 덩어리는 여전히 200킬로그램짜리 덩어리이다.

493

혼합등반 확보는 빙벽등반 확보보다 길어지는 경향이 있다. 어쩌면 몇 시간씩 걸릴 수도 있어, 확보자가 그런 준비가 되었는지 확인해야 한다. 이 말은 따뜻한 부츠를 신고, 확보용 두꺼운 재킷(만약 한 개 이상을 가지고 있다면 둘 다 입어도 된다)을 입고, 약간의 음식과 편하게 마실 것을 가지고 있어야 한다는 의미이다.

494

만약 확보를 보다 추워지면, 에어 스쿼트를 몇 개 하라. 이것은 스쿼트 동작을 하면서 팔을 슈퍼맨 스타일로 뻗는 것이다. 일어서서 이 동작을 반복하라. 가지고 있는 보온장비를 다 착용하고도 이 동작으로 몸이 따뜻해지지 않는다면, 당신은 틀림없이 죽었을 것이다.

장비
495~499

495

아이스 혹은 얼음이 얇거나(옆으로 설치한다) 좁은 곳(주먹 크기의 크랙 안에 있는 폭이 좁은 얼음)이 아니면 사용하지 않는 것이 가장 좋은 방법이다. 하지만 그것은 풀이 무성한 곳이나 크랙, 플레이크에서는 정말 좋다. 아이스 혹은 절대 빠지지 않기 때문에, 바위 어디에도 망치질을 해서는 안 된다. 만약 망치질이 필요하다는 느낌이 들면 그 자리에 잘 들어가도록 몇 번 두드려주거나, 가볍게 쳐서 혹의 이빨이 물리도록 하면 된다. 다른 어떤 피톤보다 훨씬 길어 회수에 큰 골칫거리일 것이기 때문에 혹의 모양을 파악하고 처음 바위에 설치할 때 망치질을 해야 할지 고민해보아야 한다. 혹을 집까지 가져오지 못하게 되는 일은 혹의 길이와 가늘어지는 부분이 없는 것에 기인한다. 왜냐하면 피크의 끝이 아주 안전하게 걸리는 아이스액스와 달리 현재 모든 혹의 디자인은 지렛대 효과를 최대한 피하도록 되어 있기 때문이다.

496

혼합등반에서 긴 아이스 혹보다 더 나은 것은 큰 비크나 중간 크기의 비크이다. 둘 다 가볍고 거친 곳에서도 잘 걸리기 때문에 대부분의 장비 중 다른 모든 피톤을 대체해준다.

497

혼합등반 지형에서는 비크를 로스트 애로우 크기의 크랙에 맞게 포개거나, 또는 너트와 함께 포갤 수도 있다. (너트를 뒤집어서, 훅이 너트의 가늘어지는 부분에 물리게 한다)

498

커다란 비크도 수평 크랙에 설치할 수 있다. 그냥 설치하고 슬링으로 거스 히치 매듭을 하거나, 너트의 와이어를 비크 대가리의 구멍에 통과시켜라.

499

깊이 박힌 아이스 훅을 회수하기 위해, 아이스액스의 헤드에서 훅의 대가리까지 카라비너를 연결한 다음 '꽁무니를 확 잡아 빼봐라.' 이 방법은 훅이 바깥쪽으로 똑바로 당겨져 나오는 방식으로 작용할 것이지만, 세게 잡아채야 할 것이다. 이런 훅에 정말 효과가 있는 다른 방법은 약간 재치 있게 지렛대 효과를 이용하는 것이다. 이 방법을 적용하기 위해, 피톤이나 다른 단단한 물체를 훅의 아래쪽 눈 바로 위에 대서 지지대를 만들어주고(마치 크랙에 훅의 바닥 쪽을 고정하려는 것처럼) 훅의 바닥을 바위 쪽으로 쳐준다. 이렇게 하면 바위에 아무리 깊이 박혀 있다 해도, 지렛대 역할로 훅의 피크 부분을 빼낼 수 있다. 훅의 스타일과 깊이에 따라 받침점을 조절할 수 있다.

발동작
500~503

500

암벽화를 신고 바위를 오르는 것과 달리 혼합등반 구간에서는 여러 겹의 옷과 엉켜 있는 장비에 숨겨진 얼어붙은 발가락과 발은 말할 것도 없고, 여러 겹의 고무와 강철, 플라스틱, 울에 의해 스탠스 사이의 연결이 둔해지기 때문에 실수를 하면 안 된다. 암벽화를 신으면 운신의 폭이 훨씬 크고 살금살금 움직일 수 있다. 대부분의 경우 발이 미끄러지면 그것을 곧바로 눈치 챈다. 크램폰을 착용하고 있다면 이렇게 할 수 없으며, 발은 미끄러지기 전에 움직일 수 있는 공간이 거의 없다. 이 말은 발을 디딜 때 가만히 있도록 노력하라는 뜻이다.

501

앞발톱에만 의존하지 말고 장비를 활용하라. 만약 어떤 장비를 찾는 데 시간이 오래 걸릴 것 같다면, 하중을 버티기 위해 발가락 대신 발뒤꿈치를 사용해봐라.

502

배워야 할 가장 중요한 교훈은 팔에 너무 집중한 나머지, 등반의 가장 큰 엔진인 발을 약화시키지 말라는 것이다. 이 말은 클라이머들은 겨울에 자신의 아이스액스에만 집중한다는 뜻이다. 어쨌든 그것은 얼굴 바로 앞에 있다. 우리가 할 일은 아이스액스의 위치를 확인하고, 발을 정리하고, 아이스액스를 당기면서 발로 일어서는 것이다. 그러나 우리는 좋은 스탠스를 디디지만 아이스액스를 걸고 당길 것이 아무것도 없는 상황과 꽤 자주 맞닥뜨린다. 더 심각한 것은 균형만 잡아도 올라갈 수 있을 정도로 엄청나게 큰 스탠스가 있을 때도 쓰레기 같은 홀드를 당겨 올라가는 것이다. 내가 하고자 하는 말은 때로는 아이스액스를 내려놓고(어깨에 걸어라), 그냥 발만 이용해 균형을 잡고 손으로 눌러서 동작을 해보는 것이 좋다는 것이다. 많은 강사들이 이 방법을 초보 아이스 클라이머에게 가르친다. 그들은 아이스액스를 전혀 사용하지 않고도 올라가게 하는데, 이것은 우리 자신의 혼합등반 모험을 위해 모두가 배울 수 있는 기술이다.

503

많은 클라이머가 감각적인 부츠를 갖는 것에 대해 이야기하고, 이런 모든 것들은 부츠 광고에 의해 탄생하지만, 나는 개인적으로 내 부츠가 얼마나 안정적이고 따뜻한지에 관심이 더 있다. 이 말은 나는 작은 스탠스에 오래 서 있을 수 있는 것을 좋아하기 때문에 라 스포르티바La Sportiva의 스판틱Spantik처럼 큰 부츠를 신는 경향이 있다는 뜻이다. 어떤 사람들은 이것을 극단적으로 받아들여 산악스키용 부츠를 신는다. 또한, 발가락이 얼어붙은 상태에서는 아무도 등반을 잘하지 못한다. 이것의 한 가지 예외는, 아마도 여기서 유래된 것 같은데, 주로 급경사에서 아이스액스에만 매달리는 일류 선수 같은 겨울 등반이다. 여기서는 무게가 결정적인 역할을 하지만, 슬랩과 페이스에서는 바닥에 설 수 있는 것이 훨씬 더 중요하다.

칼럼 머스켓Calum Muskett이 마터호른 북벽으로 다가가고 있다.

파타고니아에 있는 아구아 기야우메Aguja Guillaumet를 동계 초등하는 저자

산

504~802

거리에 따른 시간을 계산할 때는
등고선이 10미터 높아질 때마다 30초를 더하라.

크레바스

504~514

504

어떤 얼음이든 사전에 완벽한 크레바스 구조 기술과 경험이 있어야 한다. 이 말은 인공암장이나 집에서 가까운 바위에 가서 하루 정도 자력구조 연습(프루지크 매듭과 다른 사람을 끌어올리는 것)을 하라는 뜻이다.

505

빙하를 건너갈 때는 모든 사람이 두 개의 프루지크 고리(5밀리미터에 1.5미터와 2.5미터), 두 개의 기계식 등강기(페츨 티블록), 아이스스크루 한 개(17센티미터나 22센티미터, 양호한 것으로), 120센티미터 슬링, 여러 개의 잠금 카라비너와 주머니칼을 가지고 있어야 한다. 만약 2인조라면, 여기에 슬링과 아이스스크루를 두 배로 준비해야 하지만, 인원이 더 많다면 두 번째의 단체 장비 세트를 가져가고, 두 명의 클라이머가 장비를 나눠 지니게 하라. 이것은 추가로 아이스스크루 한 개, 60센티미터 슬링 두 개, 120센티미터 슬링 한 개와 페츨의 마이크로 트랙션Micro Traxion 같은 잠금 기능이 있는 도르래를 가져가는 것을 말한다. 하지만 어떻게 사용하는지 모르면 무용지물이라는 것을 기억하라.

506

어떤 구조에서도 의사소통은 필수이고, 누군가 구멍 아래로 떨어졌을 때는 로프의 양 끝에서 듣는 것이 거의 불가능할 수 있기 때문에 더욱 그렇다. 함께 훈련하면, 상대방이 어떻게 할 것인지 알게 될 것이고, 3인조라면, 한 사람이 클라이머와 구조자 사이에 기어 들어가서 양쪽의 의사소통을 도와줘야 한다.

507

구멍에 빠지게 되면, 쉽게 기어 나올 수 있지 않은 이상, 저체온증에 걸리지 않도록 확실히 해야 한다. 체온은 순식간에 떨어질 것이고, 특히 한낮의 지표면 열기로 베이스레이어만 입고 있었다면 더 그렇다. 이러한 이유로, 확보 재킷을 배낭 가장 위에 넣어둘 필요가 있다.

508

끌어올려야 할 필요가 있다는 것을 정확히 알고 있는 상황이 아니라면 떨어진 클라이머를 그냥 끌어올리기 시작하지 마라. 가장 이상적인 시나리오는 기어서 나오는 것이고, 그다음이 프루지크로 나오는 것(덜 이상적)이다. 그다음은 도움을 받아 프루지크로 나오는 것이고, 마지막이 완전히 끌어올려져 나오는 것이다.

509

모든 훈련은 최대한 실전에 가깝게 하라. 춥고 어두운 밤에 밖에 나가 벙어리장갑을 포함한 모든 옷을 입고, 크램폰과 스키폴과 배낭을 포함한 모든 장비를 착용한 채 공중에 매달리기(이것은 나무에서 할 수 있다)로 시작하라. 그러면 곧 책에서 읽은 기술과 그것을 실제 상황에 적용하는 것 사이에는 큰 차이가 있다는 사실을 깨닫게 될 것이다.

510

빙하에서 로프를 사려서 들고 다니지 마라. 그리고 안전한 지대를 드나들 때는 앞뒤에서 서로 확보를 봐줘라.

511

모든 배낭에는 홀링용 고리에 카라비너로 걸 수 있는 끈이 있어야 한다. (이것을 배낭 아래쪽에 걸어 쉽게 찾을 수 있게 하라) 만약 구멍으로 떨어진다면, 추락한 사람은 배낭을 벗어 보다 수월하게 등반을 하거나, 비좁은 공간을 쉽게 통과하고 싶어 할 것이다.

512

로프에 매달린 모든 사람이 다른 어떤 사람, 심지어는 다른 사람들을 모두 구할 수 있을 정도로 충분히 숙련되어 있어야 한다. 이 말은 그들이 구조를 위해서 기본적인 장비를 가지고 다니거나, 도움을 청할 수 있는 능력이 있어야 한다는 뜻이다. 경험이 가장 많은 클라이머가 모든 장비와 전화기를 가지고 구멍 속으로 사라지는 것은 좋은 계획이 아니다.

513

좁은 틈과 구멍으로 된 크레바스는 어디에나 형성될 수 있다. 이것은 빙하의 움직임에 의해, 또는 대 해빙기에 바위가 얼음이나 운하에 녹아서 생긴다. 따라서 항상 조심해야 하고, 단단한 바위나 산장 발코니에 서 있지 않다면 정신을 차리고 있어야 한다.

514

대부분의 크레바스는 공중에 매달리게 되는 '터칭 더 보이드Touching the Void' 스타일의 심연이 아니라, 사지가 뒤틀리고 부러질 수 있는 좁은 나선형 미끄럼틀 형태이다. 따라서 떨어진 사람은 산 채로 눈에 묻히고, 끌어올려지기도 전에 죽을 것이다. 그 틈에 갇혀 있다면, 체온이 얼음으로 된 벽을 녹이기 시작할 것이고 몸이 더 깊게 내려가면서 저체온증이 찾아올 것이다. 생각만 해도 끔찍한 일이다. 다음에 빙하에 갈 때는 이점을 명심하고, 정신을 똑바로 차려 빈틈이 없도록 주의하라.

의류, 신발, 장비
515~526

515

만약 급경사의 얼음에 있다면, 부츠가 풀리는 것은 짜증이 나거나 매우 위험할 수 있는 일이므로, 견고한 매듭을 할 필요가 있다. 여러 번 감는 나비넥타이 매듭bow knot의 문제점은 끈이 얼어붙었을 때 풀기가 어렵다는 것이다. 효과가 더 좋은 변형 매듭법이 많이 있다. 매듭의 시작 부분에서(끈 하나를 다른 끈 아래로 교차하고), 첫 번째 끈에 다른 끈을 두 번 감아주면 매듭이 훨씬 견고하다. 내가 가장 좋아하는 것은 맞매듭이다. (나는 12살까지 신발 끈을 묶지 못했다) 간단하다! 이것은 납작한 것으로는 되지 않고 튜브 형태의 끈으로만 된다. 부츠 끈을 풀기 위해서는, 끈을 하나 잡고 매듭의 다른 쪽과 반대로 한 다음, 앞뒤로 홱 잡아당겨주면 매듭이 느슨하게 되어 풀린다. 이 매듭은 짧게 묶을 수 있기 때문에 끈을 잘라내 더 깨끗하게 할 수 있다.

516

부츠 안과 바깥에 이름을 써 놓거나 표시를 해서 건조실에서나, 혹은 친구의 부츠와 섞이지 않도록 하라. 허당이라는 소리를 자주 듣는 편이라면 주소도 적어놓아라.

517

깨끗한 양말 한 켤레는 거의 옷을 완전히 갈아입는 것만큼 좋다. 냄새가 나는 것 같은 느낌이 들 때 프리드쇼프 난센Fridtjof Nansen은 같은 속옷을 크리스마스 기념으로 한 번 뒤집었을 뿐 1년이 넘게 입었다는 사실을 기억하라.

518

안전하게 잘 걸리는 끈 고리를 부츠(내피와 외피)에 달아, 비박색 안에 매달아놓을 수 있도록 하라. 나는 내피 뒤에 긴 고리를 달아 침낭에서 신기 쉽게 만들어놓았다. 또한 왼쪽 것은 싱글 피셔맨 매듭을 두 개 하고, 오른쪽 것은 더블 피셔맨 매듭을 한 개 해서 침낭 밑바닥에 구겨져 있을 때 구분할 수 있게 해두었다.

519

산에서 따뜻하게 지내는 비결은 오히려 서늘하게 지내는 것이다. 이 말은 건조하게 지낸다는 말로 해석될 수 있다. 대부분의 사람들은 하루를 시작하면서 어프로치에 가장 많은 힘을 쏟을 때 너무 많은 옷을 입어, 결국 옷이 흠뻑 젖은 채 나머지 시간을 춥게 보낸다. 약간 춥게 시작해 어프로치를 하는 동안 따뜻해진 뒤 출발지점에 도착해 서 있거나 낮은 강도의 활동(등반 같은 것)을 할 때 옷을 더 입어라.

520

성능이 좋은 전자저울을 사서 모든 장비와
옷, 침낭, 배낭, 무거운 장비세트의 무게를 잰
뒤 매직으로 적어두고, 가져갈 것인지 아니면
남겨둘 것인지 베이스캠프에 있을 때 결정할
수 있도록 하라.

521

통기성이 아무리 좋은 옷이라도 충분하지
않을 것이기 때문에 비가 오지 않는 한 쉘
종류는 입지 마라. 가벼운 쉘(200그램 정도)을
챙겨 정말 필요할 때만 입어라. 대신 모자가
달려 있고 통기성이 아주 우수한 퍼텍스
상의를 입어라. 이것을 베이스레이어로
입으면 움직이는 거의 모든 상황에서 필요한
보호를 받을 수 있을 것이다.

522

손과 머리, 통풍 시스템 조절을 통해 체온을
조절하라. 모자를 쓰고 벗고, 장갑을 끼고
빼고, 소매를 걷고, 상의 지퍼를 내리는
등 입고 있는 방식을 바꿔 땀의 배출을
통제하라.

523

산에서 옷을 잘 입기 위한 좋은 훈련은
겨울철 달리기나 지독한 날씨에 밖에
나가는 것이다. 이런 날씨에 반바지, 티셔츠,
방풍의류를 입는 것은 몸에 자신감을 심어줄
것이고, 미기후微氣候라는 말의 진정한
의미를 이해하게 해줄 것이다.

524

산악용으로 가장 좋은 베이스레이어는
단연코 그물로 된 노르웨이산 속옷으로, 가장
흔히 접할 수 있는 제품이 브린제Brynje의
슈퍼 써모Super Thermo다. 하지만
할아버지들이나 입게 생기긴 했다.

525

속도로 편안함을 늘릴 수도 줄일 수도 있다.
너무 더우면 속도를 줄이고, 너무 추우면
속도를 올려라. 컨디션이 좋지 못한 사람과
등반을 한다면 옷을 더 입어라.

526

출발지점에 도착했을 때 갈아입을 여분의
베이스레이어를 챙기는 것은 좋은 생각이다.
그리고 땀을 아주 많이 흘리거나 접근이
몹시 힘들 때는 여분의 양말을 챙기는 것도
고려해봐라.

침낭과 매트리스

527~545

527

만약 젖은 환경에 있거나 좁고 사방이 꽉 막힌 곳에서 음식을 만든다면, 끝날 때까지 침낭을 꺼내지 마라. 이렇게 하면 침낭에 습기가 들어가거나 바깥쪽이 젖는 것을 막을 수 있다.

528

만약 아주 추운 날씨에 텐트로 들어가 난로를 켰다면, 실내 공기의 온도가 정상보다 조금 더 빠르게 올라갈 것이다. 아주 차가운 침낭은 수분이 응결될 수 있으니 침낭을 꺼내고 싶은 유혹을 잠시 참고, 방수 주머니에 넣어둬라.

529

나는 후드에 작은 지퍼 주머니가 달렸거나, 후드를 장착할 수 있는 벨크로 탭이 달린 침낭의 열혈 팬이다. 사람들은 대부분 이것의 용도를 잘 모르고 콘돔을 넣는 곳이라고 생각하지만, 이것은 시계를 넣는 곳이다. 만약 시계를 추운 곳에 둔다면 멈출지도 모르고, 손목에 차고 있다면 아주 따뜻한 침낭에 묻혀 알람 소리를 듣지 못할 수도 있다. 만약 침낭에 주머니가 없다면 바느질을 해서 하나 달아라. (플리스로 된 작은 주머니를 후드 끝에 달거나 후드를 조이는 끈에 시계를 달면 된다)

530

아침에 일어날 때 열에 아홉은 침낭의 목 부분이 닫히도록 딱 붙어 있어야 할 벨크로 탭이 떨어져 있을 것이다. 문제는 이 벨크로가 제 기능을 하기에는 대체로 너무 약하다는 것이다. 날씨가 추운데 벨크로 탭이 떨어지면 온기를 상당히 빼앗기게 된다. 벨크로를 덧대 보강하라. 반대쪽에 세 번째 조각을 잡아주는 두 조각(벨크로를 양쪽으로 달아서)을 달면 이상적이다.

531

잠을 자려고 하면 몸에 저장된 열기가 상당히 많을 것이다. 이것은 주로 저녁식사에서 오기도 하지만 침낭과 매트리스를 정리하면서 생기기도 한다. 이 열기는 밤중에 서서히 소멸될 것이므로, 최대한 많이 유지하는 것이 필수이다. 왜냐하면 만약 새벽 2시에 추위 때문에 일어나게 된다면 열기를 더 만들어내기 위해 힘든 시간을 보낼 것이기 때문이다. 침낭을 단단히 닫아 열이 빠져나갈 수 없게 하고, 그 상태를 유지하라. 만약 옷을 벗는다면 그 위에 눕거나 침낭 안에 넣어, 남아 있는 약간의 열기를 취할 것을 고려하라. (그것은 아침에도 따뜻할 것이다)

532

쉘이 축축해졌다면 그 위에(비박색 밑에) 누워라. 그러면 밤새 말릴 수 있다. 아니면 그냥 비박색 위에 덮어도 된다. 비박색 위를 무언가로 덮어주면, 그것이 방수재킷같이 얇은 것이라 해도 그 자리에 5℃ 정도의 단열 효과가 있다.

533

베개가 있으면 잠을 더 편하게 잘 수 있다. 조 태스커Joe Tasker는 등반할 때 항상 베개를 가지고 다닌 것으로 유명했다. 한쪽은 가는 폴리에스터로, 다른 쪽은 퍼텍스Pertex로 된 잡주머니 안쪽에 부츠 내피나 장갑 같은 장비를 넣어 베개를 만들 수 있다. 물품을 침낭 아래 보관하면 얼어붙는 것을 막을 수도 있다.

534

어떤 매트리스라도 정신없는 비박색을 정리하다 보면 잃어버리기 쉽고, 그냥 떨어뜨리기도 하기 때문에(폼매트는 장갑을 낀 상태로 잡기가 어렵다), 거는 고리를 항상 만들어놓아라. 폼매트는 구석에 구멍을 뚫어 코드 슬링을 달고, 에어매트는 코드 슬링의 고리 주위를 청테이프로 보강하라.

535

만약 거는 고리로 넉넉하게 긴 번지 코드를 사용한다면, 매트리스를 말아서 보관하는 것처럼 이중으로 만들 수 있다.

536

에어매트는 날카로운 것들이 많은 환경에는 확실히 취약하므로, 배낭 안에서 살아남을 확률이 가장 높은 곳에 보관하라. 이런 곳은 보통 배낭 아래 뒤쪽이고, 배낭의 몸통을 뚫을 수 있는 날카로운 물체(아이스액스와 크램폰)에서 떨어진 곳이다. 바람을 모두 빼고 가운데를 반으로 접어서 다시 반대 방향으로 반으로 접어라. ¾길이의 매트리스는 배낭 뒤쪽에 직사각형 형태로 밀어 넣으면 된다. (거는 고리를 위쪽 모서리에 두어 꺼내자마자 건 것을 풀 수 있도록 하라)

537

'구멍 난 매트리스'에 대한 전략을 세워라. 수리 키트가 있는가? 배낭을 단열재로 사용할 수 있는가? 겨울 등반 루트에선, 뒤꿈치는 부츠 내피에 대고, 궁둥이는 배낭에 붙이고, 구멍 난 매트리스는 어깨에 대고 휴식을 취할 수 있다. 그리고 로프 위에 누울 수도 있다.

538

몇 주가 걸리는 장기 원정등반에는 에어매트와 폼매트를 둘 다 챙겨가라. 그러면 편안하기도 하고 여분이 있다는 생각에 마음을 놓을 수 있을 것이다. 하지만 나라면 원정등반의 스트레스를 줄이기 위해서 개인적으로 폼매트 두 장을 가져가겠다. 항상 누군가에게는 바람이 서서히 빠지는 구멍이 생기므로, 새벽 2시에 매트리스에 바람을 넣는 모습을 누워서 바라보면 상당한 자기만족감을 느낀다.

539

따뜻하지 않은 침낭에서 잘 때 옷을 다 입고 자는 것이 좋은지, 벗고 자는 것이 좋은지에 대한 논쟁은 여전하다. 내 생각에는 축축한 것은 무엇이든 벗어야 한다.(쉘, 소프트쉘, 양말) 그리고 건조한 곳에 두거나 젖은 몸의 부위를 말려야 한다. 베이스레이어와 플리스가 건조하다면 입고 있되, 습기를 가두는 것은 어떤 것이라도 피하라.(차단막을 기본으로 하는 대부분의 소프트쉘이 그렇다) 또한 침낭의 공간을 줄이기 때문에 침낭 안에서 엄청나게 부피가 큰 옷을 입고 있는 것은 피해야 한다. 대표적인 실수가 침낭 안에서 확보 재킷을 입고 있고 다리는 추위에 그대로 두는 것이다. 이상적으로는 몸 전체를 따뜻하게 해야 하는데, 발이나 다리를 차갑게 하면 몸의 열기를 도둑맞게 될 것이다. 대신 나는 플리스를 벗어서 다리에 덮고(팔에 발을 꽂을 수 있다), 확보 재킷을 몸에 덮어(팔을 끌어 당겨서) 단열 효과를 최대한 활용할 것이다.(즉, 몸을 절반만 따뜻하게 하지는 말라는 말이다)

540

한 번에 밀어붙여 오를 수 있다고 믿는 루트에서 무게를 줄이고 싶다면, 침낭을 한 개만 가져가 두 명의 클라이머가 담요로 사용하는 것을 고려해봐라. 한 가지 단점은 비비색을 사용할 수 없다는 것인데, 블랙다이아몬드의 퍼스트라이트Firstlight 같은 경량 텐트를 가져가면 2인용 비비색으로 사용하거나, 더 낮게는 텐트로 사용할 수도 있다!

541

편안함은 침낭에 얼마만큼의 공기를 가둬둘 수 있는가보다 훨씬 더 많은 요인에 따라 좌우되기 때문에 침낭에 표시된 온도 등급을 곧이곧대로 받아들이면 안 된다. 편안함에 영향을 주는 요인들에는 당신이 얼마나 피곤한지, 침낭에 들어갈 때 얼마나 추운지/따뜻한지와 수분의 공급 상태, 허기의 정도 등이 포함된다. 요점은 편안해지는 것에는 모든 노력과 계획이 필요하다는 것이다.

파타고니아에 있는 피츠 로이Fitz Roy의 수페르카날레타Supercanaleta를 등반하는 저자

542

엄청나게 추운 날씨 속에서는 차가운 공기를 마시는 것이 체온을 떨어뜨릴 것이다. 뿐만 아니라 이렇게 차가운 공기는 침낭 안에서 숨을 쉬게 만들 것이다. 이것은 폐에 들어가는 공기의 온도를 높여줄 것이지만, 침낭에 들어가는 습기의 양 또한 늘어나게 할 것이다. 따뜻한 공기를 가둬주는 콜드 어벤저ColdAvenger 같은 안면 마스크를 사용하면 잠을 따뜻하게 잘 수 있을 것이고, 자는 동안 얼굴도 보호할 수 있을 것이다.

543

소변 통에 소변을 볼 때마다 물통에서 같은 양의 물을 마셔라. 이 두 개의 통이 뒤바뀌면 안 된다!

544

다운 침낭이라면 약간은 따뜻할 것이고, 말릴 수도 있을 것이다. 이렇게 하기 위해서는 뭉친 다운을 손가락으로 최대한 분리해 침낭 위쪽에 펼쳐놓는다. (뭉친 다운은 무거워서 옆으로 처진다) 이제 플리스나 확보 재킷 같은 것으로 다운 위에 추가 단열을 하고 침낭 안에서 잔다. 이렇게 하면 습기를 다운 밖으로 밀어내는 데 도움이 된다. 합성소재 침낭은 이 방법으로 말리기가 더 쉽다. 그리고 합성소재가 애초에 침낭에 습기가 침투하는 것을 막는 데는 가장 좋다.

545

만약 끓인 물을 가득 담은 날진Nalgene 물병을 침낭에 가지고 들어간다면, 침낭 안의 온도를 확 올려 단열효과를 촉진하는 데 도움이 될 것이다. 다리 사이가 두 개의 대동맥이 지나는 곳이니 물통을 다리 사이에 넣어라. 이렇게 하면 몸이 상당히 따뜻해질 것이다.

노르웨이에서 겨울 폭풍을 맞은 후 텐트를 파내고 있다.

산에서의 비박
546~555

546

여름밤은 짧고 그렇게 춥지도 않아 얇은 침낭만 가지고 갈 수 있고, 강인한 사람이라면 다운재킷만 있어도 견딜 수 있다. 가볍게 유지하고 싶다면 따뜻한 다운재킷을 입고 확보 팬츠와 비박색을 가지고 가라. 또한 배낭 안에 들어가 끓인 물을 채운 날진 통을 다리 사이에 넣고, 몇 시간 동안 자는 것을 목표로 하라. 그리고 늦게 끝내고 일찍 시작하라.

547

레지에 확보지점을 만들 때는 고정 확보지점과 두 번째 확보지점 사이에 줄을 연결하라. 이 줄에 모든 장비를 걸고 자기 확보를 하면 된다.

548

만약 확보지점에 딱 붙어 있으면서 동시에 움직이고 싶다면, 로프를 비박색 내에서 어디든지 충분히 움직일 정도로 묶은 다음, 프루지크와 미니 등강기로 길이를 조절하라.

549

앉아서 비박을 할 때는 배낭 같은 것을 이용해 옆으로 기댈 수 있도록 하거나, 눈으로 된 턱을 깎아 최대한 비스듬히 기댈 수 있도록 하라.

550

앉아서 하는 비박은 항상 조금 불편하고, 점점 엉덩이가 아프게 되지만, 며칠 동안 계속하다 보면 익숙해질 것이다. 다만, 서 있는 것보다는 낫다는 것을 기억하라!

551

다음 날 아침에 양말이 마르지 않고 발이 얼어붙을 것이기 때문에 내피를 신고 잠들면 안 된다. 며칠 동안 부츠를 벗지 않으면 동상에 걸릴 것이다. (근본적으로 발이 죽기 시작할 것이다)

552

부츠 내피를 항상 가지고 자야 하지만, 침낭에서 공간을 상당히 차지할 것이다. 말려야 하는 주요 부분은 깔창이므로, 그것을 꺼내 침낭과 옷 사이에 넣어라. 그런 다음 부츠 한쪽을 다른 쪽에 넣고 함께 묶어서 그것을 다리 사이에 넣어라.

553

해먹은 힘든 비박을 덜 힘들게 한다. 그 안에 누울 수도 있고, 발밑에 설치해 발 전체를 지지하게 할 수도 있다. 하고자 하는 것이 무엇이든 아주 다양한 방법으로 걸 수 있기 때문에 그물로 된 해먹이 아마 등반에는 최고의 스타일일 것이다.

554

돌멩이가 널려 있는 바위지대 레지에 있는데 시간이 있다면, 그곳을 평평하게 만들어라. 그리고 이 작업이 끝나고 나면, 대충 돌을 쌓아 벽을 만들어라. 이것은 일이 엄청나게 많은 것처럼 들리지만 좋은 비박 장비가 없다면 따뜻하게 해줄 것이며, 아무래도 벽이 있는 것이 없는 것보다는 나을 것이다.

555

축축한 양말과 장갑을 말리기 위해서는 침낭 속에서 피부에 닿게 두어라. 배 위에 올리거나, 겨드랑이에 넣거나, 다리 사이에 꽂아두면 된다.

길 찾기와 폭풍에 대한 전략
556~600

556

나침반의 빨간색 바늘 끝은 북쪽을 가리킨다. 뜨거운 남쪽을 가리킨다고 해서 빨간색이 아니다!

557

연습 없이는 길 찾기를 잘할 수 없을 것이며, 심지어는 길 찾기의 기초조차도 이해하지 못할 것이다. 그러니 밖으로 나가 A에서 B까지 어떻게 가는지 배워라. 기초를 배우기 위해서 '박스' 방식을 시도하라. 들판에 나가 배낭을 내려놓고 100미터를 걸어간 다음 몸을 90도 돌려 100미터를 간다. 거기서 다시 몸을 90도 돌려 100미터를 걷고 마지막으로 한 번 더 반복한다. 자신의 배낭으로 돌아왔는가?

558

맑은 날 스노도니아Snowdonia에서 하는 기초적인 길 찾기는 밤에 스코틀랜드의 산꼭대기에서 폭풍 속을 걸으며 길을 찾는 것과는 아주 다르다. 전자에서의 실수는 창피함으로 끝나겠지만, 후자에서의 한 번 실수는 죽음에 이르게 할 수도 있다. 기초를 배우고 난이도를 더 올려라. 밤에 몇 시간 나가 있는 것만으로도 기술을 갈고닦을 수 있다. 악천후에도 몸을 던지고 나면 곧 프로가 될 것이다.

559

지도와 나침반을 믿되, 육감과 직감은 믿지 마라. 전자는 항상 맞을 것이고, 전자를 뒤집는 후자는 항상 틀릴 것이다.

560

지나친 낙관주의나, 일어나기를 바라는 일을 현실에 적용하려는 의지가 길을 잃게 하지 마라. 만약 길을 잃고 갑자기 1시간 만에 50킬로미터를 이동했다는 생각이 든다면, 웜홀에 떨어지지 않은 이상 아마 틀렸을 것이다.

561

길을 찾을 때 항상 냉정을 유지하고 절대로 성급한 판단을 하지 마라.

562

만약 길을 잃는다면, 어디에 있는지 천천히 생각하라. 나침반을 이용해 실제의 동서남북과 지도의 동서남북이 일치하게 한 뒤(이것을 지도 정치라고 한다), 어디에 있는지 안다는 생각이 들 때까지 지도와 나침반을 오랫동안 살펴봐라.

563

동물의 이동로를 등산로라고 착각하지 마라. 동물의 이동로는 일반적으로 더 좁고, 원하지 않는 곳으로 이어진다.

● wormhole. 블랙홀(black hole)과 화이트홀(white hole)로 연결된 우주 내의 통로. [역주]

564

만약 길을 잃었다면, 내려갈 길을 확실히 알게 되거나 체온 저하로 죽을 것 같다는 생각이 들 때까지 높은 곳에 머물러 있어라. 지쳐서 외딴 계곡에 쓰러지거나, 다시 기어 올라가거나, 아니면 그저 구조를 기다리는 것은 좋지 않다.

565

밤에 길을 찾을 때 뚜렷하게 보이는 북극성과 함께 달과 별을 길 찾기 보조기구로 활용하는 것을 잊지 마라. 별에 대한 실용적인 지식은 유용하고 즐겁다.

566

어둠 속에서 복잡한 근거리 길 찾기를 할 때 가끔 헤드램프를 가려 풍경을 확인하는 것은 좋은 생각이다. 헤드램프의 빛이 비치면 보이지 않았을 주요 윤곽과 형태를 볼 수 있을 것이다.

567

어둠 속에서 등산로를 찾거나, 등산로를 따라가거나, 발자국을 찾고자 한다면, 헤드램프를 머리에 두르지 말고 손에 들어라. 특히 안개가 짙거나 눈이나 비가 온다면 더 그렇게 하라. 낮게 들고 가면 빛줄기 덕분에 그림자와 세부적인 것, 그리고 질감을 더 잘 찾을 수 있다.

568

지도의 축척을 한 가지로 유지하도록 하라. 1:50,000은 훨씬 복잡한 1:25,000보다 더 간단하고 덜 세밀하다. 한 축척에서 다른 축척으로 바꾸면 거리와 시간을 이해하는 데 시간이 좀 걸릴 것이다.

569

장비에 부착된 반사 테이프가 야간 산행에 직접적으로 도움을 주는 것은 아니지만, 매우 편리하다. 모두의 앞뒤에 반사 테이프가 붙어 있는지 확인하라. 어깨끈과 머리 뒤쪽(헤드램프 뒤에 붙이거나 꿰매라)에 패치를 붙여라. 방향을 잡고 한 줄로 걸을 때 앞에 있는 사람이 길을 벗어나면 뒷사람이 소리를 질러 알려줄 수 있기 때문에 이것은 매우 편리하다. 이것은 또한 구조 상황에서도 도움이 된다.

570

거리에 따른 시간은 계획을 세우거나, 또는 있어야 할 곳을 알고 싶을 때 정확한 계산을 하기 좋다. (일반적으로 사람은 100미터를 90초에 걷고, 1킬로미터를 15분에 걷는다) 하지만 미세한 길 찾기에서는 화이트아웃에서 돌아오게 해주는 페이스를 사용할 필요가 있다. 1페이스는 두 걸음으로, 오른발이 움직일 때마다 1페이스가 된다. 평지에서는 100미터를 가는 데 65페이스 정도면 되겠지만, 엄청난 힘으로 얼굴을 때려 눈에서 피가 나는 것처럼 느껴질 정도의 날씨가 아닌, 학교 운동장 같은 환경에서 먼저 시험적으로 재볼 필요가 있다.

571

걸음걸이 속도는 사면의 경사(급경사에 95페이스), 지형(중간 크기 자갈길에 75페이스), 눈의 깊이(120페이스), 어둠(75페이스), 안개와 바람의 영향을 받을 것이다.

572

기본적인 거리 계산이 필요하다면 땀을 너무 흘리지 마라. 하지만 근거리 길 찾기를 하고 있다면, 지뢰밭을 걷는 것처럼 신중히 하라. 그리고 숫자를 세라.

573

거리에 따른 시간을 계산할 때는 등고선이 10미터 높아질 때마다 30초를 더하라.

574

페이스와 시간을 로프 길이로 걸어서 확인할
수 있다. 만약 60미터 로프를 가지고 있다면,
그 길이를 걸어서 시간을 측정하고 페이스를
재라. (오른발이 나갈 때마다 숫자를 세라) 이제 이것을
60으로 나누고, 그 숫자를 100으로 곱해서,
100미터 시간을 계산하라. 그것을 적어놓아라. (그
숫자를 나침반과 지도 안쪽에 매직으로 적어놓아라. 지워질
때쯤이면 어쨌거나 알게 될 것이다)

575

만약 기억력이 나쁘다면, 지형별 페이스를 적은
작은 신용카드 크기의 페이스 카드를 만들어 지도
케이스 안쪽에 테이프로 붙여놓아라.

576

그 지역에 들어가기 전날이나 일이 까다롭게 될
것 같은 상태가 예상될 때 루트 카드를 만들어라.
중간지점이 아닌 동선을 계산하고, 방위와 고도,
거리, 예상 시간을 메모하라. 이것을 바깥쪽으로
향하게 지도 케이스에 붙여 놓아 확인할 수 있도록
하라.

577

시간을 분 단위로 계산하고 진행을 확인하기
위해 스톱워치를 사용하라. 날씨와 지형에 따라
조절하되, 움직이지 않을 때는 멈춰 놓는 것을
명심하라.

578

페이스 계측기를 만들어 배낭끈에
달아라. 일정한 길이의 3밀리미터
코드 끝에 견고하게 8자 매듭을 하라.
이제 아홉 개의 작은 코드록cord
lock을 거기에 끼워 넣고, 마지막
코드록에서 20센티미터 위에(전체를
끝으로 밀어 넣고), 코드에 매듭을 해서
코드록이 빠지는 것을 막고, 코드록을
네 개 더 끼워 넣는다. 이 네 개의
코드록이 1킬로미터를 표시해준다.
두 번째 8자 매듭으로 마감을 해준다.
거리를 측정하기 위해, 100미터를 갈
때마다 아홉 개의 코드록 중 한 개씩을
밀어주고, 1킬로미터가 되었을 때
1킬로미터 코드록을 내려주고 다시
시작한다. 5킬로미터 지점에서 모든
코드록을 내리고 다시 시작한다.

579

페이스를 계산한다면 100미터를 갈
때마다 소리를 쳐서, 만약 숫자를 세는
것을 잊어버린다 해도, 다른 누군가가
기억하게 하라. 이것은 또한 청각
기억에 기록될 것이다.

580

만약 정상에 도착했고, 거리 계산을 정확하게 해냈는지 확인할 필요가 있다면, 한 사람과 함께 한 방향으로 로프 하나 길이 정도(58미터 정도)의 '피치'를 달려간 다음, 두 번째 사람을 앞으로 보내고 이것을 반복한다. 이것은 우스운 일처럼 보일지 모르지만, 지금은 웃는다 해도 정상에 도착했을 때 서 있는 바위를 쳐다보지도 못하게 된다면 그렇지 않을 것이다.

581

만약 스키를 타거나 스노슈즈를 신었다면 속도가 다를 것이다.

582

산에 올라가기 전날 밤에, 계획한 하강을 할 수 없을 경우를 대비한 전략을 지도에서 확인하라. 그렇게 함으로써 대안의 기초를 수립하도록 하라.

583

시계를 사용해, 산에서 이동할 때 걸리는 시간과, 이야기를 하거나 자신이 지금 도대체 어디 있는지 알아내려고 소모하는 시간이 얼마나 되는지 판단하라.

584

고도계가 있는 시계는 위치를 확인하는 데 훌륭한 도구이다. 하루를 시작할 때, 또는 낮 동안 날씨에 의해 기압이 달라지는 경우, 고도를 알고 있는 곳에 도착하면 고도를 올바르게 맞추는 것을 명심하라.

585

손목시계가 소매나 장갑 속에 가려지는 것은 좋지 않다. 잘 보이게 하라. 옷 위에 차거나 배낭끈에 채울 수 있는 시스템을 갖춰라.

586

온도 변화는 고도계에 영향을 줄 수 있으므로, 이것은 고도계를 땀에 젖은 옷에서 꺼내두어야 할 또 다른 좋은 이유이다.

587

만약 목숨이 지도와 나침반을 들고 떠나는 것에 달려 있다면, 지도와 나침반을 한 개씩만 가지고 있지 말고 두 명이 동시에 길을 찾되, 한 명은 앞장서고 다른 한 명은 재확인하도록 하라.

588

어려운 길 찾기 구간의 대부분은 상대적으로 짧아, 집중 상태를 유지하는 것은 괜찮지만, 그 구간이 15분 이상이 되면 앞서가는 사람을 교대해줘라. (아니면 특별히 힘든 구간에서는 500미터마다 교대하라)

589

화이트아웃 속에 큰 절벽 근처에서 길을 찾고 있다면, 앞사람의 추락을 막을 만큼 충분한 길이의 로프로 매듭을 하고, 커니스를 따라서 일직선으로 걷고 있지는 않은지 세심한 주의를 기울여라.

590

화이트아웃에 큰 절벽과 가까운 곳에서 앞으로 나아갈 때는 페이스를 세고, 10페이스마다 눈을 뭉쳐서 앞으로 던져라. 그리고 그곳으로 걸어가 다시 던져라.

591

화이트아웃에서 사면의 경사를 판단하는 것은 어려울 수 있는데, 자신 앞쪽에 있는 스키 폴을 사용하면 도움이 될 수 있다. 평지에서 앞에 짚었을 때 어디에 있을지 파악한 다음, 그 방식을 적용하라. 또한 눈뭉치를 던진 다음 그것이 어디에 있는지를 보는 것도 방법이 될 수 있다.

592

정말 끔찍한 상황에서, 만약 길을 잃거나 벗어날 길을 찾지 못할까 봐 겁이 난다면, 왔던 길을 다시 내려갈 가능성을 검토하라.

593

만약 루트를 후퇴해 도로 내려가는 예비 계획을 세우고 싶지만 걸어서 먼저 가보고 싶다면, 가장 높은 지점에 최대한 크게 눈으로 이정표를 만든 다음, 함께 로프를 묶고 각 로프 길이 끝에 다른 이정표를 만들어라. 돌아가는 길을 찾을 때 이정표 한 개를 찾으면, 다음 이정표는 로프 길이만큼 떨어져 있다는 것을 알게 될 것이다.

594

GPS를 가지고 있다면, 사용법을 확실히 익히고 지퍼 백에 여분의 배터리 세트를 가지고 다녀라.

595

나침반이 어떻게든 몸에 연결되어 있게 하라. 바람에 날려 쌓인 눈 더미 속에 떨어뜨리면 찾기 힘들다.

596

방수 지도를 이용하더라도 방수 지도 케이스를 사용하되, 보폭이나 방향과 같은 중요한 정보는 지도에 보드마카로 적어 놓아라.

597

지도 케이스를 항상 사용하는 것은 좋은 생각이다. 왜냐하면 정말 충격적인 날씨에는 그것이 몸에 매달려 있을 필요가 있기 때문이다. (지도가 날아가서 구조를 받아야 했던 경우를 나는 최소 한 팀은 알고 있다) 번지 코드를 와이어게이트 카라비너에 연결해 이 코드를 배낭끈에 걸고, 지도를 어깨끈 아래에 집어넣어 아래를 바라보면 관련 영역을 볼 수 있게 하라.

598

만약 미세한 길 찾기를 하고 있다면(몇백 미터를 가면서 방향을 몇 번 바꿔야 하는 복잡한 지역을 지나가고 있다면), 엄지를 지도에 올려놓고 몇 분마다 거리와 방향을 계속 확인하라.

599

팀의 인원이 많다면, 모두에게 번호를 부여하고 모두의 위치를 확인하기 위해 자신의 번호를 차례로 소리치게 하라. 한 사람을 리더('하나')로 정해 리더가 '하나!' 하고 외치면, 모두 대답하게 하라. ('둘!', '셋!' 등등) 만약 거센 폭풍 속에 있다면, 이것은 팀원들에게 고립되지 않고 그룹의 일원이라고 느끼게 하는 데 도움이 된다.

600

길을 찾는 것이 어렵고, 몸의 세포 하나하나가 "여기서 벗어나!"라고 소리를 지른다면, 심호흡을 하고 카마수트라Kama Sutra를 따르라. "무엇을 하든 절반의 속도로 하라."

• 고대 인도의 힌두 성전(性典)

어디서 시작해야 하나?

수리 키트

601~633

601

어떤 루트를 가든, 수리를 할 수 있는 키트를 가지고 가는 것은 좋은 생각이다. 이 키트는 찢어지고 닳아버린 장갑을 꿰맬 수 있는 바늘과 실에서부터 아주 광범위해, 처음부터 자신만의 키트를 만들 수 있다. 다음은 필요할지도 모르는 품목인데, 오랫동안 외지로 갈 때 나라면 이 모두를 가지고 갈 것이다.

602

양질의 바늘을 몇 개 항상 가지고 다녀라. 이런 바늘은 슈퍼마켓에서 사지 마라. 돛을 수리하기 위해 설계되었고, 튼튼한 물건 작업에도 좋은 양질의 돛 꿰매는 바늘을 사라.

603

양질의 폴리에스터가 섞인 실을 사용하고, 잘라낸 연필이나 재봉틀 실패(고무 밴드로 고정하라)에 감아라. 또한 못 쓰는 신용카드에서 두 면의 일부를 잘라내면 거기에 실을 감을 수도 있다. 이렇게 하면 평평한 실패를 얻을 수 있다. 아무 쓸모없는 아메리칸 익스프레스American Express 카드가 아니라면, 신용카드는 요긴하게 쓰일 수도 있다.

604

굳고 단단한 것에 사용할 수 있게 튼튼한 돛 수리용 실을 가져라. 보통 이것은 왁스가 발라진 고강도이지만, 전용 바늘이 필요하고 바늘을 밀어낼 수 있는 강한 어떤 것이 필요하다. (이것을 배낭끈을 수리하는 데 사용하라)

605

실 꿰는 도구를 두어 개 가져라. 무게가 전혀 느껴지지 않는 이것은 장갑을 끼고 염병할 바늘에 실을 꿸 때면 생명의 은인이 될 것이다.

606

옷단에 고무줄이나 코드를 꿰도록 만들어진 돛바늘 한 개를 챙겨라. 이것은 낙타를 아주 작은 구멍에 넣는 것처럼 다른 많은 일에도 편리할 수 있다.

607

튼튼한 경량 옷핀 (크기별로 1호, 2호, 3호)

608

섬세한 손가락을 보호해줄 골무를 잊지 마라. 거대한 바이킹족 같다는 인상을 주고 싶다면 위스키를 마실 때 사용할 수도 있다.

609

대가리가 플라스틱으로 된 핀 열 개(플리스 조각에 끼운 것). 천을 결합시켜 다시 붙여 꿰맬 때 필수적이다. 다른 바늘과 함께 튼튼한 천에 끼워라.

610

1밀리미터 연줄 3미터.

611

텐트, 캠, 자루 임시 수리용
2밀리미터 다이니마 코드 3미터.

612

파라코드 30미터.
펄론Perlon보다 싸고, 여분의
신발 끈(30미터 신발 끈은 대단한
허세이니 잘라서 사용하라),
빨랫줄과 음식용 줄, 타프 설치
등 수만 가지 일에 유용하다.

613

4밀리미터 번지 코드 2미터.

614

25밀리미터 벨크로(암수)
30센티미터.

615

단추 세 개. 지금 이 시대에 왜
단추가 필요한가? 글쎄, 텐트나
침낭, 재킷의 지퍼가 부서지면
상당히 편리할 수 있다. 뿐만
아니라 자포자기 심정이라면
'단추 축구'를 할 수도 있다.

616

작은 쪽가위.

617

여분의 라이터. 라이터는 시답지 않은 잡동사니이지만,
여분이 없다면 항상 무슨 일이 생겨 하나 더 있었으면
하고 바라게 된다.

618

작은 너트, 볼트, 와셔 한 개(3밀리미터에 20밀리미터).

619

연필이나 신용카드에 감은 청테이프 몇 미터.

620

작은 방수 노트. 메모를 하거나, 지도를 그리거나,
루트의 정보를 적거나, 또는 긴 원정 뒤에 얼마나
많은 것을 잃어버렸는지 파악하는 데 편리하다. 또한
자포자기 상황이라면 체스 세트를 만들 수도 있다.

621

초강력 접착제. 터질 때를 대비해 비닐봉지 두 겹으로
싸서 보관하라.

622

시계 배터리 여분. 일찍 일어나야 할 필요가 있는
알파인 원정등반에서 죽은 시계를 가지고 있는 것은
좋지 않다.

623

알루미늄 쇠틀 10개. 이것은 다양하게 쓸모가 있으며 멀티툴이나 망치만으로도 구부릴 수 있다.

624

구리선 1미터. 온갖 잡동사니를 수리하는 데 사용할 수 있고, 심지어는 질긴 원단의 바느질에도 쓸 수 있다. 나는 캠의 트리거를 새로 만들 때나, 스토브의 부서진 버너 헤드를 잡아주는 데 구리선을 사용한 적도 있다.

625

15밀리미터 패스텍스Fastex 버클. 이것은 크램폰의 끈을 잃어버리거나 가슴 버클이 부서졌을 때 유용하다.

626

버클에 끼울 15밀리미터 폭 나일론 끈 1미터.

627

15밀리미터 래더락ladderlock 버클 한 개.

628

봉지클립 세 개. 이것은 별별 용도로 다 쓰인다. 사실은 곧 더 가지고 있었으면 하고 바라게 될 것이다. 주 용도는 설탕, 우유, 발에 바르는 분 등을 밀봉하는 것이지만, 텐트를 수리하는 데도 사용할 수 있다.

629

텐트와 옷을 수선하기 위한 스피니커Spinnaker나 마일라Mylar 테이프 롤. 이것은 원하는 곳에 꿰매거나 붙일 수 있다.

630

플라스틱 케이블 타이.(큰 것과 작은 것) 추위에도 부서지지 않는 양질의 타이를 다양한 크기로 구입하라. 여러 개의 타이를 결합해 길게 만들 수도 있다.

631

메탈 케이블 타이.(작은 것) 더 비싸지만, 더 튼튼하고 녹지 않아 스토브와 냄비를 고치는 데 유용하다.

632

중간 크기의 호스 클램프 두 개. 스키나 텐트 폴을 고치는 것같이 알 수 없는 작업에 편리한 또 다른 작은 철물 조각.

633

플라스틱 명함상자. 한 장소에 작은 수리 키트를 모두 보관할 수 있는 매우 유용한 작은 상자.

파타고니아에서의 크레바스 비박. |사진| 이안 파넬

피난처
634~653

634

인터넷에서 다양한 피난처에 대해 읽어보고, 유튜브에서 영상을 봐라. 하지만 이 정보의 대부분은 북미의 오지에서 사용할 용도이고, 대부분의 일회용 설동을 피난처로 파서 쓰는 클라이머에게는 필요 이상으로 과하다는 점을 기억하라.

635

눈을 쌓을 만한 도구가 없다면 헤드의 애쯔adze를 최대한 활용하라. 손목걸이 끈이 없는 현대적인 아이스툴은 반듯한 알파인 아이스액스보다 훨씬 못하고, 뭉친 눈을 끌어오고 다지는 데는 보통 피크가 가장 좋다.

636

만약 삽이 없다면, 배낭의 플라스틱 등판 프레임과 아이스액스로 필요 없는 부분을 긁어낼 수 있다.

637

산행에서 설동을 파는 데 이상적인 도구는 손잡이 부분이 짧아지거나 완전히 길어지는(한 개는 가볍게 구멍을 파는 데, 두 개는 호화롭게 만드는 데) 양질의 삽이고, 파기 전에 눈/산사태 탐침으로 눈의 깊이를 확인하라. (긴 대나무를 테이프로 붙여 사용할 수도 있다) 이 모든 것은 임기응변으로 만들 수 있다.

638

만약 배낭에 알루미늄 막대가 있다면, 부드러운 눈을 덩어리로 자르는 데 사용할 수 있다.

639

설동을 파면 아주 더워질 것이고 젖게 될 것이므로, 옷을 벗고 방수복을 입어라. 책에는 항상 이 내용이 있지만, 직접 설동을 파보기 전까지는 믿지 않을 것이다.

640

항상 100/20퍼센트 규칙을 따르라. 충분히 크다고 생각할 때 거기서 20퍼센트를 더 크게 하라. 그 안에 모든 장비를 가지고 한 번 들어가면 다시는 움직이고 싶지 않을 것이기 때문이다.

641

둘이 있으면, 한 사람은 폼매트에 무릎을 꿇고 눈을 다리 사이로 밀어내고 다른 사람은 그것을 삽으로 퍼내라. 다른 방법으로는 마치 폼매트 컨베이어 벨트처럼 두 번째 사람이 몇 분마다 매트를 끌어내 눈을 버리는 방법이 있다.

642

비상 설동은 앉거나 머리부터
발끝까지 넣고 잘 수 있을 정도의
크기면 된다. 잠시 사용할 것을
이보다 더 크게 하는 것은 에너지
낭비이다.

643

설동을 팔 때 기본적인 규칙을
따르라. 작은 환기구를
만들어(스키폴을 사용하라) 산소가
들어오게 하고, 벽을 매끈하게
만들어 물방울이 떨어지지 않게
하라.

644

초를 켜 놓으면 설동을 따뜻하게
하면서 산소 농도의 지표 역할도
할 것이다.

645

산소 농도를 확인하고 싶다면
라이터를 켜봐라. 불꽃이
생기지 않는다면 문제가 있을 수
있으므로, 바람을 좀 쐬어라.

646

타프가 있는 상황에서 설동을 파는 더 빠른 방법은
팀이 들어가기에 충분한 크기(머리부터 발끝까지)의
구멍(동굴)을 넉넉한 공간에 함께 앉을 수 있을 만큼
충분히 깊게 파고, 타프를 구멍 위에 덮은 다음,
아이스액스와 스키폴 또는 누운 피톤(옆으로 묻은
아이스스크류)으로 고정하는 것이다. 스키가 있다면
타프를 덮기 전에 구멍 위에 놓으면 된다. 이제 타프에
눈을 얇게 뿌려 펄럭 거리는 것을 막아주고 약간의
단열 효과를 주어라. 마지막으로, 아래와 안쪽을
파내라. 타프에 물방울이 응결될 것이다. 이 말은
이것이 하루나 이틀 밤을 지내기에는 가장 좋고,
상당히 빨리 팔 수 있다는 뜻이다.

647

설동 입구에 구덩이를 깊이 파라. 이 구덩이는 찬
공기를 잡아주고, 설동에 들어가기 쉽게 해주며, 음식을
만드는 사람이 편안하게 앉기 좋은 공간을 제공한다.

648

눈에 어깨 넓이, 허리 깊이로 길이가 3미터 정도
되는 도랑을 파는 법을 배워라. 이제 눈덩어리를
잘라낸 다음, 하나를 다른 것에 기대서 이 도랑에
지붕을 얹어라. 이 끝 부분의 눈을 파고 그 간격을
부드러운 눈과 더 많은 눈덩어리로 채워라. 한쪽
끝에서 미끄러져 들어가고, 이 끝은 바람이 바뀌어도
눈이 들어오지 않도록 눈으로 된 벽으로 막아 보호할
수 있다.(터널 텐트처럼, 바람을 향하는 끝이 닫히게 한다)
다시 끝에 구덩이를 만들어 찬 공기를 가두게 하라.

안에서 머리를 맞대고 잘 수도 있고, 아니면 측벽을 조금 깎아내 나란히 잘 수도 있다. 이것을 만드는 데 이상적인 도구는 삽과 눈 톱이다. 이 피난처가 얼마나 효율적이냐고? 글쎄 내가 아는 사람 중에 기온이 영하 50℃까지 내려가는 데날리Denali의 겨울 날씨에 이 안에서 살아남은 사람이 몇 명 있다.

649

설동에서 하루 이틀 이상의 시간을 보내야 한다면, 거주하기에 더 적합하도록 만들 계획을 세워야 한다. 설동을 확장하는 것으로 시작해 측벽을 건드리지 않도록 하고, 수면 공간을 높여라. (아니면 안쪽 앞 모서리를 따라 도랑을 파고 눈덩어리를 파내 서 있을 수 있고, 더 편안하게 앉을 수 있으며, 동시에 차가운 공기를 잡아주는 공간을 만들어라)

650

며칠 또는 일주일을 설동에서 사는 것은 재미있거나 완전 더럽거나 둘 중 하나이다. 올바른 장비가 차이를 만든다. 날씨가 아무리 나쁘다고 해도, 침낭에서 시간을 보내는 것은 건강에 좋지 않으므로 무엇인가 생산적인 일을 하라. 벽에 선반을 깎으면 거주 공간을 깔끔하게 정리하는 것을 훨씬 수월하게 해주고, 합성소재의 확보 팬츠와 부츠가 있다면 침낭에서 나와 카드놀이를 하거나, 이야기를 하거나, 벌거벗고 레슬링(성적 욕구불만을 해소하기 위한 좋은 방법)을 할 수도 있다.

651

설동에서 몇 주를 보내거나 통틀어 몇 달을 보낸다면, 단연코 좋은 삽 외에 필요한 가장 중요한 물품은 좋은 책 한 권이나 여러 권이다.

652

생활공간에 눈과 얼음이 없고, 장비를 젖지 않게 보관할 수 있기 때문에 설동 안에 비닐로 된 그라운드시트가 있다면 좀 더 뽀송뽀송해질 수 있다. 설동 안에서 눈과 얼음은 항상 젖어 있을 텐데, 이것이 설동이 효과 있는 이유이다. 이것은 공기와 거주자 그리고 장비를 결빙 온도 이상으로 유지하게 도와준다.

653

알파인과 원정등반의 삶을 고려한다면, 하루 날을 잡아서 설동을 파는 연습을 하라. 종종 실전에서 첫 번째 설동을 파게 될 때는 상황이 완벽하지 않을 것이기 때문이다.

아이거의 러시안 루트에서 즐기는 5성급 비박

음식
654~690

654

비좁은 레지나 앉아서 비박을 하는
경우같이 옹색한 자리에서 식사를 해야만
한다면, 음식과 식사 준비를 최대한
간단하게 하는 것이 필수이다.
미군은 일일 필요 열량을 채울 수 있도록
만들어진 전체 식사를 담은 MRE(Meal,
Ready-to-Eat, 먹을 준비가 된 음식) 파우치를

군인에게 나누어주곤 했다. 문제는 전쟁
상황의 아프가니스탄 산속에서 싸우면서,
MRE가 너무 무겁거나 부피가 크다는 것이
드러났다는 것이다. 뿐만 아니라,
군인들은 그것을 조리할 시간도 마음도
없었다. (MRE 파우치에는 물을 넣으면 열이 나는
발열 주머니가 들어 있다) 이것은 군인들이

음식을 남겨 두고 가거나, 무거운 잡동사니를 모두 버리고(포장이 무게의 높은 비율을 차지했다), 이동 중에 먹을 수 있는 음식만 챙겨갔다는 뜻이다.

결과적으로, 3일 안에 소비할 수 있는 2,900칼로리(단백질이 14%, 지방이 34%, 탄수화물이 52%)의 FSR(First Strike Ration, 선제공격식량)이라고 하는 압축 음식이 개발됐다. 그 뒤에는, MRE로 전환해야 한다. 그렇지 않으면 군인들이 작전 수행능력 저하를 보인다.

이것이 등반과 무슨 상관이 있냐고? 글쎄, 군인들의 세계는 산악인과 알피니스트의 그것과 같은 맥락이다. 무거운 것을 지고, 원거리를 이동하며, 적대적인 환경 속에 야영을 하고 항상 최적의 성능을 발휘해야 한다.

FSR은 샌드위치(포장), 분말 음료 두 봉지, 에너지 바 두 개, 조식용 바 한 개, 육포 두 봉지, 견과류/트레일 믹스, 거기에 화장지와 성냥, 소금, 물수건이 들어 있다. 나에게 이것은 하루나 이틀이 걸리는 루트를 위한 알파인 음식의 좋은 출발점처럼 들린다.

655

내 '알파인 FSR'은 그날그날 지퍼록Ziploc에 사람별로 만들어져 있어, 등반 전에 건네줄 수 있게 되어 있다. 내용물은 다음과 같다.

- 뮤즐리 바 (대) 한 개 (아침식사)
- 땅콩 (소) 한 봉지 (오전 간식)
- 육포 스틱 (소) 두 개 (점심, 간식 또는 저녁)
- 치즈 조각(삼각형) (소) 두 개 (점심, 간식 또는 저녁)
- 귀리 비스킷 (소) 한 봉지 (점심, 간식 또는 저녁)
- 소분된 버터 한 봉지 (귀리 비스킷용)
- 마요네즈 한 봉지 (점심, 간식 또는 저녁)
- 쿠스쿠스 한 봉지 또는 연속적으로 등반을 한다면 크림치즈를 바른 베이글 (저녁)
- 수프 한 컵 (저녁)
- 에너지 젤 두 개
- 티 백 두 개
- 스포츠 드링크 한 봉지
- 쫄깃쫄깃한 사탕 한 봉지
- 두루마리 화장지 한 개

작은 양파 한 개, 마늘 한두 쪽, 소금, 후추, 방울토마토, 또는 음식에 양념을 할 수 있는 어떤 것이라도 가져가라.

656

4시간마다 먹는 것이 운동능력을 유지하고 한계에 부딪치는 것을 피할 수 있는 가장 좋은 방법이라는 것을 이해하는 데 많은 시간이 걸렸다. 아침을 새벽 5시에 먹고 저녁 10시에 국수를 한 봉지 먹을 때까지 아무것도 먹지 않는 것은 어떤 스포츠에도 도움이 되지 않는다.

657

FSR 모델의 뒤를 이어, 커피나 차를 마시면서 아침으로 뮤즐리 스타일의 바를 먹어라. 이것은 침낭 안에서나 짐을 정리하면서 먹을 수 있다.

658

마지막 한두 입 정도는 남겨 2시간 뒤에 먹을 수 있도록 주머니에 넣어 두는 습관을 들여라. 이러한 추가 공급은 에너지의 양을 유지시키는 데 도움이 될 것이다. (4시간마다 먹는다는 것을 기억하라)

659

좀 더 전통적인 것을 원한다면, 작은 봉지에 담겨 있어 물만 넣으면 되는 즉석 죽을 먹어라. 물이 없으면 그냥 먹거나 다른 음식에 넣어 몇 분간 수분을 흡수하게 해서 먹을 수 있다.

660

하리보Haribo 같은 젤리는 힘들게 움직일 때 사기와 에너지 둘 다를 높여주는 데 좋다. 치아건강에 해로우니 너무 많이 먹지는 마라.

661

사탕은 물이 떨어졌을 때 눈과 훌륭한 조합이다. 사탕을 빠는 동안 눈을 입에 집어넣으면, 갈증이 가실 것이다.

662

물이 떨어져 눈을 먹어야 한다면, 대신 물을 더 얻을 수 있는 얼음을 먹어봐라. 하지만 얼음에 들어 있는 돌과 먼지를 항상 조심하라. 이것은 이가 깨지거나, 삼켰을 때 배탈이 날 수 있다.

663

눈이나 얼음을 먹는 것은 체온이 낮아지게 할 것이므로, 목을 축일 정도로만, 노란 것들을 잘 건져내고 먹어라.

664

영국 해병대에 있는 친구 하나가 젯보일Jetboil이 군대의 식사에 혁명을 가져왔다고 이야기해주었다. 모두가 자신들의 여분 탄약 주머니에 한 개씩 가지고 있어, 멈추는 순간에 — 그것이 몇 분이라 할지라도 — 들리는 소리라곤 스토브가 끓어오르는 소리뿐으로, 목에 젖은 것을 넣어 줌으로써(너와 나에게 차 한 잔), 수분 공급도 향상시키고 칼로리도 섭취(우유와 설탕)하며, 가장 중요한 것은 사기를 진작시킨다는 것이다. 알파인 루트에도 같은 방법을 응용해, 시간과 가스가 있을 때는 끓여라! 이렇게 하기 위해, 끓이는 데 쓰는 모든 장비가 배낭의 가장 위에 있는지 확인하라. (스토브, 라이터, 가스, 차 등)

665

매달 수 있는 스토브가 있다면, 어디에서나, 심지어는 확보지점에 매달려서도 끓일 수 있다. 스토브를 꺼내 눈을 가득 채운 다음 끓이면 된다.

666

젯보일Jetboil이나 MSR 리액터Reactor의 경우에는 움직이면서 냄비로 직접 마실 수 있다. (입술이 데지 않도록 냄비의 테두리에 작은 테이프 조각을 붙여라)

667

등반지에 접근을 하면서 열량을 추가적으로 소비할 것이기 때문에 등반을 시작하기 전에 음식을 더 섭취하라. 조리가 빠른 파스타나 국수를 치즈나 소스와 함께 먹으면 된다.

668

만약 루트를 빠르게 올라가려 한다면, 가스통을 추가로 가져가 아침에 물을 더 녹여 마시는 것을 고려해봐라. 몇 그램의 가스가 없어서 목마르게 하루를 시작하는 것은 형편없는 계획이다.

669

나는 마시기가 힘들었지만, 딘 포터Dean Potter는 속도등반을 하기 전에 항상 일반 스포츠 음료에 귀리 가루를 넣어서 먹는 것이 큰 효과가 있다고 장담했다.

670

대부분의 스토브는 눈으로 물을 끓이는 속도가 빠르지만, 눈을 녹여 차가운 물로 만드는 속도는 더 빠르다. 그러므로 연료가 적다거나 병을 채우기만 하면 된다면, 물을 끓이느라 연료를 낭비하지 마라. 하지만 바이러스나 박테리아가 있을지도 모르니 차가운 물을 마시지는 마라.

671

만약 하루가 끝날 즈음 1리터 물병에 상당히 많은 양의 물이 남아 있는 것을 발견한다면, 그 대신 더 작은 500밀리리터 날진 물통을 가져가고, 물이 떨어지면 멈춰서 스토브를 이용해 다시 채워라.

672

티백은 가벼워서 나는 하루에 두 개를 사용한다. 다 떨어지거나 나눠서 쓰는 것은 정신건강에 좋지 않다. 나는 한 개는 아침에 쓰고, 다른 것은 먹기 전에 (모두의 수분공급을 위해) 사용한 다음, 두 번째 사용한 것을 자기 전에 한 번 더 사용한다.

673

만약 티백이 모자랄 것 같으면, 각자의 머그컵에 한 개씩 넣지 말고 한 개를 냄비에 넣어라.

674

차가 떨어졌을 때 끓는 물에 사탕을 녹이면 약간의 맛이 난다. (나는 이 '달콤한 차가 유일한 먹을 것이었던 몇몇 클라이머를 안다!)

675

분유를 넣은 지퍼 백을 다른 지퍼 백에 넣고, 다시 이것을 롤톱roll-top으로 된 잡주머니에 넣어라. 이렇게 하면 지퍼 백이 터져도 소중한 우유가 낭비되는 일은 없을 것이다.

676

분유를 나눠줄 수 있게 분유 봉지에 작은 숟가락을 넣어 놓는 것을 고려해봐라. 컵마다 한 숟가락씩을 원칙으로 하고, 마실 사람이 젓도록 하라.

677

각자 자기 숟가락을 가지고 있어야 하고, 그 숟가락이 어디에 있는지 아는 것 또한 각자의 책임이다. 그렇다 해도, 가벼운(플라스틱) 여분의 숟가락을 항상 가지고 다녀라.

678

먹지 않을 때 숟가락을 항상 보관하는 장소를 정하라. 나에게 이 장소는 확보 재킷의 가슴 포켓(칫솔과 함께)이다.

679

숟가락에 작은 카라비너가 달려 있다는 말은 잠시 바닥에 내려놓지 않고 어딘가에 매달아 놓을 수 있다는 뜻이다. 숟가락을 '내려놓으면' 보통 다시 찾기가 어렵다. 숟가락에 구멍이 없다면 하나 뚫어라.

680

에너지 젤은 영양 공급용으로 훌륭하지만, 산에 도착하기도 전에 터지는 고약한 일이 종종 있고 집에 돌아오고 나서는 잊어버리기 쉬우니, 플라스틱 용기에 담아서 가지고 다니는 습관을 들여라.

681

만약 사흘이 넘는 등반을 한다면, 알파인 FSR을 칼로리가 더 많은 음식으로 바꿔라. (봉지에서 바로 조리할 수 있는 건조식품이 이상적이다) 이런 음식은 파스타 한 묶음보다는 미미하게 무겁고 비싸지만, 아주 가볍고 작고 맛이 좋으며, 준비하는 데 최소한의 시간만 있으면 된다. 난리법석인 레지에서나 찌그러진 텐트 안에 박혀 있다면 파스타를 만드는 것은 결코 쉽지 않다. 양질의 건조식품(퓨이전Fuizion, 마운틴 하우스Mountain House, 드라이테크DryTech)을 가져가서 표시된 곳(300밀리리터 정도)까지 뜨거운 물을 붓고, 뚜껑을 닫고, 10분을 기다리면 봉지에서 바로 먹을 수 있다.

682

봉지에 물을 붓기 전에 봉지를 쥐어짜서 내용물을 잘게 부수고 섞어라. 물을 붓고 난 다음에 이것을 한 번 더 하라.

683

손잡이가 긴 숟가락을 사용하면 구석구석까지 음식을 긁어먹기가 훨씬 쉽다.

684

물을 넣은 다음 봉지를 재킷 안에 넣되, 똑바로 세워 넣어라. 스튜를 자기 몸에 쏟아버리는 것은 낭비이면서 지저분해지는 일이다.

685

식사를 마친 뒤에는 음식 봉지를 접어 일회용 음식 주머니에 모두 집어넣고, 공기를 빼서 밀봉하라.

686

음식 봉지에 소변을 보거나 물을 따라서 마실 수도 있다. (그렇지만 이 순서대로는 안 하는 것이 좋다) 아니면, 눈을 채워 텐트를 고정하는 데 쓸 수도 있다.

687

초콜릿은 빡빡하고 진해서 루트를 등반할 때 가지고 갈 최고의 식량은 아니다. 나는 후식이나 팀이 기진맥진할 때 식전 '기운을 차리게 해주는 애피타이저'로 비스킷을 가지고 간다. 진저 비스킷같이 건강을 생각한 비스킷이 좋다. 꼭 나눠먹도록 하라!

688

나는 3인조로 2013년 겨울 아이거에 있는 러시안 루트Russian route를 공략하며 벽에서 5일을 보냈다. 우리에게는 티타늄 컵 두 개와 큰 계량컵 한 개가 있었는데, 하루를 마무리할 때 '그날의 사나이'를 뽑고, 뽑힌 사람은 차와 아침식사를 계량컵에 먹었다. 나는 계량컵이 크기는 하지만, 작은 컵과 같은 양의 차가 담긴다는 것을 알고 있었다. 하지만 이것은 항상 사기를 진작시켜줬다. 이것이 음식과 무슨 상관이 있냐고? 없다. 하지만 단순한 칼로리 계산에만 빠져 있지 말고, 음식과 음료가 팀에 미치는 긍정적인 심리 역할을 망각하지 마라.

689

메뉴를 정할 때, 국물이 있거나 없거나, 뜨겁거나 차갑거나, 루트 상황에 식사와 식사시간을 맞추거나, 여러 가지 방법으로 다양하게 먹을 수 있는 음식을 선택하라.

690

언젠가 더그 스콧Doug Scott은 저녁에 마시는 차와 스낵은 더 넓은 범위에서 훨씬 큰 효과가 있다고 나에게 말했다. 이 말은 팀이 한계에 부딪힐 위험이 없이 밤까지 등반을 이어갈 수 있다는 뜻이다.

응급처치
691~708

691

며칠 동안 등반할 때는 기본적인 구급상자를 항상 가지고 가라. 이것은 구급상자라고 쓰인 작은 방수 주머니에 들어 있어야 한다. 안에는 소형 접이식 가위, 옷핀 6개 (크기 1 두 개, 크기 2 세 개, 크기 3 한 개), 반창고 몇 개, 마이크로포어Micropore 테이프 한 롤(폭 1.25센티미터에 길이 5미터), 뭉툭한 연필이나 신용카드에 감아진 청테이프 1미터, 상처 드레싱 한 개, 가벼운 진통제(파라세타몰/이부프로펜), 핀셋 작은 세트(가시와 진드기 용)를 챙겨라. 이것은 가벼운 부상을 처리할 수 있으며, 옷과 함께 더 심각한 부상에도 사용할 수 있다. (골절 등)

692

만약 오랫동안 걸어야 하고, 특히 피곤하고 더러워질 것이라면, 즉 야외로 나간다면, 윤활크림이나 바셀린(작은 것)은 가져갈 만한 가치가 충분히 있을 것이다. 이것은 피부의 마찰과 쓸림을 막아준다. 한번은 피츠 로이에서 걸어 돌아오는 길에 이 문제가 너무 심해져, 나는 마지막 남은 버터를 사용해야 했다!

693

원정등반에서 가장 큰 고통을 주는 것은 아주 작은 것들이다. 그러므로 외상용 키트를 가져가는 대신 작은 무좀약을 가져가는 것을 잊지 마라.

694

발을 잘 돌봐주면 발이 당신을 돌봐줄 것이다. 눈으로 문지르든 물티슈로 닦든, 가능하면 매일 발을 닦아줘라. 발이 마르고 나면, 파우더를 바르고(가능하면 살균용으로) 마른 양말을 신은 후, 젖은 것은 옷 속에서 말린다. 손발톱을 짧게 하고, 발의 각질과 굳은살은 원정 전에 제거하라.

695

다른 나라에는 평소에 익숙하지 않은 벌레가 있을 수 있기 때문에 집에서 나왔을 때 감염에 무관심해서는 안 된다. 상처는 비누로 깨끗이 씻어낸 다음 마이크로포어 테이프로 감싸라. 만약 상처 부위가 젖으면 밤에는 테이프를 제거해 상처가 마르도록 하라.

696

요세미티를 등반할 때 나는 보통 차나무 기름을 손발에 바른다. 이것이 가벼운 감염이나 무좀을 해결해준다는 것을 알고 있기 때문이다.

697

통기성이 낮은 멤브레인 소프트쉘이나 하드쉘 같은 옷을 겹겹이 입고 자는 것을 피하라. 이렇게 하면 완전히 마르지 않아 사타구니가 썩게 될 것이고, 없애는 데 오래 걸릴 것이다. (이것은 기본적으로 균류에 의한 감염이다)

698

산악인이 절대적으로 알고 있어야 할 가장 중요한 세 가지 응급처치 기술은 ㉮ 심폐소생술CPR, ㉯ 저체온증을 초기에 발견하고 치료하는 것, ㉰ 머리와 척추 부상으로 의심되는 증상을 다루는 법이다. 이것들 모두 특별한 장비가 필요하지는 않지만, 친구나 자신의 생명을 구해줄 수 있다. 이 부분은 읽지만 말고, 강의를 들어 머릿속에 집어넣어라.

699

적십자 훈련의 날부터 치실로 동료를 꿰매는 것을 배울 수 있는 야생 응급처치의 날까지, 그것이 무엇이든 응급처치 코스를 들어라.

700

몇 주간의 원정에서는 베이스캠프에 둘 수 있는 더 큰 구급상자를 가지고 가라. 강력한 진통제와 일반적인 항생제, 그리고 작은 치아 관련 약을 포함시켜라.

701

짐 더프Jim Duff와 피터 곰리Peter Gormly가 쓴『포켓 응급처치와 야생 의학Pocket First Aid and Wilderness Medicine』이라는 책 없이는 어떤 해외 원정도 가지 마라. 이것은 생명의 진정한 은인인데, 내가 아는 사람은 이 책의 내용만을 길잡이 삼아 팀원 하나의 치질 처치 절차를 진행했다.

702

'이스라엘 붕대Israeli bandage'는 좀 더 광범위한 개인용 구급상자와 원정용 구급상자에 포함시키면 확실히 좋다. 반세기 동안의 전쟁과 유혈 사태를 기반으로 한 이 붕대는 일종의 '스테로이드 붕대'이다. 이것은 흡수력이 아주 높으며, 보통 붕대로는 할 수 없는 다양한 처치에 활용할 수 있다.

703

고려해볼 필요가 있는 또 다른 현대 군용 품목은 퀵클랏QuikClot인데, 이것은 상처에 뿌려서 빠르게 출혈을 멈출 수 있는 가루이다. 군용으로 만들어졌지만, '퀵클랏 스포츠QuikClot Sport'라고 불리는 작은 봉지를 살 수 있다.

704

임시변통의 부목을 만들어야 한다면, 배낭 속의 프레임 판, 텐트 폴, 매트리스, 또는 이것들을 합쳐서 사용할 수 있다.

705

산에서는 사람이 생명을 위협받지 않을 만한 부상에도 죽을 수 있기 때문에 부상자의 쇼크를 과소평가하지 마라. 쇼크는 보통 혈액순환이 정지되었을 때 생기고, 심하게는 내·외부 출혈, 경미하게는 정신적 충격같이 다양한 원인이 있을 수 있다. 주요 징후는 초조, 신경과민, 갈증, 혼란스러움, 빠른 호흡, 피부색이 파랗게 변함, 메스꺼움, 구토, 창백함, 약한 맥박, 식은땀 나는 피부가 있다. 쇼크가 온 사람이 있다면, 바닥에 눕히고, 최대한 따뜻하게 해주며, 구조대가 올 때까지 안심시켜라. 지시를 받지 않았다면, 먹을 것이나 마실 것을 주지 마라.

706

영하의 기온에서는, 전체가 덮여 있는지와 함께 사기와 반응은 어떠한지를 함께 관찰할 수 있도록 서로의 얼굴을 확인하는 습관을 들여라. 아주 추운 환경에서는 모든 피부를 덮어야 하고, 음식과 음료는 매시간 섭취할 필요가 있다.

707

기온이 영하 5℃ 이하로 떨어지면, 동상을 진지하게 생각하라. 이것은 아주 빠르게 걸릴 수 있고, 한 번 걸리면 거기서부터는 내리막길이다. 만약 누군가 동상에 걸렸다면, 그 부분을 따뜻하게 해주고(핫팩이 좋다), 깨끗하게 유지하면서 압박을 풀고(장갑이 너무 꽉 낀다면 손에 양말을 신겨라), 즉시 도움을 청하라.

708

동상(현대적인 장비는 손과 뺨, 손가락이 가장 위험하다는 의미이다)에 있어서는 순교자나 영웅이 되려 하지 마라. 동상에 걸린 것을 알게 되자마자(피부가 밀랍처럼 되고 감각이 없어진다), 산악구조대에 연락하라. 헬기를 10분 타는 것은 몇 주 만의 완전한 회복을 뜻하겠지만, 이틀간의 하산은 살덩어리를 잃는 것을 의미할 수 있다.

스토브와 그릇과 조리기구
709~747

709

MSR의 XGK 시리즈 같은 가스스토브는 연료와 압력이 추위의 영향을 받지 않기 때문에 영하의 기온에서 작동이 가장 잘된다. 반면 가스통으로 된 스토브는 고도가 높은 곳에서 작동이 더 잘되는데, 기압이 더 낮아지고 종종 더 따뜻하기 때문이다. (고도가 높은 곳은 낮 동안 상당히 따뜻하다)

710

영하에 캔으로 된 스토브를 사용한다면, 두 개의 가스통을 번갈아가며 사용하라. 한 개를 사용하는 동안 나머지 한 개는 재킷 안에 두어라. 이것은 가스를 최대한 따뜻하게 유지하려는 생각에서 하는 방법이다.

711

가스통 바깥쪽에 얼음이 끼기 시작하면 따뜻하게 해줘야 한다. 그렇지 않으면 화력이 계속 떨어져, 결국에는 끓지 않을 것이다.

712

고도가 높으면 물이 상대적으로 낮은 온도에서 끓기 때문에 밥을 잘 익히려면 압력솥을 사용하라. (베이스캠프 필수 품목)

713

만약 가스통이 얼어붙었다면 손으로 따뜻하게 해주거나, 따뜻한 물이 가득 들어 있는 냄비 뚜껑 위에 놓거나(자주 바꿔주어라), 가스통 밑에 핫팩을 놓아라.

714

가스통을 발포고무로 감싸면 열기가 유지될 거라고 생각하지 마라. 냉기는 가스를 배출하면서 가스통 안쪽에서 나오는 것이다. 그러니 가스통에 커버를 씌우는 것은 사태를 더 악화시킬 뿐이다.

715

영하의 날씨에서 가스스토브를 사용해야 한다면, (DIY용품점에서 싸게 구한) 가는 구리선을 불 끝에서 가스통까지 연결해 열교환기를 만들 것을 고려해봐라. 뜨거운 금속을 고압의 가연성 가스가 가득 찬 얇은 막의 물체에 대는 것은 명백히 위험한 일이므로, 기온이 정말 차가울 때만 사용하라.

716

스토브에 불을 붙이는 세 가지 수단을 항상 가지고 있어라. ㉮ 라이터, ㉯ 성냥(금속 통에 보관), ㉰ 부싯돌과 강철. 스토브에 압력점화장치가 있을 수도 있지만, 이것이 끝까지 남아 있을 것이라고는 기대하지 마라. 주요 점화장치는 성냥이나 라이터와 달리, 젖었거나 말랐거나, 고도가 높거나 낮거나, 고장 나지 않고 사용할 수 있는 부싯돌과 강철이다. 부싯돌과 강철을 스토브에 달아놓아 잃어버리지 않게 하라.

717

좋은 가스를 항상 사용하라. 예를 들면, 콜맨Coleman 퓨얼Fuel(무연 가솔린)이나 MSR 이소프로IsoPro 이소부탄 같은 것. 그리고 주유소에서 (경유나 휘발유) 스토브를 채우는 것을 피하라. 스토브 전용이 아닌 연료는 항상 찌꺼기가 많이 들어 있어 스토브를 망가뜨릴 가능성이 높다.

718

만약 좋지 않은 연료를 사용해야 한다면, 연료통에 넣기 전에 먼저 연료 필터 깔때기로 걸러라. 스토브는 오래된 연료통에서 나온 약간의 녹에도 쉽게 막힐 수 있다.

719

만약 목숨이 스토브에 달려있거나 연료가 부족하다면, 여분의 스토브나 예비용 펌프(더 이상적이다)가 있는지 확인하라.

720

눈에서 스토브를 사용해야 한다면, 합판으로 된 스토브 판을 지참하라. 번지 고리로 연료통을 제자리에 고정시키면 스토브의 안정성을 향상시킬 수 있다.

721

스토브를 전용 잡주머니에 넣어 가지고 다녀라. 대부분의 스토브는 아주 더러워지고, 액체연료 스토브에서는 완전히 타버리지 않은 적은 양의 연료가 샌다. 나는 스토브 주머니 안에 부싯돌, 강철, 수리 키트가 들어 있는 작은 주머니를 꿰매놓았다.

722

특히 영하의 날씨일 때 엄청나게 튼튼하지 않다면 플라스틱 연료 용기를 믿지 마라.

723

MSR 디자인이 아니면 연료통 뚜껑을 믿지 마라.

724

절대로 연료를 음식과 함께 보관하지 마라. 만약 둘 다 가지고 간다면, 둘을 멀리 떨어트려 놓아라.

725

연료통을 텐트 안에서 채우지 마라. 꼭 해야만 한다면, 스토브를 켜기 전에 전체적으로 환기를 한 번 시키고, 여분의 연료는 스토브에서 떨어진 곳에 보관하라.

726

큰 냄비는 눈을 녹이는 데 가장 좋다. 시작부터 눈을 잔뜩 채우기보다는 조금 넣고 시작한 다음, 녹이면서 조금씩 더 넣어라.

727

눈을 끓이는 냄비에 음식을 만들지 마라. 아무리 작은 음식 잔여물이라 해도, 타게 되면 만드는 물을 오염시킬 수 있다. 탄 물의 냄새와 맛은 끔찍하다.

728

동결건조식품이나 보온병을 사용한다면, 물을 흘리지 않고 채워 넣을 수 있는 큰 알루미늄 주전자가 눈을 녹이는 데 좋다.

729

원정등반을 가기 전에 스토브를 벗겨서 펌프질하는 연습을 하라. 그래서 정말 필요할 때 어떻게 해야 할지 알 수 있게 하라.

730

텐트 안에 눈을 모아 담아두기 위해 크고 가벼운 잡주머니나 튼튼한 비닐 주머니(이케아Ikea 것이 이상적이다)를 가져가라. 이것은 여러 가지 이유로 좋은 생각인데, 그중 가장 큰 이유는 입구 근처의 눈은 곧 연료와 발자국, 오래된 음식으로 오염되어 다 떨어지기 때문이다.

731

열 교환기가 달린 최신 냄비는 보다 높은 수준의 일산화탄소(냄새가 없는 유독가스)를 배출하므로, 환기를 더 자주해야 한다.

732

일산화탄소를 줄이는 주요 방법은 가스가 연소할 수 있는 충분한 공간을 냄비 아래에 만들어주는 것이다. 예전에는 종종 스토브에 '동계용 다리'가 함께 나왔다. 이 동계용 다리는 더 긴 냄비 지지대로, 이것이 있다는 건 겨울철 텐트 안에서 스토브를 안전하게 사용할 수 있다는 뜻이었다. 요즘 사람들은 "스토브가 당신을 죽이지 않을 것이다!"라는 말보다 끓는 데 걸리는 시간(제조자가 고객에게 스토브를 파는 방법이다)에 관심의 초점이 더 맞춰져 있다. 긴 동계원정을 떠날 예정이라면, 커다란 트란지아Trangia처럼 맞춤 덮개를 만들어서 냄비를 2센티미터 정도 들어 올릴 것을 고려해봐라. 또한 이 지지대는 쏟을 확률도 줄여줄 것이다.

733

모두가 흩어져 어려운 알파인 루트를 등반하고 있다면, 매달 수 있는 작은 스토브(젯보일Jetboil 같은)를 각자 가져가서, 그것을 스토브와 컵의 두 가지 용도로 사용하라. 이 시스템은 음식을 만드는 속도를 빠르게 해주고, 팀에 여분을 더해줄 것이다.

734

등반을 가기 전에 모든 가스통을 시험하라. 가스 나사를 연결해 제대로 연결이 되는지 확인하라. 가스통은 수송 중에 손상을 입을 수 있으며, 루트 중간에 가스통이 작동되지 않는다는 사실을 깨닫게 되면 등반이 그대로 끝날 수도 있다.

735

만약 냄비를 떨어뜨린다면, 유일한 대안은 빈 가스통이다. 밸브 쪽을 잘라내라. 그리고 100그램짜리 작은 가스통을 가져가지 않았기를 바란다!

736

가스통이 작동되지 않는다면, 가스통이 가게에 쌓여 있었던 동안이나 운송되는 과정에서 분출구 부분이 눌렸을 가능성이 있으니 나사를 최대한 꽉 조여봐라.

737

MSR 스토브가 여러 개 있다면, 스토브와 펌프가 맞는지 여러 번 확인하라. MSR 위스퍼라이트WhisperLite 펌프는 XG 스토브에는 맞지 않기 때문이다. (어쨌든 지난번에 내가 이런 실수를 했을 때는 맞지 않았었다)

738

만약 목숨이 스토브와 수분 공급에 달려 있다면 — 다시 말해서 극지 원정을 간다면 — 3인조일 경우에 일인당 한 개씩을, 4인조일 경우는 세 개의 스토브를 가져가라. 모든 스토브를 동시에 사용하면 조리에 필요한 시간을 줄일 수 있고, 물병과 보온병을 30퍼센트 채울 수 있으며, 스토브가 한 개, 심지어는 두 개가 파손되더라도 여분이 있다. 모든 스토브를 동시에 작동하는 경우에는, 환기 횟수를 늘려라. (안이 아주 뜨거워서 필요할 것이다)

739

만약 날씨가 엄청나게 춥다면(영하 30도), 스토브 판을 한가운데 놓고, 이너 텐트 안에서 조리를 할 수도 있다. 이렇게 하면 안을 따뜻하게 할 수도 있고, 조리와 동작을 더 편하게 할 수도 있으며, 장비를 마르게 할 수도 있다. 하지만 환기구를 열어 두는 것을 잊지 말고, 제멋대로 날뛰는 스토브를 제압할 계획(방화용 모포 등)을 세워둬라. 그리고 텐트 문을 빨리 열 수 있도록 준비하라.

740

만약 젯보일 스타일의 스토브를 사용하고, 그것이 두들겨 맞을 것을 알고 있다면, 가스를 스토브 안에 넣지 마라. 왜냐하면 냄비가 찌그러질 경우, 가스가 그 안에 끼어 움직이지 못하게 될 것이기 때문이다.

741

캠핑카에서 캠핑을 하는 것이 아니라면, 이해하고 믿을 수 있는 스토브를 사용하고, 해병대가 자신의 소총을 대하는 것처럼 관리하라.

742

텐트나 타프를 사용하는 루트를 오를 때(겨울철의 포타레지, 그리고 텐트를 기본으로 한 원정등반) 나는 아침에는 결단코 스토브를 켜지 않는 나름대로의 규칙이 있다. 대신, 각자 1리터짜리 보온병을 준비해, 밤마다 이것을 채운다. (모두의 물통도 채운다) 이 정도의 물이면 아침에 차를 만들고, 죽이나 시리얼에도 넣을 만큼 충분할 것이다. 남은 것이 있다면, 낮에 마실 수 있고, 밤에 눈을 녹이기 시작하는 데 사용할 수도 있다.

743

보온에 최고 평점이 매겨진 최고 품질의 보온병(가능한 한 가장 큰 것으로)만을 구입하라. 많은 보온병이 쓰레기 같고, 내용물이 차가워진다.

744

보온병의 매끄러운 금속 뚜껑은 장갑을 낀 상태로는 열기가 불가능할 수 있으므로, 그곳에 스케이트보드 그립 테이프를 붙여라.

745

같은 문제가 안에 있는 플라스틱 스토퍼에도 생길 수 있다. 돌려서 여는 형태가 열기 더 쉽다.

746

만약 보온병이 충격을 받을지도 모르는 힘든 원정등반을 하러 간다면, 살짝만 찌그러져도 보온이 되지 않을 수 있으니 보온병을 폼으로 감싸라.

747

엄청 추운 원정등반에는 단열이 우수한 날진 물통이라도 얼어붙을 것이므로, 보온병은 필수이다.

남극대륙의 퀸모드랜드Queen Maud Land에서 무거운 짐을 끄는 모습

눈 위에서의 이동
748~764

748

눈이 많고 접근이 긴 지역을
향한다면, 걸어서 가는 것을
피하라. 경량 설피나 스키,
아니면 허츠(더 낫다)로 가서
스노모빌이나 설상차를 빌릴 수
있는지 알아봐라.

749

스키로 간다고 해서 스키를 잘
타야 하는 것은 아니다. 이 말의
뜻은 평지와 약한 언덕에서
스키를 탄다는 뜻이다. 지형이
험하지 않은 이상(나무와
바위지대), 스키를 타는 것은
설피를 신는 것보다 훨씬 쉽다.
스키에 스킨(스키가 닳는 것을
방지하기 위해 앞쪽 모서리를 감싸는
작은 금속판)과 등산화에 맞는
바인딩이 있는지 확인하라.

750

산악스키 바인딩은 스키 부츠와 산악스키 부츠에만
맞게 되어 있다. 문제는 이 부츠만이 넘어졌을 때
안전하게 풀릴 것이라는 점이다. 이 말은 만약 라
스포르티바La Sportiva 등산화를 신고 급경사에서
스키를 타고 내려가는 경우(급경사 스키를 아주 작은
슬로프로 바꾼다 해도, 부드러운 부츠를 신으면 얼마나
어려워지는지 시도해볼 필요가 있다), 넘어진다면 무릎이
찢어지게 될 것이다. 샤모니의 스키 전문가에게
등산화용 바인딩에 대해 물어본다면, 그들이
'안돼!'라고 하게 될 이유가 바로 이것이다. 어떤
바인딩은 앞과 뒤 부분이 부풀어 있는 등산화에는 맞을
것이지만, 내리막길에는 충분하지 않거나 안전하지
않을 것이므로, 평지나 오르막길 스키에만 사용해야
한다.

751

원정등반에서 엄청나게 비싸고 무거운 산악스키
장비를 사용하는 대신, 경량 노르딕 장비와 크고
비기술적인 부츠에 장착할 수 있는 아크틱Arctic
바인딩을 사용하라. 대표적인 것은 피셔Fischer E99,
웨버Weber, 아이스트렉Icetrek, 버윈Berwin, 또는
노르웨이 육군 바인딩인데, 이것들은 부츠에(심지어는
어프로치용 등산화에도) 버클로 채우면 되는 단순한
바인딩이다. 스킨에 초강력 접착제를 붙이고 나사를
박아라. 이것이 산악스키 시스템보다 훨씬 가볍고,
프로가 아닌 이상, 이 스키를 타고 내리막을 달릴 수
없는 보너스까지 얻을 것이다.

• Hertz. 렌트카 회사 [역주]

752

스키를 타고, 십중팔구 큰 배낭까지 메고, 까다로운 지형을 내려올 때는 스킨을 단 채 제동력을 높이기 위해서 코드를 스키에 감아 큰 설피를 만드는 것도 고려해봐라. 지그재그로 천천히 내려가라.

753

만약 눈 위를 이동한다면, 무거운 배낭을 지고 가는 것은 멍청한 짓이다. 플라스틱 썰매를 구해 최대한 많이 싣고 뒤에 끌고 가라. 이렇게 하면 엄청난 양의 에너지를 절약하면서 더 많은 양의 식량과 장비를 싣고 갈 수 있다.

754

기회만 있으면 다리 사이를 비집고 내려갈 것이기 때문에 썰매를 가지고 내리막길을 가는 것은 악몽이 될 수 있다. 이것을 피하려면 제동장치 역할을 할 코드를 썰매에 감아라.

755

원정등반에 부피의 부담은 피하면서 썰매를 가져가는 간단한 방법을 원한다면, 고밀도 폴리에틸렌 한 장을 구해 돌돌 말 수 있는 썰매를 만들어라. 이것을 잘라서 주머니나 배낭에 감을 수 있게 하고, (끈을 꿸 수 있도록 끝부분에 구멍을 뚫어라), 모서리를 뾰족하게 만들어 앞쪽으로 감아올려라.

756

썰매용 하네스를 만들기 위해서는 어깨끈 가장 아래쪽이나 허리벨트에 두 개의 카라비너를 걸면 된다. 5밀리미터 코드 1미터 길이를 각각의 카라비너에 걸고, 코드 중간에 8자 매듭을 하고, 세 번째 카라비너를 여기에 건다. 이 세 번째 카라비너가 충분히 멀리 있어 몸에서 썰매까지의 홀링 줄(5~6밀리미터 코드)을 걸기 위해 몸의 한쪽으로 잡아당길 수 있으면 가장 이상적이다.

757

스키나 설피 없이 깊은 눈을 통과해야 한다면, 침착하게 천천히 하라. 앞에 있는 사람이 피곤해져서 팀의 속도를 느리게 할 것이기 때문에 눈의 깊이에 따라 시간을 정해놓고 교대할 수 있는 큰 팀이 이상적이다. 무릎 깊이의 눈에서는 30분마다 선두를 바꿔주는 것이 좋고, 허리까지 오는 눈에서는 시간을 그 절반으로 줄이면 될 것이다.

758

길을 뚫는다면, 맨 앞 사람은 가벼운 배낭을 메거나, 끔찍한 상황이라면 배낭이 없게 하라. (어쨌거나 그 사람은 아주 천천히 움직일 것이기 때문에 배낭을 앞뒤로 이동시키는 것은 문제가 없을 것이다)

759

길을 뚫을 때는 좋게 만들어라. 이 말은 푹 들어가는 구멍만 만들지 말고 완전한 발판을 (발자국 사이의 벽을 허물어) 만들고, 그것을 단단하게 유지하라는 뜻이다.

760

정말 상황이 절박해지면, 특히 깊은 눈에서는, 무릎을 꿇고 손으로 기어가는 것이 더 쉬울 것이다. 여기서 더 쉬워진다는 말은 상대적인 것이다.

761

어떤 상황에서는 추가되는 무게가, 특히 거의 체중에 가까운 원정등반의 짐 무게는, 상황을 더 악화시킬 수 있기 때문에 무거운 배낭을 뒤에 끌고 가는 것이 더 나을지도 모른다.

762

스키와 설피가 없는 깊은 눈에서의 이동은 악마가 직접 고안한 운동으로, 엄청난 심신의 체력을 필요로 한다. 따라서 몸이 더 좋고 강하면 그만큼 더 좋다.

763

수역水域 지도를 찾아봐라. 그리고 완전히 얼었다는 것을 알지 않는 이상은 어떤 강이라도 조심하라. 가장 추운 상태에서도, 흐르는 물이라면 얼음이 얇은 곳이 있을 것이다.

764

어떤 부분이 부드러운지, 어떤 부분이 단단한지, 무너지기 쉬운 표면에서 자신의 무게를 견딜 수 있는 곳은 어디인지, 목 깊이까지 빠지는 곳은 어디인지 눈의 상태를 읽는 법을 배워라. 지형을 보고 어느 곳이 머리를 날려 버리지 않고 원하는 곳까지 갈 수 있는 확률이 가장 높은 곳인지 정하라.

원정등반과 텐트

765~802

765

만약 눈에서 캠핑을 한다면 입구에 구덩이를 파라. 이렇게 하면 텐트로 엉금엉금 기어 들어가지 않고 내려가서 들어갈 수 있다.

766

눈구덩이는 또한 차가운 공기가 그 안으로 내려가게 해, 텐트를 더 따뜻하게 하는 히트싱크heat sink를 만든다.

767

발을 구덩이 안에 넣고 조리하면 양반다리로 하는 것보다 훨씬 더 편안하다.

768

만약 스토브에 불이 붙으면, 불타는 스토브를 텐트 구덩이에 던져 넣어 플라이를 구할 수 있다. 스토브가 계속 못되게 구는데 곁에 삽이 있다면, 그 안에 눈을 좀 퍼 넣을 수 있다.

769

텐트는 불이 붙기 어렵지만, 그렇다 해도, 그것은 상당히 쉽게 손상되기 때문에 스스로 알아보려고 하지 마라. 점화할 때나 가스스토브를 사용할 때 작동에 최대한 주의를 기울여라. 스토브에 불을 붙일 때 여유 인력을 두는 것은 좋은 생각이다.

770

불이 통제 불능이 되면 편하게 내던질 수 있는 냄비나 냄비 뚜껑, 작은 방화용 모포를 가지고 다녀라. (요트에 쓰는 작은 방화용 모포를 구입할 수 있다)

771

만약 큰 폭풍이 다가온다면, 이중 텐트 폴을 고려해봐라. 긴 원정등반의 캠핑에서는 모든 폴의 길이가 같은 터널형 텐트가 가장 좋다. 이중 텐트 폴이라면, 두 개가 부러져도 여전히 세 개에, 여분까지 남아 있을 것이다.

772

폴이 부러질 것에 대비해서 여분의 폴 두 개에, 즉석에서 수리할 수 있는 금속과 플라스틱 케이블 타이를 항상 가지고 다녀라. 가스통을 잘라 폴을 수리할 수도 있다. 캔의 위아래 부분을 잘라내 원기둥 형태를 만든 다음, 그것을 세로로 잘라서 펼치고, 마지막으로 그것을 말아주면 꽉 조이는 튜브가 된다. 케이블타이(금속 케이블타이가 가장 잘된다)나 청테이프로 고정하라.

773

만약 썰매를 이용한다면, 텐트 폴을 청테이프로 함께 고정시켜놓고, 중간이 분리되면 그 길이가 썰매에 맞게 하라. 텐트를 말아 올리면서 텐트에 들어가 있는 상태로 폴을 두고, 하루가 끝날 때 이곳을 연결하면 바로 사용이 가능하다.

774

엄청나게 추운 날씨의 원정등반에서는 텐트 폴이 함께 얼어붙기 쉽다. 만약 폴이 안으로 들어간 한 겹짜리 텐트를 사용한다면 두 배로 그러하다. 이것을 녹이기 위해서는, 붙은 곳이 녹을 때까지 몇 초 동안 손으로 폴을 위아래로 문질러주면 된다.

775

텐트 폴 안에 있는 번지 코드는 느슨해질 수 있다. 이 말은 제대로 연결이 되지 않아 파손이 될 수 있다는 뜻이다. 번지 코드를 앞뒤로 몇 초간 잡아당기면, 탄력을 되찾을 만큼 충분한 저항력이 생길 것이다.

776

폴이 끝까지 맞지 않는 것을 피하려면(취한 사람이 텐트로 넘어지는 것을 제외하고 폴이 부러지는 첫 번째 이유이다), 만나는 부분 양쪽에 밝은 테이프 조각을 붙이거나 스프레이로 페인트를 좀 뿌리면 된다. 그리하여 테이프/페인트의 절반이 만나지 않으면, 폴이 연결되지 않았다는 것을 알게 될 것이다.

777

만약 노출된 장소에 텐트를 친다면, 예를 들어 레지 같은 곳이라면, 폴은 쉽게 떨어질 수 있고, 폴이 없다면 대부분의 텐트는 그다지 사용하기 쉽지 않을 것이다. 이런 이유로, 모든 폴의 양쪽 끝에 걸 수 있는 고리를 테이프로 붙여, 꺼내면 안전하게 쓸 수 있도록 하라.

778

대부분의 텐트에 있는 작은 지퍼 고리에 의존하지 마라. 이것은 여름철 캠핑을 위한 것이다. 대신, 가장 굵은 3밀리미터 지퍼 고리를 더해, 커다란 벙어리장갑을 끼고도 텐트에 들어갈 수 있도록 하라.

779

3밀리미터의 텐트 바닥 깔개 폼은 아주 가볍고 텐트의 따뜻함과 편안함을 극적으로 끌어올려 준다. 이것은 베이스캠프나 극지에서 사용하기에 완벽하다. 만약 누군가 매트리스를 잃어버리거나 에어매트리스의 바람이 빠진다면, 이것을 접어 완전한 두께의 매트리스를 만들 수 있다. (원정용 매트리스는 두께가 12밀리미터 정도이다. 따라서 폼을 네 번 정도 접어야 한다)

780

사계절 텐트로 광고한다고 해서, 겨울철 폭풍에도 견딜 것이라고 기대하지 마라. 이것은 주로 플라이에 사용된 이음매의 힘과 당김줄의 박음질이 얼마나 잘되어 있는지(텐트에 당김줄이 몇 개나 되는지도)에 달려 있다. 또한 바람을 가장 적게 타도록 치고 완전히 잡아 매야 한다. 그렇다 해도, 설벽을 파지 않는 이상 견디지 못할지 모른다.

781

텐트의 당김줄을 고정시킬 때 스키를 사용하고자 한다면, 항상 바인딩을 텐트 바깥쪽으로 향하게 하라. 그렇지 않으면, 스키의 날카로운 날이 당김줄을 잘라버릴 것이다.

782

겨울용의 멋진 텐트 펙(정상적으로 설치할 수 있지만, 일반적으로 죽은 사람처럼 옆으로 설치하는 것이 더 낫다)을 구입할 수도 있지만, 중간 두께의 대나무도 잘된다. 모든 대나무에 반사 테이프로 표시를 해서 밤에 텐트를 찾을 때 길잡이 역할을 하도록 하라.

783

미니 클램클릿Mini Clamcleat은 당김줄을 쉽게 팽팽하게 하거나 강력하게 잡아두는 데 완벽하다. 만약 텐트에 이것이 포함되어 있지 않다면, 몇 개 사서 장착하라.

784

아주 가는 당김줄은 쉽게 꼬이고 많은 문제를 일으킨다. 꼬인 당김줄을 풀다 동상에 걸린 사람이 적어도 한 명 이상이다. 우선, 텐트를 쌀 때는 줄을 절대 묶어 놓지 마라. 풀어 놓거나 당김줄을 쑤셔 넣을 수 있는 작은 잡주머니(원정등반용 텐트에서 나오는 것처럼)를 만들어라. (이 작은 그물망 가방은 당김줄에 부착해 잃어버리지 않게 하라)

785

엄청나게 가는 1밀리미터짜리 당김줄 코드를 더 두껍고 반사가 되는 클램클릿의 4밀리미터 당김줄로 대체하라. 이것은 덜 꼬이며, 훨씬 더 튼튼하고 강하다.

786

오랫동안 사용하기 위해, 타프를 입구 바로 위나 텐트 가까운 곳에 치면 공간을 더 확보할 수 있다.

787

A자 형태로 타프를 설치하는 좋은 시스템은 4밀리미터 코드 한 가닥을 타프 중간에 통과시키고(중간 고리에 꿰어 통과), 양끝을 프루지크 고리(2밀리미터 코드로 만들어)로 고정하는 것이다. 이것이 텐트의 중간 밧줄을 형성할 것이다. 4밀리미터 코드를 두 개의 물체에 고정하고, 프루지크 고리를 팽팽하게 당겨 텐트에 장력을 준다. 이제 코드나 4밀리미터 번지를 각 모퉁이에 연결해 타프를 고정한다.

788

만약 여분의 대나무를 가지고 간다면, 이것으로 타프를 한 부분이나, 테이프를 붙여 함께 지지하는 데 사용할 수 있다. (타프를 입구 위에 치고 두 개의 모서리를 대나무로 잡아줄 수 있다)

789

텐트에 오래 거주할 때 서로의 공간을 존중하는 것은 아주 중요하다. 이상적으로 말하면, 각자 자신의 텐트가 있어야 한다. 만약 함께 있어야만 한다면, 잡주머니에 중요한 일상용 키트를 넣어 침낭의 맨 앞에 보관하며 유용하게 사용하라.

790

요트 그물(연단 네트)을 텐트 천장에 고정해 상당히 좋은 텐트 선반을 만들 수 있다. 이곳은 텐트에서 가장 따뜻한 부분이라 물건을 말리기가 좋고, 아니면 적어도 물건이 얼지 않게 해준다. 그렇다고 너무 많이 올려 놓지는 마라.

791

눈 커튼snow valance은 텐트 주위에 눈이나 돌을 쌓는 것을 조금 더 쉽게 해주지만, 환기가 덜 되고, 무게와 비용을 가중시킨다. 나는 악조건에서 텐트에 눈 커튼을 장착하고, 또 장착하지 않고도 사용해보았지만, 텐트 가장자리에 조심스럽게 눈을 쌓는다면 그다지 필요 없는 것 같다.

792

폭풍 속에서 텐트 구덩이를 파야 한다면, 삽이 플라이 근처에 가지 않도록 심혈을 기울여라. 추운 날씨에는 플라이가 더 약하고, 쉽게 손상될 수 있다. 삽날을 텐트에서 떨어지게 유지하고, 플라이에서 가장 가까운 곳을 치우려면 장갑 낀 손을 사용하라.

793

만약 플라이가 찢어지면 수리 키트가 바로 필요하게 될 것이므로, 어디에 있는지 알고 있도록 하라. 접착 면에 눈이 붙을 것이기 때문에 폭풍 속에서 청테이프는 쓸모가 없을 것이고, 어쨌거나 추우면 접착력이 없을 것이다. 빠르게 수리를 하려면, 플라이를 느슨하게 해서 신축성이 생기게 한 다음, 함께 걸어 두 면을 잡아당겨 말아서 잡아라. 가지고 다닐 만한 가치가 있는 몇 개의 품목으로 이것들을 고정시킬 수 있다. 여기에는 플라스틱 냉동 팩 클립, 플라스틱 물통 뚜껑(콜라병 뚜껑 부분을 잘라라), 구식 대형 옷핀이 포함된다. 일단 고정한 뒤에는 그 부분을 보호하기 위해 삽으로 눈을 덮어주는 것이 좋을 것이다.

794

날씨가 좋아지면, 손상된 플라이를 수리할 수 있다. 이것을 하기 위해, 수리 키트의 구멍 위에다 바느질할 수 있는 여분의 나일론(큰 나일론 조각이나 돛에 쓰는 천 한 롤)을 가지고 있도록 하라. 첫 번째로 원단을 잘 펴서 말리고, 청테이프로 양쪽을 붙인 다음 원단 조각을 그 부분 전체에 덮어 바느질한다. (따라서 바늘이 플라이, 수리용 천, 그리고 청테이프를 통과한다) 비록 지저분한 수리가 되겠지만 잘 잡아줄 것이다.

795

만약 심그립Seam Grip(슈글루Shoe Glu, 심실Seam Seal, 아쿠아실Aquaseal 등)이 있다면, 수리 키트에 모기장도 가지고 다녀라. 플라이를 수리하기 위해서는, 손상된 부분 바깥쪽에 강력 청테이프를 붙이고, 안쪽에 심그립으로 코팅을 하고, 심그립 위에 모기장을 붙인 다음, 조금 더 덧대라. 한 번 고치고 나면, 수리한 부분은 텐트보다 더 강할 것이다.

796

먼지, 눈, 얼음을 치우기 위해 텐트 안에 작은 솔을 둬라. 이것은 또한 텐트에 들어가기 전에 옷에 묻은 얼음과 눈을 치우는 데도 사용할 수 있다. 겨울 알파인 등반에서는 바위의 눈을 쓸어내는 데도 사용할 수 있기 때문에 작은 솔을 가지고 다니는 것은 여러모로 유용하다. 솔의 손잡이 끝부분이 날카롭고 좁아서 텐트에 들어가기 전에 부츠와 지퍼에 있는 단단한 얼음을 긁어내는 데 사용할 수 있도록 하라.

797

물방울이 많이 응결된다면 작은 스펀지가 편리하다. (예를 들면 조리할 때) 그리고 누군가 예상했던 대로 차를 쏟는다면 엄청나게 유용하다.

798

단단한 바닥에서 캠핑할 때 텐트 바닥을 보호하기 위해 그라운드시트를 사용해 텐트 바닥을 좋은 형태로 유지하라. 굳이 살 필요는 없다. 대신에 커다란 서바이벌 백을 잘라 한 개 만들어라. 그라운드시트가 차지하는 공간이 텐트 바닥보다 작은지 확인하라. 그렇지 않으면, 습기가 끝에 모여 텐트 아래쪽으로 들어갈 것이다.

799

만약 텐트 주머니가 너무 작으면, 더 큰 것을 구하라. 젖은 텐트를 작은 주머니에 넣는 것은 큰 고통이고, 말리기 위해서 다시 꺼내기도 싫을 것이다.

800

텐트를 넣을 때 텐트가 얼마나 말랐다고 생각하든, 집에 도착하면 24시간 정도는 항상 걸어 놓을 필요가 있다. 습기는 이상한 곳에 머물 수 있는데, 이것은 좋은 텐트에서 냄새가 나게 할 것이다.

801

아주 작은 레지에서 비박색을 사용한다면, 전통적으로 나란히 눕는 방식으로 사용할 필요가 없다. 산 쪽에 등을 대고 발을 바깥쪽으로 뻗으면, 비박색을 그냥 펼쳐서 사용하는 것보다 더 나을 것이다.

802

급경사 루트의 눈이 있는 레지에 텐트를 설치하기 위해 충분히 깊게 팔 수 없는 상황이면(또는 파는 데 하루 종일 걸리는 레지) 러시아인들은 아이스 해먹을 사용한다. 디자인은 해먹과 똑같다. 레지를 깎아 눈과 얼음, 심지어는 돌까지 그 안에 채워 넣으면 공간을 조금 더 넓힐 수 있는데, 이것은 차이가 아주 크다!

남극대륙의 홀스틴드에서 잉게보르크 야콥슨Ingeborg Jakobsen이 장비를 회수하며 피치를 올라오고 있다.

툴럼 메도우즈에 있는 패어뷰돔Fairview Dome의 럭키 스트릭스Lucky Streaks를 등반하는 시니드 리커바이Sinead Rickerby.

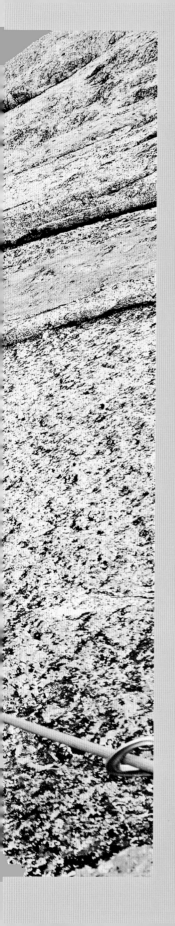

훈련

803~876

들어 올린 총 무게, 움직인 거리,
소모된 칼로리 등 훈련의 질을 알려주는 좋은
지표가 되는 훈련 과정을 모두 기록하라.

툴럼 메도우즈에 있는 렘버트돔Lembert Dome의 메가 블림Mega Bleam을 오르는 바네사 섬너

두려움 극복하기

803~810

803

두려움을 느끼는 것은 등반의 큰 부분이다. 어쨌든, 자신을 위험한 곳에 가게 하니까. 만약 등반을 잘하고 싶다면, 두려움과 불안감을 어떻게 극복하는지 이해할 필요가 있다. 그렇지 않으면 어디에도 올라가지 못할 것이고, 오른다 해도 즐기지 못할 것이다. 장비를 정리하는 데 시간을 들이는 것처럼, 머리를 정리하는 데에도 시간과 노력을 들일 필요가 있다.

804

아주 자주, 어려운 등반이나 크럭스 피치 전에, 배 속 깊은 곳에서 불안감이 느껴질 것이다. 이것은 시도도 해보기 전에 굴복하고 싶은 느낌이다. 이곳이 실패하거나 다른 사람에게 넘길 곳이 될 수 있기 때문에 이것은 어떤 모험에서도 아주 중요한 순간이다. 깊은 두려움과 공포의 감정이 자신을 지배하게 내버려두는 대신, 이 감정을 뒤집어 흥분으로 생각하라. 어쨌든 흥미롭지 않은가?

806

아주 자주, 못 살게 구는 것이라도 머릿속에 힘을 주는 목소리가 있으면 좋다. 이것은 행동에 영향을 끼칠 수 있는 부정적인 목소리를 가라앉히는 소리이다. 나는 이것을 주로 훈련할 때 쓰지만, 등반을 할 때에도, 특히 정신력이 가장 약할 때에도 유용할 수 있다. 이렇게 하려면, 지속할 동기가 없을 때를 위해 머릿속에 완전한 기능적 동기를 부여하는 캐릭터를 창조하라. 이 캐릭터는 자신이 아는 누군가가 될 수도 있다. 그리고 만약 그렇다면 자신이 존경하는 누군가로 하라. 자신보다 더 강하고, 더 열심히 하며, 더 많은 것을 할 수 있는 사람. 이것은 또한 자신이 실망시키고 싶지 않은 허구적 인물이나, 인물들의 혼합일 수도 있다. 나는 훈련을 하면서 내가 더 노력해야 한다는 것을 알 때 종종 영화 「풀 메탈 재킷Full Metal Jacket」에 나오는 하트먼 상사Gunnery Sergeant Hartman의 이미지를 떠올린다. 나는 그가 이 기간 동안 최대효과를 끌어내기 위해 나를 더 빠르게 움직이게 하고, 밀어붙이거나 가볍게 때리는 것을 상상한다. 내가 혼자 할 수 있는 범위를 넘어섰다는 것을 알 때 나를 더 밀어붙이고 격려하기 위해 이 '가상의' 훈련 조교를 이용한다. 루트에서는 종종 캐신Cassin이나 드메종Desmaison이 마치 괜찮다는 것을 아는 것처럼, 나에게 '서둘러'라고 말하는 장면을 상상한다.

805

이 두려운 감정은 이해할 수 있다. 이것을 인정하고, 이 감정이 말하고자 하는 것이 돌아가라는 것이 아닌, 조심하라는 것임에 감사해야 한다. 이것을 심리적인 준비운동의 일환으로 생각하라. 원초적인 두뇌가 회전하고, 일단 출발하면 안정될 것이다. 이것을 '뇌의 펌프질'로 생각하라.

807

유치하게 들린다는 것은 알지만, 내가 아는 많은 프로 선수는 큰 경기 전에 마음을 다잡기 위해 에미넴Eminem의 「루즈 유어셀프Lose Yourself」를 이용한다. 나는 이것이 웃기고 모자란 짓이라고 생각했었다. 그러던 어느 날 트롤 월의 쉬운 곳에서 훅 한 동작을 남겨두고 있었는데, 그 훅(성냥 대가리 정도 크기의 작은 모서리)이 터질 것이라고 확신했다. 나는 감히 그 훅으로 동작을 옮기지 못한 채 시간이 촉박하다는 것을 인지하면서 그곳에 몇 분 동안 매달려 있었다. (그 루트에 열흘간 있었던 나는 정말로 끝내고 싶었다) 그런데 바로 그 때 그 노래의 도입부 가사가 내 머릿속에 들어왔다. 그리고 그것으로 끝이었다. 나는 '아니, 이 한 동작이 나를 멈추게 할 수 없어.'라고 생각하고 그 훅에 체중을 실었다. 훅은 버텼고, 우리는 그 루트를 끝냈다.

그림 26

808

크럭스 또는 루트에 가기도 훨씬 전에 실패할 수 있다. 등반을 한다는 생각 그 자체만으로도 얼어붙을 수 있다. 루트에 대해 알고 있다고 생각하는 것이 진실을 발견하는 데 방해가 되지 않도록 하라. 어떤 루트도 마음속에 있는 그 길처럼, 길고 급경사이며 비어 있지 않다. 가장 위대한 클라이머라도 바지를 입을 때는 다리를 한 번에 하나씩 집어넣는다는 것을 기억하라.

Look, if you had one shot one opportunity to seize everything you ever wanted in one moment, would you capture it or just let it slip? (이봐, 네가 단 한 번, 단 한 번의 기회로 원했던 모든 것을 얻을 수 있게 된다면, 넌 그 기회를 잡겠어, 아니면 그대로 날려버리겠어?)

809

큰 등반 프로젝트를 염두에 두면 나는 그곳에 가기 몇 달, 심지어 몇 년 전부터 이렇게 한다. 생각과 행동 사이의 시간을 되짚어보는 것은 아주 쉽다. 과정을 어떻게 유지하는가? 글쎄, 나는 낚싯배의 노를 잡고 있는 노인의 쭈글쭈글한 손을 상상한다. 그 손은 아무것도 두려워하지 않고, 어떤 일이 있어도 바다로 향하며, 단단하고 돌 같은 감정을 소유한 성질 고약한 뱃사람의 손이다. 내 정신이 허우적거릴 때 나는 이 손을, 나무로 된 노를 꽉 잡고 있는 손을 상상한다. 바닷물이 부딪쳐 튀기고 바람이 울부짖는 장면이 눈에 보인다. 하지만 손은 노를 단단히 잡고 움직이지 않는다. 이 어부의 항로는 굳건하게 정해져 있다. 그는 자신의 기량에 대한 완전한 신뢰와 항로에 대한 완전한 자신감을 가지고 있다. 이 어부가 꿈의 길잡이이다. 의심이 들기 시작할 때마다 어부를 생각하고 계속 나아가라. (그림 26 참조)

810

어려운 등반을 전체로 보지 말고, 그것을 피치와 동작으로 세분하라. 등반이나 산은 먼저 등반한 사람들의 신화와 전설, 그리고 그들의 등반 이야기(대개 심하게 꾸며져 있다) 외에는 아무것도 남아 있지 않다. 위대한 클라이머 브루투스Brutus는 한때 이렇게 이야기했다. "한 번에 한 동작, 한 피치, 한 루트." 이것이 취해야 할 접근 방법이다. 등반의 무게가 자신을 짓누르게 하지 마라.

근력 훈련

811~841

811

등반 외적으로 강해지고 싶다면 맨 처음 해야 하는 것이 체육관 등록이다. 이상적인 곳은 회원권을 유지할 수 있을 정도로 싸고 가까운 체육관이다.

812

체육관을 고를 때 화려한 기계와 사우나에 현혹되지 마라. 필요한 것은 다양한 프리웨이트와 벤치(여러 세트가 있어 체육관이 붐빌 때도 기다릴 필요가 없는지 확인하라), 로잉, 러닝머신, 케틀벨, 그리고 메디신볼이다. 수영장이 있으면 좋기는 하겠지만, 수영장이 없는 체육관이 더 싼 편이다. 지방 의회 체육관이 아주 좋기는 하다. 그러나 만약 일주일에 최소 세 번, 또는 매일 간다면 회원 가입을 하는 것이 가장 좋다. (그림 27 참조)

813

근력 훈련은 등반할 때 부상을 방지할 수 있는 가장 좋은 방법이다. 이것은 등반만 해서 생기는 불균형을 피할 수 있게 해주고, 자연과 인공암벽 등반에서는 거의 사용하지 않는 작은 근육과 관절을 강화해준다.

814

대부분의 근육을 자극하고, 안정성을 높이며, 중심부의 힘을 길러주기 때문에 프리웨이트에 집중할 필요가 있다. 하지만 기본적인 힘을 향상시키고 싶다면, 한 달간 머신을 이용한 웨이트트레이닝을 하라. 이것은 훈련으로 인해 발생하는 부상의 확률을 줄여준다.

815

함께 하면 훨씬 더 쉽기 때문에 근력운동을 새롭게 시작할 때는 파트너를 구하라. 동기부여가 되는 파트너와 함께 운동하는 것은 운동량을 유지하도록 도와주고, 경쟁과 지지를 자아낼 것이다. 훈련 파트너가 등반 파트너이기도 하다면, 유대감이 더 강해질 것이다.

816

다음의 긴 여행, 등반, 원정등반이 훈련의 초점이 되게 하라. 무엇이 더 효과적인지 연구하고, 그 목표를 향해 한 달이나 두 달 동안 운동하라.

817

일정 기간 동안 훈련하려고 마음을 먹었다면, 훈련을 빼먹었을 때 일종의 벌금을 내도록 하라. 자신이나 다른 사람들에게서 어떤 핑계도 받아들이지 말고, 만약 누군가 나타나지 않는다면, 좋은 변명거리가 있어야 한다는 점을 분명히 하라.

818

체육관 사람들을 최대한 활용하라. 훈련 시스템과 바른 자세(필수다!)에 대한 조언을 그들에게 구하라. 이것은 직원, 특히 자세에 있어 자신이 무엇을 하는지 알고 있는 것처럼 보이는 사람을 모두 포함한다.

819

초보자처럼 느끼게 될지도 모르지만, 좋은 트레이너와 세션을 함께하는 것은 큰 이익이 될 것이다. 이것은 더 빨리 배우고, 경험 부족에 의해 부상을 당할 확률을 줄이게 해줄 것이다.

그림 27

820

동시에 체육관에 있는 대부분의 사람들이 건강을 위해 운동하고 있다는 점을 깨달을 필요가 있다. 반면, 당신은 더 강한 다리, 더 강한 등과 손, 그리고 더 나은 심장강화 운동을 통해 크럭스 중간에 피로해지지 않는 것과 같이 기능적으로 건강을 발달시킬 방법을 찾고 있다. 만약 누군가 최대 무게 한 개를 3세트 들라고 말해준다면(만약 데드리프트를 할 때 150킬로그램을 들 수 있다면, 150킬로그램을 한 번 들고, 휴식을 취하고, 그것을 두 번 더 반복하는 것을 의미한다), 무언가 무거운 것을 드는 데는 강해지겠지만, 암벽이나 빙벽 루트 위에서 움직일 때는 그렇지 않을 것이다. 따라서 사람들이 하는 말을 듣되, 자신이 하고 있는 것과 얻고자 하는 것에 적용하기 전에 걸러서 들어라.

821

등반을 위해, 당신은 좋은 근력을 얻고 컨디션을 유지하는 것을 목표로 하고 있다. 이것은 강하고, 많은 동작, 많은 피치, 그리고 어쩌면 여러 날을 움직일 수 있는 능력이다. 이것은 당신이 순수한 근력만을 원하지 않고, 근력(턱걸이 한 개)과 지구력(턱걸이 뒤에 연달아 또 한 번 턱걸이)과 컨디션 유지(턱걸이 두 개, 뒤이어 등반 벽에서 루트에 전력을 다한 후, 숨을 돌리기 전에 다시 턱걸이 두 개)의 혼합을 원한다는 것을 의미한다.

822

모든 근력운동 시간을 1시간 이내로 유지하라. 45분이 최적이다. 만약 훈련을 열심히 한다면, 이 이상은 한정된 결과만 가져올 것이다. 준비운동을 하고, 절반 정도는 아주 힘든 운동을 하고, 정리운동으로 마무리하라. 준비운동과 정리운동을 더하더라도, 어떤 운동시간도 90분을 넘으면 안 된다. 이것은 질이지 양에 관한 것이 아니다.

823

사람들은 몇 번과 몇 세트가 가장 좋다고 이야기하지만, 아마도 세션당 들어 올린 총 무게에 대해 더 생각해봐야 할 것이다. 등반에서 한팔 턱걸이를 한 번 하는 일은 절대로 없지만, 팔은 40퍼센트 정도의 한팔 턱걸이를 수천 번 해야 할지도 모른다. 나는 근력과 지구력, 힘이 종합적으로 필요하다고 생각하기 때문에 전형적인 방식, 즉 다섯 번씩 세 세트(중간 휴식과 함께 다섯 번의 운동을 세 번 반복)나 다섯 번씩 다섯 세트로 하는 경향이 있다.

824

근력운동을 할 때 천천히 그리고 조심스럽게 진행하지 않으면 부상당할 확률이 아주 높다. 큰 다중근육 운동은 부정확하게 하거나 힘의 불균형이 생기면 아주 위험할 수 있다. 따라서 이런 운동을 시도하기 전에 자세가 완벽해지도록 하라. 아주 가벼운 무게(아니면 그냥 막대기)로 몇 주간 연습해야 한다 해도 이것은 마찬가지이다.

825

무엇인가 무거운 것을 들려고 하기 전에 초점을 맞춰야 할 것 한 가지는 무게를 최대한 중력의 중심(즉, 발)에 가깝게 할 필요가 있다는 것이다. 발을 둘러싸고 있는 안전한 흰색 영역을 상상하라. 만약 무게(무거운 데드리프트 바 같은 것)가 이 영역 안에서 움직인다면 문제가 없다. 그리고 그 밖으로 15센티미터 정도의 회색 영역을 상상하라. 이곳은 어떤 무게도 몸 바로 위에 있으면 안 되는 곳이다. 이 영역에서 무엇을 들거나 내려놓는 것은 더 많은 힘과 균형을 필요로 하므로, 작은 근육이 무게를 드는 사람의 안정화에 개입하게 되는데, 이것은 부상의 가능성이 더 높아진다는 것을 의미한다. 그 밖은 적색 지대로, 등을 다치거나 어깨에 과부하가 걸리는 영역이기 때문에 어떤 것도 들어서는 안 되는 곳이다.

826

주요 근육 덩어리를 동시에 자극하는(이상적이다!) 가장 중요한 운동(복합운동)에 집중하라. 물론 데드리프트, 백스쿼트, 케틀벨을 사용하는 거의 모든 것이 가장 좋다.

827

(덤벨을 들고 팔을 굽히는) 덤벨컬은 절대로 하지 마라. 이것은 효과가 전혀 없다.

828

훈련에 턱걸이와 팔굽혀펴기를 끼워 넣어라. 하지만 부상의 지름길이 될 수 있으니 턱걸이를 너무 많이 하는 것은 피하라. 대신, 먼저 종합적인 신체 단련에 집중하고, 그것을 변형하라.

829

턱걸이 횟수를 늘리려면, 턱걸이를 최대에서 단계적으로 하나씩 줄이면서 한 개가 될 때까지 한다. 또한 10이나 15초마다 한 개씩 할 수도 있는데, 이것은 그냥 세트로 하는 것보다 더 높은 속도를 낼 수 있게 해준다.

830

턱걸이를 할 때 절대로 팔을 툭 떨어뜨리지 말고, 항상 좋은 자세를 목표로 하라.

831

운동을 하기 전에 항상 준비운동으로 중간 강도의 심장 강화 운동(자전거, 달리기, 빠르게 걷기 또는 로잉)을 해 심박 수를 늘리고, 그다음을 하라. (세트 × 횟수 @ 강도): 1×5 @ 40%, 1×5 @ 50%, 1×5 @ 60%.

832

끝냈을 때 정리운동과 스트레칭 하는 것을 잊지 마라. 이것은 근육에서 독을 제거해 부상과 지연성 근육통증DOMS(delayed onset muscle soreness)을 방지해줄 것이다.

833

이틀에 한 번 등반하고 싶다면, 실패할 때까지 하지 말고 그 근처까지만 하라. 힘들게 훈련하고 싶다면, 마지막 세트를 끝낼 때까지 무게를 올려서 정말 죽을 때까지 하라.

834

근력 훈련은 좋은 자세가 전부이다. 운동을 엉망으로 하는 것은 부상을 당하고, 초보자로 보이게 하는 최고 방법이다.

835

만약 너무 빠른 진전을 보인다면 부상을 당할 것이다. 왜냐하면 근육은 아주 빠르게 키울 수 있지만, 힘줄은 그것을 따라가지 못하기 때문이다. 예를 들면, 한두 달의 근력 훈련 동안, 나는 100킬로그램으로 100회(20×5 @ 80%)의 데드리프트를 할 수 있었다.

이것은 골프 엘보가 심하게 와서 냉장고를 열 수 없게 되기 전까지는 상당히 멋진 일이었다. 대신, 첫 달에는 최대의 바로 아래(즉 85%) 무게로 운동을 하고, 다음 달에는 최대로 운동을 한 후 매달 5%씩 높여가면 된다. 만약 이런 모든 훈련에서 의심이 든다면, 안전하고 긴 게임을 하라.

836

만약 프로그램에 따라 운동하고 있다면, 체육관을 일주일에 세 번에서 네 번 가고, 쉬운 주, 적당한 주, 힘든 주(매주 점점 더 힘들게 만들어라!)의 3주 시스템으로 운동을 하라.

837

만약 근력을 살짝 줄이면서 견고한 컨디션을 유지하고자 한다면, 모든 휴식시간을 30초로 유지하라. 하지만 힘을 기르는 것에 더 관심이 있다면 세트 사이에 3분의 휴식을 취하라. 스톱워치를 사용해 정해진 휴식시간을 유지하라.

838

아프거나 아프고 난 뒤의 회복기에는 절대 훈련을 하지 마라. 이것은 만성피로로 가게 되는 지름길이다. 게다가, 이때 하는 훈련은 아무런 가치도 없을 것이다.

839

많은 남성들, 그리고 상당수의 여성 클라이머들이 멋진 복근을 가지는 것에 지나치게 집착해, 윗몸일으키기를 엄청나게 많이 한다. 복근과 복근의 선명도는 일반적으로 무엇을 먹느냐에 달려 있지, 훈련에 달려 있는 것이 아니다. 만약 몸의 지방을 줄일 수 있다면, 훈련을 전혀 하지 않고도 복근이 있다는 것을 알게 될 것이다! 몸의 지방을 줄이는 것과 근력을 기르는 것을 동시에 열심히 한다면, 이것들은 선명하고 뚜렷한 복근의 형태로 결합될 것이다.

840

쉽게 이길 수 있다는 것을 알고 있는 게 아니라면, 체육관에서 절대로 과시하거나 경쟁하지 마라.

841

웨이트트레이닝을 할 때는 장갑, 테이프, 또는 스트랩을 사용하는 것을 피하라. 강한 손과 악력이 당신이 추구하는 것이다. 만약 바를 쥐고 있을 수 없다면 손을 먼저 강화시켜라.

트롤 월에서 저녁을 먹는 알렉스 감

842

가벼운 것이 좋거나, 사기가 진작된다는 이유로 긴 원정등반 전에 체중을 감량하려 한다면, 두 달 전에 계획을 세워라. 과체중인 사람에게 최소의 운동으로 체중의 10퍼센트를 상당히 빨리 빼는 것은 쉬운 일이다.

843

체중을 감량할 때 힘든 훈련을 통해 체중이 줄면서 근육 발달로 인한 체중 증가도 이루어지기 때문에 '지방을 뺀다'거나, 또는 지방을 근육으로 '변형시킨다'는 생각에 집중하는 것이 아마 더 나을 것이다. 만약 체중을 줄이려고 한다면, 너무 많은 근육을 키우는 훈련은 클라이머에게 역효과를 주는 경향이 있기 때문에 피해야 한다. 살덩어리 보디빌더가 되지 마라. 클라이머는 가능한 한 작고 강한 근육이 필요하다.

844

내가 운동선수와 함께 지낼 때 나는 곧 더 많은 데이터를 가지고 있을수록, 더 많은 데이터를 기록할수록(이것이 더 중요하다!) 무엇이 효과가 있는지, 얼마나 빠른 효과가 있는지, 그리고 그것이 더 효과가 있으려면 어떻게 해야 하는지 더 현명하게 판단할 수 있다는 것을 깨달았다. 따라서 데이터는 필수이다. 아침식사 전의 체중을 아침마다 기록하고, 이것을 화장실에 있는 종이에 적어라. 이것을 체중이 얼마나 나가는지, 얼마나 뚱뚱한지, 몸이 얼마나 좋은지에 대한 정확한 기록으로 보지 말고, 단순한 데이터로 봐라. 만약 내가 폭식에서 혹독한 훈련과 가벼운 단식으로 전환한다면, 나는 48시간 안에 2킬로그램을 뺄 수 있다. (그림 28 참조)

845

들어 올린 총 무게, 움직인 거리, 소모된 칼로리 등 훈련의 질을 알려주는 좋은 지표가 되는 훈련 과정을 모두 기록하라.

846

만약 날씬해지려는 목표를 가지고 있다면, 훈련의 양을 매일 중간 정도 시간(30에서 60분)으로 만들고, 심박 수를 최대 45에서 65퍼센트를 유지하는 것을 목표로 하라. 나에게 이것은 1시간 동안 10킬로미터를 달리거나, 40분 동안 10킬로미터의 로잉을 하는 것이다. 이것을 매일 하는 것은 처음에는 힘들겠지만, 부상을 당하지 않고 몸이 상당히 좋아질 것이다. 그리고 보너스로 체중도 빠질 것이다. 이것을 주당 5~6회 하라.

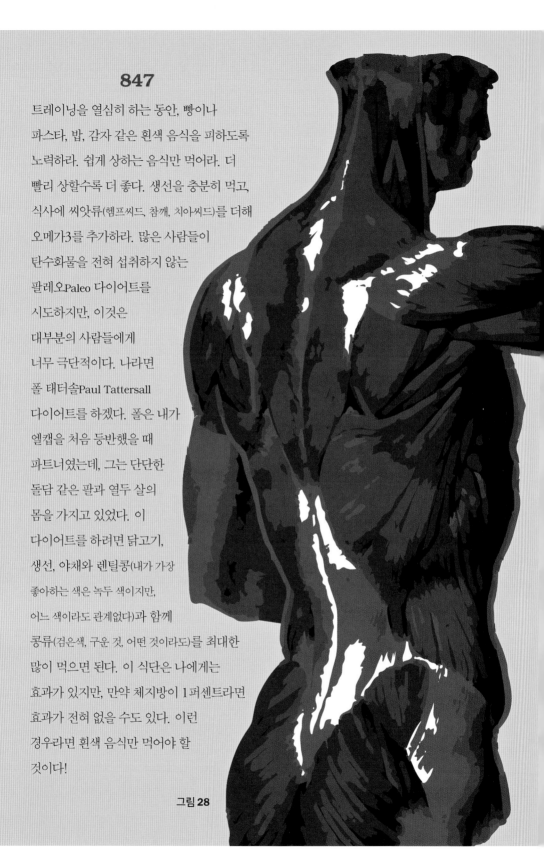

847

트레이닝을 열심히 하는 동안, 빵이나
파스타, 밥, 감자 같은 흰색 음식을 피하도록
노력하라. 쉽게 상하는 음식만 먹어라. 더
빨리 상할수록 더 좋다. 생선을 충분히 먹고,
식사에 씨앗류(헴프씨드, 참깨, 치아씨드)를 더해
오메가3를 추가하라. 많은 사람들이
탄수화물을 전혀 섭취하지 않는
팔레오Paleo 다이어트를
시도하지만, 이것은
대부분의 사람들에게
너무 극단적이다. 나라면
폴 태터솔Paul Tattersall
다이어트를 하겠다. 폴은 내가
엘캡을 처음 등반했을 때
파트너였는데, 그는 단단한
돌담 같은 팔과 열두 살의
몸을 가지고 있었다. 이
다이어트를 하려면 닭고기,
생선, 야채와 렌틸콩(내가 가장
좋아하는 색은 녹두 색이지만,
어느 색이라도 관계없다)과 함께
콩류(검은색, 구운 것, 어떤 것이라도)를 최대한
많이 먹으면 된다. 이 식단은 나에게는
효과가 있지만, 만약 체지방이 1퍼센트라면
효과가 전혀 없을 수도 있다. 이런
경우라면 흰색 음식만 먹어야 할
것이다!

그림 28

848

아침으로 나는 바나나 한 개,
우유 300밀리리터, 귀리 조금, 계피, 꿀 한
숟가락, 구기자 열매, 호박, 그리고 아마씨를
섞어 만든 밀크쉐이크를 마신다. 이러면
놀랍게도 점심때까지 든든하다.

849

몇 시간마다 항상 과일을 먹는 습관을
들여라. 목표는 매일 여섯 끼를 먹는 것이
되어야 한다. 이것은 나에게 점심은 오전
11시에 치즈 오믈렛과 사과, 오후 1시에
참치 캔 한 통이 되기도 한다는 것을 뜻한다.
가능한 한 건강식으로 만들되, 이것이 먹는
것의 전부가 아닌 한, 쓰레기 같은 것(카레,
초콜릿, 케이크)이 더해진다고 걱정하지 마라.

850

저녁으로 나는 내가 좋아하고 배를 든든하게
해주면서 배가 터질 것 같거나 피곤한
느낌을 주지 않는 음식을 먹고 싶다. 한 번
더, 최대한 채소 섭취를 많이 하고, 생선과
닭고기도 함께 먹어라.

851

굶지 마라. 훈련을 할 때와 같은 경우에
몸은 균형을 유지할 필요가 있다. 그러므로
양질의 음식을 계속 집어넣어라.

852

내가 가장 좋아하는 식사 중 하나는
프라이드치킨에 삶은 브로콜리를 섞어
참깨와 간장으로 양념한 것이다. 시답잖게
들릴지 모르지만, 엄청 배가 부르고, 건강에
좋을 뿐만 아니라 맛도 좋다.

853

매우 좋아하는 점심은 강판에 간 당근, 참치
통조림 한 통, 작은 토마토와 품위 있는
샐러드드레싱이다. 싸고, 빠르고, 맛있고,
배부르다.

854

또한 아르헨티나 주식을 만들 수도 있다.
계란을 삶고, 강판에 간 당근과 드레싱을
추가하라.

855

지방을 두려워하지 마라. 자신이 발견한 그
상태에 이르게 한 것은 지방이 아니다. 대신,
단순 탄수화물을 인지하고, 가능한 한 밥과
파스타, 빵을 멀리하라.

856

체중을 줄일 때 뚱뚱한 것은 무시하고 전체 계획에서 이 지방층은 그다지 중요하지 않다고 생각하라. 대신, 그 밑의 근육에 집중하고, 그것을 발달시키도록 노력하라. 물론, 뚱뚱하게 보일 수도 있지만, 한 달의 로잉과 달리기 뒤에는 실제로 몸이 아주 탄탄하게 될 것이다.

857

몸이 좋아지는 것과 건강한 것, 또는 살찌는 것과 건강하지 못한 것을 혼동하지 마라. 우리가 목표로 해야 할 것은 건강하지 못한 것을 뺀 나머지 세 가지의 균형이다.

지구력 훈련
858~876

858

등반을 위해 발의 미는 근육, 등과 팔의 당기는 근육, 심장과 폐를 자극하는 로잉은 최고의 운동 중 하나이다.

859

체력이 좋아지면, 심장지구력과 힘을 기를 때까지 세션마다 새로운 세트의 운동을 추가하라. 사다리 푸쉬업으로 시작해(로잉에 중요하다), 10-9-8-7-6-5-4-3-2-1(사이에 30초 휴식)을 하고, 박스점프, 버피burpee, 런지, 그리고 윗몸일으키기를 더하라. 다음으로 세션에 케틀벨을 추가하고, 마지막으로 데드리프트, 스쿼트, 그리고 벤치프레스를 다섯 번씩 다섯 세트 하는 것을 목표로 하라.

860

결국 1시간 이내의 심장 강화 운동과 20분의 서킷트레이닝을 매일 해야 한다. 이것은 일주일에 다섯 번 또는 여섯 번, 운동하는 날마다 90분 이내로 한다는 것을 의미한다. 이것을 몇 달간 계속해서 하고 싶지는 않을 테지만, 나는 체중감량과 근력증가를 위한 프로그램으로는 효과가 있다는 것을 알게 되었고, 체중이 빠지게 되었으며(두 달 만에 100킬로그램에서 90킬로그램이 되었다), 오랫동안의 등반 여행을 앞두고 훨씬 더 건강하게 느끼는 데 도움이 되었다.

861

등반을 하는 시간이 더 길어질수록, 훌륭한 기초 지구력을 가지고 있는 것이 더 중요하다. 이 기초 지구력은 그런 스타일의 등반을 오래 해서 만들거나, 기초를 다지는 훈련을 통해 기를 수 있다. 등반 여행 전에 지구력 훈련을 함으로써, 등반을 해낼 수도 있으며, 힘든 환경에서 좀 더 효율적으로 안전하게 지낼 수도 있을 것이다.

862

나이가 들수록 지구력이 좋아진다고 하지만, 내 생각에 이것은 나이가 들수록 자신의 몸에 대해 더 잘 알기 때문인 것 같다. 이것은 나이 든 클라이머가 루트를 등반할 때 속도 조절을 훨씬 더 잘하는 반면, 청춘의 열정이 실제 자신의 상태보다 더 강하거나 몸이 더 좋다고 믿게 만드는 젊은 클라이머들은 그렇지 않을 것이라는 뜻이다. 나이가 아주 많지 않다고 해도, 이 점을 메모해두고 조금 더 천천히 가려고 노력하는 것과 필요할 때를 위해 에너지를 절약하는 것은 충분히 가치가 있다.

863

나이와 경험의 두 번째 장점은 힘이 떨어지거나 한계에 부딪쳤을 때의 경험이 더 많다는 것이므로, 그렇게 되었을 때는 그것을 예측할 수 있으며, 그것이 어떤 영향을 미칠지 알게 될 것이다.

864

세계의 모든 군인이 하는 것처럼 지구력 훈련을 하고, 천천히 끌어올리기 시작해서 끊임없이 구성요소를 바꿔 몸의 균형을 잃도록 하는(어떤 운동이든 일단 적응이 되면 무엇인가 변화를 줘야 한다) 달리기의 핵심을 훈련에 포함시켜라. 그것은 속도, 거리 그리고 높이를 의미한다. 만약 매일같이 같은 루트를 같은 속도로 등반한다면 우리의 몸은 적응을 하고 성장을 멈출 것이다.

865

달리기를 한다면 좋은 운동화를 구입하되, 달리기를 아는 사람의 도움을 받아 발에 맞는 것을 골라라. 만약 달리기를 많이 한다면, 6개월마다 운동화를 교체하라.

866

달리기는 거리가 아니라 질이 중요하다. 높은 심박 수로 힘들게 40분 달리는 것이 거의 정상의 심박 수로 2시간 동안 발을 질질 끌며 열심히 걷는 것보다 낫다.

867

달리기를 좀 더 진지하게 하고 싶다면,
부상을 피하기 위해 근력 훈련 프로그램을
추가하라. 힘과 안정성을 발달시키기 위해
스쿼트, 데드리프트, 레그프레스를 하고,
하고자 하는 등반의 유형에 맞게
조절하라. 많은 반복횟수
(10~20회)와 낮은 무게는
지구력을 위한 것이고, 적은
반복횟수(3~5회)와 무거운
무게는 힘을 위한 것이다.

그림 29

868

계단을 뛰어오르는 것은 훌륭한 훈련
방법이고, 정말 숨이 넘어가는 운동이다.
이것을 하려면, 한 줄로 연속된 긴 계단이
필요하고(나는 집 근처 공원에 있는 계단을
이용한다), 보통 달리기 루트에 계단이 있으면
이상적이지만, 건물의 계단을 이용할 수도
있다. (나는 점심시간에 직장에서 이렇게 훈련하는
사람들을 많이 알고 있다) 계단에서 반복하고
시간을 기록하되, 최대한 빨리 뛰어오르는
것을 목표로 하라. 계단을 뛰어 올라가면
무산소 운동 시스템(고강도)으로 운동을 하게
되면서 에너지가 고갈되는 느낌이 드는 것을
알아채게 될 것이다. 이것은 더 이상 걸어
올라갈 수조차 없다는 느낌이 들 때까지
제한된 시간 동안만 수행이 가능하다. 한
세트를 끝내고 나면, 천천히 걸어 내려와서
숨을 돌리고 난 후 반복하라. 이런 종류의
훈련은 특히 위험하고 노출된 지형을 빠르게
통과해야만 하는 '산악 단거리 전력질주'에
중요하다. (그림 29 참조)

869

알고 있는 루트나 노선으로 자신의 목표를
설정하고, 시간을 확인해 러너로서 얼마나
성장하는지 관찰하라. 이것은 얼마나 잘하고
있는지 판단하게 해줄 것이다.

870

큰 산을 걷는 것, 특히 웨일스 14봉Welsh 14 Peaks이나, 봅 그레이엄 일주Bob Graham Round 같은 장거리 산행은 지구력을 기르는 동시에 강력한 팀 유대와 길 찾기 요령을 계발하기에 완벽하다. 이것은 또한 엄청 재미있으면서 무진장 힘들다.

871

힘과 지구력을 둘 다 발달시키기 위해 1시간도 넘는 시간 동안 사이사이에 최소한의 휴식을 취하며 여러 가지 운동을 섞어서 자극이 필요한 곳을 공략하는 서킷트레이닝을 활용하라. 서킷트레이닝을 할 때는 완전히 회복하기 전에 다음 운동으로 넘어가야 하고, 각 세트 사이에 짧게는 30초에서부터, 심장 박동이 거의 정상으로 돌아오는 3분까지 휴식을 취해야 한다. 파트너와 함께 하고 운동을 바꿔가면서 하라.

872

무게를 옮기는 것은 몸에 스트레스를 주는 훌륭한 방법이며, 만약 원정등반이나 접근이 긴 루트를 갈 계획이라면 그 활동에 특화된 훈련으로 잘 맞는다. 무릎이 손상되는 것을 피하려면, 주로 무게를 지고 오르막을 빨리 걷는 데 집중하라. 캠핑용 큰 플라스틱 캐리어에 물을 지고 가서, 내려가기 전에 물을 버려라. 내리막길을 걷거나 달려서 끝낼 수 있다.

873

무게를 옮길 때 목표를 설정하라. 영국 군대의 체력 테스트를 참고할 수 있다. 이것은 1시간 50분 안에 25킬로그램을 지고 12.8킬로미터를 가는 것이다. 이것을 한다면, 첫째 날에는 20킬로미터(30킬로그램 무게)를 3시간 30분 안에 달리고, 둘째 날에는 20킬로미터(20킬로그램 무게)를 3시간 안에 달리는, 이틀간의 상급 테스트를 위해 훈련하라. 만약 이것을 해낼 수 있다면, 어떤 원정도 해낼 수 있는 몸 상태가 될 것이다.

874

구르카Gurkha(영국군의 엄청 끝내주는 네팔 용병)처럼 몸이 좋아지기를 원한다면, 고도가 450미터 상승하는 5킬로미터 길이의 오르막길을 선택해서 48분 안에 달려라. 아, 그리고 등에 25킬로그램의 돌을 메는 것을 잊지 마라. 그들은 또한 2.4킬로미터를 9분 40초에 뛰므로, 그것을 먼저 끝내라. (폭스트롯 오스카 나이프Foxtrot Oscar knife를 차고 했는지, 차지 않고 했는지는 확실하지 않다)

875

만약 체육관에 있다면 로잉머신을
하라. 이것은 충격은 적지만 몸과
심장, 정신을 정말 심하게 두드려준다.
열흘 동안 100킬로미터 로잉을 타는
것을 목표로 하고, 1킬로미터는 쉽게
해서 몸을 푼 다음, 10킬로미터를
열심히 타고(40분 이내를 목표로
하라), 정리운동으로 1.5킬로미터를
천천히 타면서 마무리하라. 이렇게
하면 이틀 휴식을 포함해, 열흘 동안
100킬로미터를 탈 수 있을 것이다.

876

로드바이크와 산악자전거는
둘 다 훌륭한 교차 훈련이다.
언덕을 공략하는 것이 가장 좋은
방법이긴 하지만, 다른 훈련도
등한시하지 마라. 자전거 타기가
매우 특화된 훈련 방법이고, 매우
강한 자전거선수들만을 배출하는
경향이 있을 수 있다는 것을 나는
알았다. 뿐만 아니라 많은 클라이머가
내리막길에 대한 공포가 없어
여기저기 부러지는 경향이 있다는
점도 알게 되었다.

|사진| 존 코필드

키에르스티 아이드가 퀸모드랜드에서 가장 높은 봉우리인 디볼드피크Devold Peak를 오르고 있다.

엘캡의 노즈에서 행복한 미소를 짓고 있는 막스 비아고쉬Max Biagosch

기타

877~1001

재미있게 하라.
아니면 최대한 즐겁게 만들어라.

이런 것은 따라하지 마라

877~879

그림 30

877

한번은 프랑스 등산잡지에서 외줄 로프로 하강한 후 로프를 회수하는 하강기술에 대해 읽은 적이 있다. 그것은 다음과 같다. 8자 매듭을 이용해 피피 훅을 로프 끝에 묶는다. 이제 5밀리미터 번지 코드 한 가닥을 피피 대가리에 있는 릴리즈 홀release hole(피피를 건 장비에서 뺄 때 사용하는 구멍)에 연결한다. 번지 코드에 프렌치 프루지크 매듭을 해서 피피 훅 아래 로프에 엮는다. 로프에 확보기구를 설치한다. 훅을 앵커에 걸고 체중을 완전히 싣는다. 그런 다음 팽팽해질 때까지 번지 프루지크 매듭을 당긴다. 절대로, 단 한순간이라도 손을 떼지 말고 로프 하강을 한다. 바닥에 닿으면 로프에서 체중을 뺀다. 그러면 번지 코드가 피피 훅을 뒤로 잡아당겨 앵커에서 빠지며 로프가 떨어져 내린다. 처음 이것을 읽었을 때 나는 누군가 그것을 사용할 만큼 멍청하거나 용감할 것이라고는 믿지 않았다. 하지만 나는 깊이가 2.5센티미터 정도밖에 박히지 않은 나이프블레이드에서 하강을 하기도 했고,

회수할 수 있는 아이스스크루(행거에 로프를 묶은 아이스스크루)에 로프 속심이 창자처럼 드러난 상황에서도 하강을 해봤다. 그런데 내가 뭐라고 판단한단 말인가? 말할 필요도 없이, 만약 이것을 시도한다면, 내 생각에 사망확률은 90퍼센트다. (그림 30 참조)

878

'가난뱅이의 그리그리poor man's GriGri'는
자동 잠금 확보기구를 만드는 기술이고,
거벽에서 파트너가 빙하의 속도로 움직일
때나, 아니면 상상 속 자기구조 시나리오,
말하자면 파트너가 확보를 보긴 하지만
언제든 기절할 수 있는 상황에만 사용한다.
이것을 하려면 두 개의 확보기구가
필요하다. 로프를 한 확보기구에서
다른 확보기구로 간단하게 연결하고 두
로프에 카라비너를 건다. 로프를 빼려면,
카라비너를 잡아당겨 첫 번째 확보기구에서
로프를 풀어준 다음, 두 번째 카라비너로
느슨해진 로프를
잡아당기면 된다.

(그림 31 참조)

그림 31
로프를 풀어주려면 당겨라.

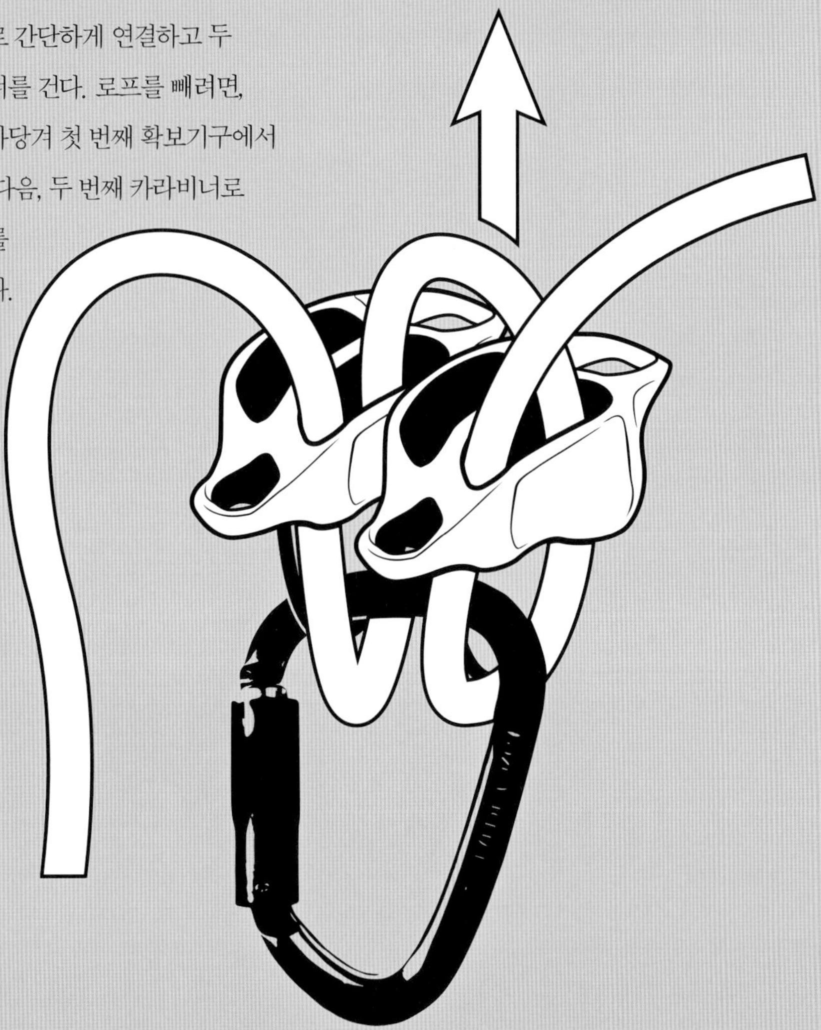

879

조금 더 '항상 잠금'이 되는 또 다른 자기 확보나 자동 잠금 방법으로 단순하게 HMS 스크루게이트(두 개를 사용할 수 있다)에 클로브 히치를 하고, 매듭의 로프 한쪽에 카라비너를 거는 방법이 있다. (어느 쪽인지는 실험해볼 필요가 있을 것이다) 로프를 풀어주기 위해서는, 카라비너를 잡아당겨 로프의 고리를 크게 하고, 로프를 잡아당기면 된다. 이 방법은 언제 사용할까? 이것은 자기 확보에 편리하다. 이것은 사고 상황을 벗어나기 위해 자기 확보를 하는 등반에서 편리하고(말하자면 파트너가 부상을 당했을 때), 또한 로프 끌림이 너무 심해 움직일 수 없는 경우의 자기 확보에 좋다. 이런 두 번째 시나리오에서, 자신을 확보하고, 로프를 전부 다 끌어올린 다음, 클로브 히치를 하고 확보지점에 닿을 때까지 천천히 자기 확보를 본다. (확보를 로프 끝에서 보기 때문에 로프 단독등반을 한다면 로프 끌림은 문제가 되지 않는다)

앤디 커크패트릭의 지도 원리
880~894

880

생존 가능성. 기본적으로 자신과 자신의 팀, 자신의 장비를 최대한 생존 가능하게 만들어라. 이것은 많은 알파인 스타일 원칙에 반하며(빠르고 가벼움), 아마도 겨울 알파인 클라이머로서 기술을 배우면서 습득하게 된 것 같다. 이것은 젖어도 사용 가능한 옷과 침낭(그러므로 다운은 아니다), 부서지지 않고 악조건에서도 사용할 수 있는 스토브(MSR XG나 MSR 리액터Reactor 스토브, 사실 MSR 스토브 아무거나), 어떤 상황에서도 생존하는 법을 아는 것, 그리고 문제를 해결하거나 다루는 기술을 가지고 있는 것을 의미한다. 죽이기 어려울수록 더 오래 살 것이다.

881

중복. 모든 상황에 대한 대비책을 세우고, 만약 무슨 일이 생기면 어떻게 할지 미리 준비하라. 모든 계란을 한 바구니에 담지 마라.

882

편집증. 최악의 상황에 대비하면서 나쁜 일이 생길 것이라고 예상하면 현실이 얼마나 쉬운지 놀라게 될 것이다. 엘캡을 등반할 때 나는 항상 겨울 장비 전체를 가져간다. (쉘 전체, 플리스, 확보 재킷, 플리스 하의 등) 나는 그것을 한 번밖에 쓰지 않았지만, 그때 당시(탠저린 트립Tangerine Trip을 하루 만에 등반하려 했는데 사흘이 걸렸다) 우리는 난폭한 겨울 폭풍에 갇혀 그 겨울 장비가 없었으면 죽었을 것이다. 그리고 모든 옷을 다 입고도 거의 저체온증에 걸릴 뻔했기 때문에 나는 이것을 잘 알고 있다. 거벽을 오를 때는 낙관주의자가 되는 것이 필수이지만, 마치 비관주의자인 것처럼 계획을 세워라.

883

무계획이 계획이다. 성공과 생존의 비결은 적응이다. 그것은 바뀌는 루트, 바뀌는 기상 상황, 또는 파트너의 기분과 현실에 맞춰 자신의 계획을 바꾸는 능력이다. 승리에 필요한 모든 퍼즐을 가지고 있되, 언제든 상황이 바뀔 수 있으므로 느슨하고 유연하게 전략을 유지하라.

884

필요한 것을 하라. 성공은 보통 초인적인 노력이 필요하다. 이 말은 할 수 있다고 생각하는 것을 — 더 길게, 더 힘들게, 더 높이 — 뛰어넘어야 한다는 뜻이다. 만약 이것을 할 수 없다고 생각하고, 파트너가 따라올 수 없다고 생각한다면, 하지 마라.

885

두렵다고 해서 절대로 물러서지 마라. 하지만 그러기 전에 열을 세고, 합리적인 이유로 물러나는 것인지, 시험받고 있는데 실패했다는 생각을 하는 것은 아닌지 한 번 더 확인하라.

886

때때로 등반을 등한시하라. 카약, 산악자전거, 그네타기같이 새로운 것을 시도하라. 때로는 초보자가 되어 새로운 것을 배우는 방법을 기억하는 것은 좋은 일이다.

887

재미있게 하라. 아니면 최대한 즐겁게 만들어라.

888

만약 당신이 리더라면 팀원들을 돌보고, 높은 기준을 정하라. 팀원들이 했으면 하는 일을 하되, 더 잘하고 가장 먼저 하라.

889

실패를 위해 건배하라. 왜냐하면 성공은 그 나름의 보상이 따르기 때문이다. 실패는 가치 있는 일을 하는 것과 밀접한 연관이 있으며, 그것은 거의 그만큼의 보람이 있을 수 있다. 그러므로 안전하게 내려왔을 때는 무엇을 하려 했는지 인정하고 그것을 통해 배워라.

890

기회를 잡아라. 커트 보니것Kurt Vonnegut은 한때 "독특한 여행을 제안하는 것은 신으로부터 춤을 배우는 것이다."라고 말했다. 자신의 길에 찾아오거나 만들 수 있는 모든 기회를 받아들이고, 일과 돈과 시간이 금메달 같은 순간을 방해하지 않도록 하라.

891

절대로 독단적으로 굴지 마라. 항상 새로운 생각과 새로운 방법에 열린 사람이 되어라.

892

모든 것을 창조적으로 하라. 확보지점을 만드는 것에서부터 피치를 등반하는 것과 목표를 선택하는 것까지.

893

웃어라. 만약 24시간 동안 미소를 짓거나 웃은 적이 없다면, 자신이 무엇을 하고 있는지 다시 생각해야 한다.

894

무너지지 마라. 위험한 루트를 등반할 때 신경 쇠약의 첫 번째 징후는 비명을 지르며 깨어나서 잠들지 않았다는 사실을 깨닫는 것이다!

토모드 그랜하임Tormod Granheim이 트롤 월에서 화장실 문제로 고생하고 있다.

가이드나 등반 코스 선택하기
895~901

895

개인이나 단체를 고용하기 전에, 상업 원정을 신청하기 전에, 그것을 통해 진정으로 원하는 것이 무엇인지 자문하라. 만약 그것이 훈련이라면, 등산 강사가 최고일 것이다. 그들은 하루, 또는 여러 날에 맞추어 지식의 빈 공간을 메워줄 것이다. 만약 자신이 추구하는 것이 경험과 훈련이라면, 며칠 동안 가이드를 고용해 그들에게 자신이 등반하고자 하는 것과 배우고자 하는 것을 이야기해 더 나은 등반을 할 수 있도록 하라. 예를 들면, 좋은 가이드와 함께 빙장에 일주일 동안 나간다는 말은 선등으로 갈 수 있는 것보다 훨씬 힘든 루트를 후등으로 등반할 수 있으며, 동시에 그들이 어떻게 하는지 볼 수 있고, 어쩌면 그들의 개별 지도를 받으며 쉬운 빙벽에서 선등을 서볼 수도 있다는 뜻이다. 내가 아는 대부분의 영국 알파인 가이드는 고객들이 적극적으로 배우기를 원한다. 만약 얻고자 하는 것이 지식보다는 경험을 더 쌓는 것이라면, 이동 거리를 최대한 많이 쌓을 수 있는 가이드를 구하거나, 일반적으로 그룹에 더 많은 사람이 있을수록 리더나 가이드가 질문에 대답하는 시간이 줄어들기 때문에, 상업 원정대에서 단체 여행을 가는 것이 더 나을 수도 있다.

896

여행을 예약하거나 가이드를 고용할 때 허튼소리를 하지 마라. 그것은 곧 실체가 드러나 민망하게 될 것이다. 예를 들면, 만약 전에 크램폰을 한번 착용해보았다면, 가이드에게는 전혀 착용해본 적이 없다고 말하라. "예, 크램폰을 착용해본 적이 있습니다."라는 말에는 많은 뜻이 담겨 있기 때문이다. 장담은 덜 하고 실천은 더 하는 것이 핵심이다. 예를 들면, 나는 알파인 등반을 전혀 해본 적이 없다고 말한 사람과 아이거 북벽을 올라갔었다. (왜 데려갔는지는 다른 문제이다) 그런데 그는 남아프리카공화국의 센트럴 타워 오브 페인Central Tower of Paine을 올라간 적이 있었다!

897

인터넷 게시판을 활용해 상업 여행 회사의 배경을 확인하되, 아무것도 보장되지 않는 등산 여행의 성격을 이해하지 못하는 사람들로부터 유용한 견해를 골라내라. (사람들은 보통 악천후나 열악한 상황을 탓한다) '형편없는 음식', '열악한 텐트', 또는 고소증으로 내려간 고객같이 작은 문제들로 인해 여행이 형편없이 진행되었다는 신호를 주의하라. 소규모 독립 사업자는 종종 '흥미로운' 여행을 제공하지만, 모두에게 맞는 것은 아닐 수 있다. 그러니 만약 의심이 든다면 가장 유명하고 위험부담이 아주 큰 회사를 선택하라.

898

전체 금액이 급격히 커질 수 있기 때문에 가이드를 고용하거나 여행상품을 구입할 때는 어떤 장비가 포함되어 있는지 확인하라.

899

만약 상업 여행을 한 번도 가본 적이 없다면, 필연적으로 상대해야 하는 '멍청이'(모두의 신경을 건드리는 단 한 사람)를 대비해 마음을 단단히 먹어라. 이것은 피로와 긴장으로 인해 가능성이 더 높은 보통 그룹의 활력이며, 원정대 생활의 일부이다.

900

만약 무언가를 배우고 싶다면, 가이드 대 고객의 비율을 따져봐라. 경험 수준이 다양한 고객의 비율이 높을 때 경험이 가장 많은 코스를 선호하고, 경험이 적은 코스는 놓치는 경향이 있다. 만약 의심이 든다면, 1:1이나 1:2 코스로 강사를 고용하라. 이들은 하루면 1:8 비율의 코스에서 일주일 걸리는 것을 가르쳐줄 수 있다.

901

취소 약관과 보험을 확인하고, 만약 그 회사가 영국에 있다면, 그 회사가 독립 투어 운영자 협회 AITO(Association for Independent Tour Operators)와 담보 여행자 신탁 협회 ABTOT(Association of Bonded Travel Organisers' Trust)의 회원이어서 문제가 생길 경우 보상을 받을 수 있는지 확인하라.

자기만의 장비 만들기
902~913

902

제조업자는 다양한 소비자를 겨냥해 장비를 만들기 때문에 짐작대로 자신에게 꼭 맞는 장비는 거의 없다. 이 말은 자신이 부족하다고 생각하는 부분과 제조업자가 상업성이 없다고 여기는 부분을 더해 언제나 장비 성능을 향상시킬 수 있다는 뜻이다.

903

자기만의 침낭(글쎄, '수면용 담요'라고 하는 게 더 적절하려나?)을 만들어라. 레이 자딘Ray Jardine의 웹사이트(www.rayjardine.com)에 있는 키트로 이것을 만들 수 있다. 이 키트로 여름철 무게에서 원정등반 무게까지의 담요를 만들 수 있는데, 이 담요는 기존 침낭에 비해 장점이 많다. 첫 번째로 그것은 합성 소재라서 생존 가능성이 엄청나게 높아지고(다운은 젖으면 보온력을 잃게 되고, 더디게 마른다), 위쪽 절반만 있기 때문에 작게 짐을 쌀 수 있으며, 경량이다. 경량 여름철 무게의 침낭도 모든 옷을 입고 자면 겨울철에도 하룻밤 정도는 충분히 따뜻할 것이다. 나는 또한 부츠를 벗고 옷을 정리하는 등, 담요 속에서 움직이기가 훨씬 수월하기 때문에 이 디자인을 좋아한다. 이것은 비박텐트같이 좁은 공간에 갇혀 있을 때 아주 훌륭하다. 레이는 또한 2인용 담요도 팔고 있는데, 이것은 무게와 부피를 줄여주고 따스함을 나눌 수 있어 고산용으로는 완벽하다.

904

근래에 구할 수 있는 대부분의 비박색은 많은 제조업자들이 비용을 낮추기 위해 통기성이 없는 바닥을 사용하기 때문에 그렇게 좋지 않다. 이것은 산에서 오래 사용하게 될 경우 시간 낭비이다. (기본적으로 비박색은 젖게 되어 있다) 대신, 포인트 노스Point North(www.profabrics.co.uk) 같은 회사의 원단을 사용해 통기성이 완벽한 자기만의 침낭을 만들어라. 비가 문제가 되지 않을 알파인 용도에는 경량에 물이 잘 스며들지 않는 퍼텍스 인듀런스 원단으로 위아래를 사용하고, 거벽같이 비가 문제가 되는 장소에서는 좀 더 강한 원단을 사용하라. 이음매를 심그립Seam Grip으로 밀봉하거나(심테이프seam tape로 다리미질을 할 수도 있다), 추운 기상 조건을 대비해 그냥 내버려둬라. 위쪽 ⅓ 정도를 덮어주는 큰 고깔을 만들고, 지퍼는 포기하라.

905

장비용 롤 파우치를 만들어라. 이것은 모든
철제 장비를 질서정연하게 한곳에 보관하는
데 도움이 될 것이며, 하루를 마무리할 때
모두 제자리에 있는지 확인할 수 있게 해줄
것이다. 이것을 만들기 위해, 1평방미터의
튼튼한 나일론(코듀라)과 15밀리미터 테이프
2미터를 구입하라. 모서리 부분을 바느질해
보강하고, 위에서 20센티미터 아래에
테이프를 달고, 바택으로 그 길이를 따라서
10센티미터 간격으로 박음질한 뒤,(여기에
두꺼운 플라스틱 튜브를 낄 수도 있다) 양쪽
끝에서 20센티미터 떨어진 곳에 추가로
시침질을 하라. 그러면 한 면을 따라 고리가
달려 있는 사각형의 천을 얻게 될 것이다.
하드웨어(주로 캠, 퀵드로, 너트)를 세팅하고자
하는 순서로 걸면, 등반할 때마다 제자리에
있는지 확인할 수 있다. 집어넣을 때는 장비
롤 파우치처럼 측면을 접고 말아라. (두 개의
끈을 더해서 묶거나 그냥 말린 채로 보관할 수 있다)

906

양질의 중고 재봉틀(이베이eBay를 지켜봐라)은
좋은 장비를 만드는 비결이다. 특히 강력한
원단을 바느질할 때 더 그렇다. 가게에서
찾을 수 있는 현대의 상업적인 재봉틀은
아마도 적합하지 않을지 모르기 때문에
재봉틀 전문점을 방문해 조언을 구하면,
적합한 오래된 재봉틀을 찾을 수 있을
것이다. 옛날 기계들은 거칠게 다루어도
견디는 금속 부속으로 인해 최근 것보다 더
잘 만들어진 경향이 있다. 심지어는 손으로
돌리는 구형의 싱어Singer 기계도 대부분의
작업을 잘해낼 것이고, 지그재그 스티치가
좋기는 하지만, 견고한 직선으로 박는 기계도
어지간한 작업은 잘해낼 것이다. 나는
파프Pfaff 130 재봉틀을 쓰는데, 이것은 아마
나보다 오래 되었을 것이지만, 대부분의 것을
바느질하는 데 문제가 없다. (튼튼한 원단에서는
휠을 손으로 돌려야 할 수도 있다) (그림 32 참조)

그림 32

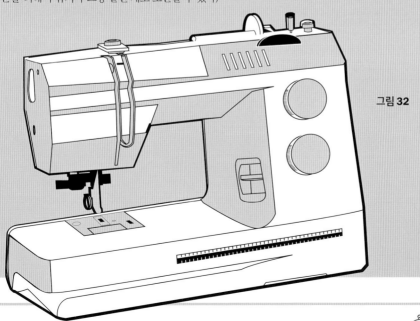

907

이베이에서 코듀라Cordura처럼 튼튼한 원단을 포함해 수많은 원단을 합리적인 가격으로 구입할 수 있다. 이것은 잡주머니, 로프백, 그라운드시트 보호대 같은 것을 아주 저렴한 가격에 만들 수 있다는 뜻이다.

908

파워 스트레치Power Stretch 한 통이면 핸드워머와 레그워머 같은 온갖 종류의 멋진 품목을 만들 수 있다. (암벽과 빙벽 등반에 유용하다) 이것은 바느질하기 쉽고, 상대적으로 저렴하며, 튼튼하다.

909

튼튼한 원단에 바느질을 할 때는 사이즈 16/100같이 튼튼한 바늘과 양질의 튼튼한 접합 폴리에스테르 실을 사용하라. (국산 기계로 약간 제한되어 있으니 바느질을 아끼지 마라)

910

바느질을 할 때 두껍고 작거나 큰 크기의 클립을 사용해 튼튼한 원단을 고정하라.

911

부츠 발목 둘레를 거의 두 번 감싸는 튼튼한 25밀리미터 폴리에스테르 웨빙 두 줄, 한 바퀴가 조금 못 되는 벨크로 두 줄, 패스텍스Fastex 사각형 버클 두 개로 부츠에 사용하는 파워 스트랩을 만들어라. 패스텍스Fastex 버클을 한쪽에 박고, 두 개의 절반짜리 벨크로를 끈의 같은 쪽에 달아 중간에서 만나게 하라. 스트랩을 발목 주위에 감고, 끈의 끝을 버클에 통과시켜, 마지막으로 꽉 조이게 잡아당기고 벨크로를 붙여서 고정하라.

912

만약 바택이나 지그재그를 할 수 없다면, 사각형으로 바느질을 한 다음 안을 십자가 모양으로 박고, 사각형의 위아래를 이중 또는 삼중으로 박는다.

913

바느질을 더 할수록 더 많이 하고 싶을 것이다. 그리고 많은 장비의 곳곳이 상당히 쉽게 개선될 수 있다는 것을 깨닫게 되어 장비의 효율을 높이기 시작할 것이다.

엘캡의 노즈를 속도등반 하는 모습

남극대륙에 있는 울페타나의 남쪽 리지를 오르는 키에르스티 아이드

사진과 영상

914~952

914

카메라와 전자기기에는 C. H. E. W.를 잊지 마라. 무슨 뜻인지 궁금할 것이다. 그렇지 않은가? 글쎄, 그것은 차가운 곳에서 뜨거운 곳으로 가면 모든 것이 젖는다는 말의 약자이다. (Cold to Hot, Everything Wet. 헛소리 같다는 것을 안다. 그냥 내가 만든 것이니까) 기본적으로, 차가운 물건을 차가운 곳(말하자면 영하의 기온 정도)에서 따뜻한 곳으로 옮기면, 앞에 말한 차가운 물건에 공기 중 습도가 급격히 높아질 것이다. 옷에서는 눈치 채지 못하겠지만, 카메라에서 맨 먼저 발견할 수 있는 것은 렌즈에 김이 서리는 것이다. 아주 추운 곳에서 상온으로 이동한다면, 장비는 따뜻한 방에 들어가자마자 흠뻑 젖게 될 것이다. 이것은 골칫거리가 될 수 있고, 장비를 망가뜨릴 수 있으므로(습기가 전자기기 안쪽에 껴서 망가뜨릴 수 있다), 조심할 필요가 있다. 가벼운 기온 차이에서는, 카메라나 전화기를 주머니에 넣고, 점차적으로 따뜻해지게 두는 것으로 충분하다. 만약 그 차이가 크다면(말하자면 밖은 영하 20℃일 때 스토브가 켜져 있는 텐트나 설동에 뛰어들다시피 들어가는 것), 물품을 드라이백이나 비닐봉투에 1시간 정도 보관해 따뜻하게 만들어라.

915

만약 당신이 사진이나 영상을 촬영하는 사람이고, C. H. E. W.의 온갖 번거로움 없이 안과 바깥쪽 모두를 촬영하고 싶다면, 두 개를 각각 세팅하라. 하나는 바깥에 둬서 바깥 상황을 촬영하고, 다른 하나는 펠리칸 케이스에 넣은 다음 침낭 안에 두어 온기를 유지하면서 안쪽을 촬영하라.

916

프로가 아니라면 가지고 다니기 쉽고 주머니에 넣어 하네스에 걸 수 있는 작은 카메라를 사라. 이렇게 하면 카메라가 항상 그곳에 있기 때문에 언제든 사진을 찍을 수 있을 것이다. 이것은 카메라가 배낭 뚜껑에 있다면 힘든 일이다.

917

카메라를 가지고 다니는 다른 좋은 방법은 안쪽 가슴 주머니에 넣는 것이다. 재킷 안쪽에 고리를 달아 거기에 끈으로 카메라를 연결해 떨어뜨리지 않도록 하라. 사진을 찍으려면, 그냥 카메라를 꺼내서 사진을 찍고, 다시 집어넣으면 된다. 이를 위해서는 얇은 카메라가 필요할 것이다. 나라면 땀이 카메라를 손상시키지 않도록 방수 카메라를 선택할 것이다. 또 다른 장점은 따뜻하게 보관함에 따라 추위로 카메라 배터리가 소모되는 것에 대한 걱정을 할 필요가 없다는 점이다. 이렇게 하면 카메라가 C. H. E. W.의 영향을 받지 않는다.

918

카메라에서 카메라 주머니에 끈을 달아 떨어지지 않도록 하라. 나는 속심을 제거한 4밀리미터 펄론Perlon 한 가닥을 사용한다. 그러면 카메라를 꺼내 사진을 찍고, 떨어뜨리지 않을까 하는 스트레스 없이 카메라와 끈을 쉽게 집어넣을 수 있다.

919

여분의 배터리와 메모리카드를 항상 챙겨라. 촬영을 계속하다 보면 배터리가 빠르게 방전될 수 있다. 그리고 배터리가 방전되면 카메라는 작동하지 않는다.

920

메모리카드에서 사진을 정기적으로 다운로드 받는 것을 잊지 마라. 카메라는 아무리 잘 묶어 두어도 잃어버리기 십상이다. 그런 일이 생겼을 때 3년 동안 사진을 백업해 놓지 않았다면, 잃어버리는 자료가 상당할 것이다.

921

만약 사진 전부가 실수로 지워졌거나 무슨 이유인지 메모리카드에 오류가 생겼다면, 절망하지 마라. 시중에는 수많은 소프트웨어 앱이 있어 삭제된 모든 파일을 어디에서도 되살릴 수 있다.

922

만약 등반용 카메라를 구입하려 한다면, 단순한 바디에 조작이 간단하고 와이드 앵글(28밀리미터 정도 되거나 더 넓은 것) 렌즈가 있는 카메라를 선택하라.

923

등반용 카메라는 세 가지로 구분할 수 있다. 슬림 콤팩트, 콤팩트, 미니 DSLR. 슬림 콤팩트는 그냥 다음과 같다. 이상적으로는 광각 단렌즈가 있는 얇은 바디의 콤팩트 카메라로, 가장 작은 주머니나 심지어는 바지 주머니에도 맞는 카메라이다.(또는 재킷 안주머니에 맞을 수도 있다) 리코의 GR이나 캐논의 파워샷PowerShot S120이 이런 것에 포함된다. 이 카메라들의 성능은 다양하지만, 가장 좋은 점은 훌륭한 사진을 빠르게 찍을 수 있다는 점과 상대적으로 가격이 저렴하다는 것이다. 콤팩트 카메라는 캐논 G시리즈가 가장 대표적으로, 매뉴얼 세팅, 줌렌즈, 양질의 영상을 포함해 콤팩트보다 훨씬 더 큰 제어력을 특징으로 하는 상자 모양의 중간 사이즈 콤팩트이다. 미니 DSLR은 니콘이나 캐논의 풀사이즈 DSLR보다 한 단계 낮은 것으로, 콤팩트 카메라와 같이 얇은 바디를 가지고 있지만, 단렌즈에서 줌렌즈까지 렌즈를 바꿀 수 있는 기능이 있다. 미니 DSLR의 대표적 예는 캐논 100D(Rebel SL1)이다. 올림푸스와 파나소닉의 마이크로포서드Micro Four-Thirds 카메라, 후지의 엑스 시리즈X-Series와 니콘의 1 시리즈 같은 미러리스 렌즈 교환형 카메라는 렌즈 교환이 가능하다는 점에서 미니 DSLR과 비슷하지만, SLR의 미러를 제거해 더 작고 더 가볍다. 모두 등반에 적합하며, 올바르게 사용하면 어떤 카메라로도 좋은 사진을 찍을 수 있다. 사기 전에 찍어보고 무엇이 자신에게 맞는지 확인하라.

924

시장에는 얇고 작으며, 험한 용도에 이상적이고 아주 강한 방수 카메라가 여러 개 있다. 방수 렌즈의 디자인 때문에 몇몇 최상급 콤팩트 카메라만큼 화질은 좋지 않지만, 궁지에 빠지게 되면, 그런 콤팩트 카메라는 절대로 사용할 수 없을 것이다.

925

등반할 때는 파트너의 엉덩이 사진만 찍지 말고 다양한 종류의 사진을 찍어라. 내 경험으로 미루어 보면, '멋진 경치'는 지루하고, 대형 카메라를 가지고 있지 않는 이상 그것을 제대로 보여주지 못할 것이다. 대신, 자신과 파트너 양쪽의 사진을 이용해 등반 이야기를 들려줘라.

926

신체의 일부가 사진에 찍히는 것을 걱정하지 마라. 이것은 사진에 현장감을 줄 것이다. 순수예술 대신, 그날의 좋은 점과 나쁜 점을 모두 포착해 다큐멘터리 스타일로 가라.

927

서사시적인 하강, 위에서 뒷걸음치는 파트너가 실패하지 않을까 두려운 열악한 확보, 강제비박처럼 카메라를 정말 꺼내고 싶지 않은 때가 항상 최고의 사진을 찍을 수 있는 순간이다. 찍을 기운만 있다면 말이다.

928

등반을 하기 전 파트너에게 사진을 찍는 것에 대해 이야기하고, 그 사람이 카메라를 가지고 있는지 확인하라. (그리고 거기에 충전된 배터리가 들어 있는지도!)

929

작은 고릴라포드GorillaPod 삼각대는 무게는 거의 안 나가지만, 확보 중이나 심지어는 피치 중간에도 멋진 셀프타이머 사진을 찍는 데 사용할 수 있다. 이것을 적합하게 만들기 위해서, 다리 한 개 바닥 쪽에 코드를 거스 히치로 묶고, 이것을 헤드에 연결한다. 그리고 하나는 카메라에 묶거나 걸 수 있도록 남겨둔다. '다리 코드'를 러너에 걸면, 정말 효과적인 사진이나 더 나은 스틸 비디오를 얻을 수 있다. 고릴라포드 삼각대 다리는 쉽게 빠질 수 있기 때문에 이 세팅 전체가 함께 연결되어 있는지 확인해야 한다.

930

고프로GoPro 카메라를 사서 몇 초마다 사진을 찍는 타임랩스 세팅으로 하고 나서 가지고 놀아라. 미니 삼각대에 올려 사용한다면, 사람들이 등반하는 모습을 내려다보는 멋진 와이드 앵글 샷을 찍을 수 있을 것이다.

931

등반에 대한 느낌을 가질 수 있도록 아주 작은 것과 큰 것 그리고 그 중간 것을 섞어 찍어라. 이것은 러너 클로즈업, 닳아버린 손끝과 이끼, 정면으로 보이는 산, 탁 트인 하늘, 그리고 정신착란을 일으킬 정도의 아찔함을 의미한다.

932

그냥 '경치'만 찍는 것은 지루하며 나중에 편집할 '경치'만을 남긴다. 대신, '경치'와 카메라에 대고 말하는 사람을 섞어 촬영하라. 파트너에게 "무슨 일이 벌어지고 있는지 얘기해주세요."라고 묻거나, 아니면 단순하게 카메라를 돌려 자신을 촬영하라. 렌즈는 관객의 세계로 연결되는 창문이므로, 그들에게 무슨 일이 벌어지고 있는지 보여준다고 상상하라. 이것은 그냥 카메라에 이야기하는 것이 아니라, 이야기하고 보여주는 것을 뜻한다. 이것은 나중에 슬라이드쇼를 할 때 아주 효율적이다.

933

프로가 아니라면 영상의 화질에 너무 얽매이지 마라. 카메라를 잘못 들고 찍어 놀랄 만큼 형편없는 영상을 보았는데, 그 영상의 소재(쏟아지는 눈/산사태와 같은 것)가 너무 좋아 사람들이 눈치조차 채지 못했다. 다시 말하자면, 결론은 카메라를 꺼내서 최대한 많이 찍으라는 것이다.

934

사진에 사람을 포함시켜 규모에 대한 감각을 갖도록 하라. 한 가지 좋은 방법은 줌인과 줌아웃으로 사진을 찍는 것이다. 이렇게 하면 사람들에게 자신의 사진을 보여줄 때 클라이머를 찾아보라고 물으며 천천히 줌인을 하거나 같은 것을 반대로 해볼 수도 있다.

935

자신만의 스타일을 개발하기 위해 다른 클라이머가 사진을 어떻게 찍는지 보고 그들에게 배워라. 나는 늘 전쟁사진의 영향을 받았기 때문에 흐릿함과 움직임은 항상 나를 흥분시켰다. 반면 대형 출력에 관심이 있는 사람은 완전히 다른 것을 원할 것이다.

936

영상을 촬영할 때 절대로 줌을 당기지 말고, 마찬가지로 다큐멘터리 스타일로 촬영하고 있다면 카메라가 흔들리는 것을 너무 걱정하지 마라. 생생한 장면을 촬영하고 있다면, 삼각대에 올려 찍는 것은 현장감을 떨어뜨릴 것이다. (무슨 뜻인지 확인하려면 영화「라이언 일병 구하기」시작 부분이나 전쟁 다큐멘터리를 확인해봐라)

937

만약 작은 비디오카메라를 사용한다면, 내장 마이크의 바람소리를 차단할 수 있게 천을 덧대고, 렌즈 캡을 바디에 끈으로 연결하라. 나는 렌즈 캡과 카메라 측면에 항상 벨크로를 붙여, 캡을 열었을 때 붙여둔다. 이렇게 하면 카메라를 아래로 향했을 때 렌즈 캡이 달랑거려 짜증나는 문제를 피할 수 있다.

938

디지털 줌은 끄고, 카메라를 손으로 들고 있을 때는 카메라가 흔들리는 것을 피할 수 있게 화각을 최대한 넓게 유지하라.

939

비디오카메라에 있는 쓰레기 같은 스트랩은 떼버리고, 다이니마에 옭매듭을 해 대체하라. (꼬리를 길게 남겨둬라) 꼬리 한 개는 엄청 길게 남겨두어 여기에 카라비너를 달아라. 그러면 스트랩이 끊어지지 않을 것이고, 카라비너로 카메라를 자신에게 달 수 있다는 자신감이 생길 것이다.

940

바디와 긴 렌즈에 사용하는 작은 SLR 케이스를 비디오카메라에 사용하라. 이것은 표준 비디오카메라 백보다 눈에 덜 띌 것이며, 수직으로 둔다는 것은 가지고 다니기 쉽다는 뜻이다. 다시 한번, 휴대용 스트랩을 양질의 등반용 테이프슬링으로 교체하고, 플라스틱 버클을 믿지 마라.

941

이것은 케케묵은 옛날이야기이지만, 최고의 사진은 일출 직후와 일몰 직전인 '황금 시간대'(마법의 시간대로도 알려진)에 찍힌다. 스탠리 큐브릭Stanley Kubrick은 황금 시간대를 너무나 사랑해 영화를 만드는 데 상당히 느린 방법임에도 「풀 메탈 재킷Full Metal Jacket」의 '스나이퍼' 섹션 전체를 저녁에 촬영했다.

942

눈 속에서, 카메라는 종종 많은 양의 흰색에 속는다. 중간 톤의 재킷을 입은 사람에게 초점을 맞추고, 맑은 날에도 플래시를 사용해 사진을 촬영하라.

943

삼분할 법칙을 배워서 사진의 프레임을 항상 잘 잡아라. (이케아에서 살 수 있는 프레임을 말하는 것이 아니다) 피사체가 사진 중간에 가는 것을 항상 피하고, 대신 사진의 ⅓ 부분의 상자에 삽입한다. 이 부분과 피보나치 스파이럴Fibonacci spiral, 황금 비율에 대해서도 연구를 좀 하라. 이것은 마치 댄 브라운Dan Brown의 소설에 나오는 구성 장치처럼 들릴지 모르지만, 모든 예술의 중요한 측면이다. (그럼에도 엉덩이 사진에는 잘 맞지 않는다) (그림 33 참조)

944

사진에서 가장 중요한 것은 빛과 어둠이다. 이 두 가지 없이는 쓰레기 같은 사진만 찍게 될 것이다. 한 장의 사진에서 이 두 가지가 더 극단적으로 나타날수록 더 낫다. (핫도그와 양파처럼 생각하라. 두 가지가 다 필요하다. 그렇지 않으면 그것은 그냥 양파 샌드위치이거나, 아니면 돼지 포피 덩어리 한입에 불과하다)

그림 **33**

945

등반 초상화는 훌륭하다. 특히 원정 전후에 찍으면 더 그러하다. 내가 반대편에 대해 이야기한 삼분할 법칙을 무시하고(만약 더 잘 안다면 '고정불변의 법칙'만을 무시하라. 이것은 절대 효과가 없으므로, 누가 그렇게 하라고 하면 그 사람을 비난해도 된다), 사진을 모델의 얼굴로 가득 채워라. 이 방법은 많은 디테일을 얻을 수 있다. 그리고 빛과 어둠을 잊어버리지 마라. 얼굴 한쪽에 태양이 비추도록 하라.

946

만약 사진이나 영상 촬영을 많이 할 계획이라면, 각 피치에서 촬영을 할 사람이 한 사람씩 생기는 3인조가 좋다.

947

선등자가 확보자 위에서 사진을 찍을 수 있다는 점을 잊지 마라. 이 방법을 쓰면 아주 효율적인 사진을 찍을 수 있다.

948

흑백처리같이 카메라 조작으로 기능을 설정하는 것을 피하라. 이것은 나중에 포토샵Photoshop이나 포토샵 엘리먼트Photoshop Element 같은 편집 소프트웨어를 사용하는 것이 가장 좋다.

949

최신 DSLR은 사진과 영상을 둘 다 촬영할 수 있고, 베이스캠프에서는 DSLR을 사용(접근 장면과 캠프 생활)하고, 산에서는 1080p(full HD)로 고프로와 콤팩트 카메라를 이용해 만든 아주 인상적인 영화가 있었다. 다시 찍을 수 있는 기회가 없으므로, 모든 등반기술처럼 원정등반을 가기 전에 미리 연습하라!

950

만약 DSLR이나 미러리스 카메라같이 교환 가능한 렌즈를 사용한다면, 아니면 한 개 구입하는 데 관심이 있다면, 바디보다는 렌즈에 더 집중하라. 새로운 디자인의 바디는 항상 나와서 비싼 바디를 한물가게 만들지만, 좋은 렌즈는 남는다.

951

풀 프레임 렌즈를 선택하고(작은 센서 전용으로 설계된 것 말고), 중고 렌즈를 구입하고, 무엇보다 오래된 기본 렌즈를 구입하라. 내 경험으로는, 클라이머가 살 수 있는 가장 좋은 렌즈 중 하나는 양질의 작은 20밀리미터 렌즈이다. 이것은 가볍고 작으며(그 말은 작은 카메라 케이스를 사용할 수 있다는 뜻이다), 거의 대부분이 항상 선명하게 찍힌다. 또한 좁은 곳에서 비박할 때나 확보지점에서도 사진을 찍을 수 있다. 두 번째 렌즈로는, 인물 사진을 찍을 때나 빛이 적을 때 잘 찍히는 작은 50밀리미터를 구입하라. 하나로 전부 다 활용이 가능한 렌즈를 원한다면, 20밀리미터에서 70밀리미터 범위의 줌렌즈를 사되, 무겁고 부피가 커서 산에서는 그렇게 많이 꺼내지 않을 것이라는 사실을 받아들여라.

952

소리는 이미지보다 더 중요하고, 스토리는 이 두 가지보다 더 중요하다. 훌륭한 스토리만 가지고 있다면, 당신은 스틸컷과 이미지(예를 들면 다른 사람들 것)만으로 영상을 만들 수 있고, 좋은 소리가 있다면, 그것은 조금 더 쉬워진다. (사람들의 이야기 소리, 산의 소리, 급류 소리, 장비가 딸랑거리는 소리) 만약 좋은 스틸컷과 영상을 가지고 있다면, 문제는 해결되었다. 반면 좋은 화면에 형편없는 소리(고프로 카메라의 큰 문제점이다), 그리고 스토리가 없다면⋯ 글쎄, 아무도 당신만큼 거기에 관심을 가지지 않을 것이다.

스폰서와 미디어

953~963

953

여행이 아무리 놀랍다 해도 장비를 그냥 주는 회사는 없을 것이다. 당신은 그들에게 가치 있는 것이 무엇인지를 생각할 필요가 있고, 무엇인가 가져올 것을 약속함으로써 그것을 뒷받침해야 한다.

954

기업은 고품질의 스틸(고해상도의 선명하고 무엇인가 흥미로운 것)과 그들의 장비가 얼마나 훌륭한지에 대한 비디오와 증언(잘 되지 않는 것은 개인적인 피드백)을 원한다. 정상에서 스폰서 로고를 들고 찍은 오글거리는 사진은 괜찮지만, 대부분의 브랜드가 원하는 것은 너무 티 나지 않으면서도 노골적인 제품 배치이다.

955

후원사와 연락을 하고 지내라. 이메일과 엽서를 보내고, 돌아오는 대로 직원들에게 이야기를 나누자고 제안하라.

956

더 많은 것을 전달할수록 회사가 다음에도 지원할 확률이 높아진다.

957

사람들은 종종 원정등반의 자금을 받기 위한 방법으로 편지와 이메일을 수천 통씩 쓰는 것에 대해 이야기하지만, 내 경험에 의하면 이런 사람들은 일반적으로 개인적인 연락으로 자금 지원을 받게 된다. 이 말은 중요한 자리에 있는 사람을 더 많이 알수록, 확률이 높아진다는 뜻이다.

958

세상에는 신청할 수 있는 보조금과 지원금이 많이 있다. 좋은 원정 계획을 안전하게 해낼 수 있을 것처럼 보이는 사람이 지원을 신청한다면 대부분 무엇인가를 받게 될 것이다. 이것은 영국등산위원회British Mountaineering Council 보조금, 에베레스트재단Mount Everest Foundation, 닉 에스트코트 상Nick Estcourt Award, 윈스턴 처칠 추모기금Winston Churchill Memorial Trust, 영국산악회 등반지원금The Alpine Club Climbing Fund, 그리고 미국과 영국 산악계를 비롯한 다른 많은 것들을 포함한다.

959

기업으로부터 돈을 받아내는 것은 불가능에 가깝다. 장비는 종종 가능성이 더 있지만, 업체에게 장난을 치지 마라. 갖고 싶은 것이 아닌 정말 필요한 것만 요청하라.

960

만약 수준을 한 단계 올려서 단일 기업이나 그룹과 함께 일하고 싶다면, 그것을 일로 대하라. 모든 거래를 직업적으로 임하라. 회의를 잡고, 필요한 것이 무엇인지 그들에게 직접적으로 이야기해 그들이 도울지 말지를 결정할 수 있게 하라. 1년 동안 100만 원 정도를 요청하려 할 때 상대방은 1억 원 정도를 원한다고 생각할 수 있기 때문에, 도움을 청할 때 애매한 태도를 취하는 것은 치명적이다.

961

그들에게 원하는 것을 후원해달라고(있는 그대로 후원이라고 불러라) 이야기하고 그것이 무엇을 위한 것이고, 그 대가로 무엇을 해줄 것인지 보여줘라. 만약 그것이 아웃도어 브랜드라면, 여러 날 일을 제공하되(훈련, 강의, 매장 방문), 당신은 최저임금에도 못 미치게 일하게 될 것이기 때문에 너무 과하게 약속하지 마라. 결국, 만약 당신이 재능 있는 클라이머라면, 등반을 마쳐야 하고, 이것은 모두에게 가장 큰 보상이 될 것이다.

962

여행으로 약간의 돈을 벌고 싶다면, 잡지에 글을 기고하거나 사진을 파는 것(둘 다가 이상적)이 여행경비를 조금이나마 충당하는 좋은 방법이 될 것이다. 대부분의 잡지에서 주는 돈은 적지만, 만약 일을 잘한다면, 그들은 결과물을 다시 사용할 것이고, 이것이 당신을 동기부여가 되어 있고 자신을 판매할 수 있는 사람으로 보이게 해 미래의 거래 기회를 열어줄 것이다.

963

만약 더 긴 글이나 심지어는 책을 쓰기를 원한다면, 잡지를 위한 글쓰기를 통해서 발전시켜가는 것이 훌륭한 훈련이 될 것이다. 이것은 글쓰기와 편집기술을 둘 다 가르쳐주고, 독자가 늘어나게 해준다. 독자가 없이 책을 파는 것은 힘든 일이다. 요즘은 작가들을 위한 전문매장의 수와 관련 비용이 제한되어 있어, 당신이 유명인이 아니라면 출판될 가능성이 희박하다. 운 좋게도, 전자책ebook 같은 새로운 미디어의 출현은 현금화되고 세계로 팔릴 수 있는 책을 누구나 빠르게 만들 수 있도록 해줬다. 아마존 계정을 만드는 것은 쉽고, 시중에는 워드문서를 이퍼브ePub 전자책 파일로 바꿔주는 무료 앱이 엄청나게 많다.

신체 기능
964~974

964

긴 여행에서는 매일 같은 시간에(아침에 일어났을 때가 이상적이다), 화장실에 가는 습관을 들여라. 이런 여행에서 자신의 식습관은 거의 고정되어 있기 때문에 그것은 상당히 쉽다. 일단 화장실 문제를 해결하고 나면, 그것 때문에 스트레스를 받을 필요가 없다!

965

만약 며칠 동안 루트를 등반한다면, '화장실을 가야 한다'는 것이 정말로 심리상태를 망칠 수 있기 때문에 하네스를 착용한 상태로 화장실에 가는 데 익숙해지는 것은 필수이다. 등반을 하러 가기 전에 습관을 들여라.

966

두루마리 화장지 대신, 작은 팩으로 된 화장지를 여러 개 챙겨라. 이것은 등반하면서 피치 중간에 멈출 경우를 대비해 쉽게 가져갈 수 있다.

967

하네스를 착용한 채로 대변을 봐야 하는데 길이 조절이 가능한 다리 고리를 가지고 있다면, 다리 고리와 뒤쪽 끈을 풀고 허리 벨트를 90도 돌려 확보 고리와 뒤쪽 끈이 허리께에 오도록 하는 것이 최선이다. 이것은 어떤 '사고'도 일어나지 않게 해준다.

968

떼어낼 수 있는 다리 고리가 없다면, 뒤쪽 끈만 풀어 바지를 내리고, 뒤쪽 끈을 다리 사이로 당겨 확보 고리에 걸어라.

969

사람들이 걸어가거나 캠핑하는 곳에서 볼일을 보는 것을 피하고, 수원지로부터 멀리 떨어진 곳에서 항상 용무를 해결하라. 바위 아래에서 볼일을 보는 것은 대부분의 사람들이 하는 보통 방법이지만, 비바람이 그것을 분해하는 곳에서 볼일을 보는 것이 더 낫다. 막대기나 돌멩이로 대변을 문질러 그것이 더 빨리 분해되도록 함으로써 이 과정을 도울 수도 있다. 그렇지 않다면 모종삽을 가져가서 묻어라.

970

눈에서 오랫동안 캠핑한다면, 대변을 싸서 가지고 나오거나, 특히 시간이 지나면 눈이 녹을 수 있는 긴 원정등반이라면 어떻게든 버리는 것을 고려해봐야 한다. 이것을 하기 위한 최선의 방법은 두 개의 튼튼한 쓰레기봉투(정말로 튼튼한 것을 의미한다!)가 들어 있는 작은 파란색 원정용 통을 사용하는 것이다. 그것이 거의 다 찼을 때 흔들어서 봉투를 제거하고, 가지고 나오거나 크레바스 안으로 던져라.

971

방광에 있는 1리터의 액체를 체온으로 유지하는 것은 소중한 칼로리를 소모하는 것이다. 그러니 오줌이 마려우면 눠라.

972

소변 통을 항상 가지고 다니되, 거기에 표시를 잘해둬라!

973

만약 소변 통이 없다면 머그컵을 이용하라. 로마인은 자신의 소변을 정기적으로 마셨다는 점을 기억하라.

974

자신의 소변을 절대로 마시지 마라. 그것은 매우 신맛이 날 것이며, 목을 화끈거리게 할 것이다. 만약 상황이 그 정도로 나빠진다면, 아마 당신은 이 조언을 무시할 것이다.

[사진] shutterstock

남극대륙 방문을 환영합니다.

짐 싸기와 여행

975~1001

975

만약 수하물 허용량이 제한되어 있다면, 가방이 그 안에 있는 장비보다 무겁지는 않은지 확인하라. 어떤 가방은 빈 상태에서도 수하물 허용량의 30퍼센트를 차지한다.

976

등반장비는 스키, 골프채, 서핑보드처럼 스포츠 장비로 간주되지 않는다. 그러므로 커다란 스노보드 백, 또는 서핑보드 백, 심지어는 큰 골프백을 구해 스포츠 용품의 최대 한계까지 채워 넣고, 이것을 '스포츠 백'으로 가져가라. 여전히 대부분의 비행에서 이것에 대해서 비용을 지불해야 하지만, 킬로그램 단위로 청구되는 것에 비하면 일부일 것이다.

977

짐을 쌀 때는 다양한 크기의 잡주머니가 엄청나게 편리하다. 특히 세관 공무원들이 부를 때는 더 그러하다. 그것이 없이는 바닥에 장비를 산더미처럼 쌓아두게 될지도 모른다. 모든 주머니에 무엇이 들어 있는지, 누구의 것인지 표시하라. 주머니 옆쪽에 청테이프 조각을 붙여서 거기에 마커 펜으로 표시하면 된다.

978

팀의 짐 무게를 조절할 필요가 있다면, 공항의 무료 체크인 데스크에서 가방의 무게를 측정하라.

979

한도를 초과했다면, 가지고 가는 장비가 얼마나 귀중한지 고려하라. 만약 오래되고 닳아 해진 로프, 코드, 커피 주전자를 가지고 있다면, 가져가는 데 킬로그램 당 7~8천 원의 비용을 지불하는 것보다 버리는 것이 더 나을 수도 있다.

980

한도를 초과했다면, 무거운 옷들은 입을 수 있다. 모든 플리스와 외투를 겹쳐서 하나의 '슈퍼 비행용 재킷'을 만들어 입어라. 또한, 배터리 같은 장비는 주머니에 집어넣을 수 있다.

981

로프를 기내 반입용 수하물로 가지고 가는 것은 무게를 줄이는 좋은 방법이지만, 어떤 공항에서는 '조종사를 묶는 데 사용할 수 있기 때문에' 보안검색대에서 차단될 수 있다. 만약 이것을 시도한다면, 돌아가서 체크인 할 수 있는 시간을 가져라.

982

수하물 허용량을 늘리는 방법 중 하나는 한 개를 먼저 체크인 하고, 한참 있다가(일찍 가야 할 것이다), 두 번째 가방을 가지고 다시 가서 가방에 기내에 가지고 탈 수 없는 물품(예를 들면 로프)이 있다고 하면서 그것도 체크인 해줄 수 있는지 물어라. 대부분의 경우 그들은 첫 번째 가방의 무게에 대한 기록이 없어 체크인을 하게 해줄 수도 있다.

983

크고 싼 노트북 스타일의 가방을 구해 기내 반입용 수하물 무게를 늘려라. 이것은 최신 노트북을 위한 얇은 것이 아니라, 좀 더 서류가방 같은 것으로, 20리터 정도까지 물건을 담을 수 있다. 요즘의 비행기들은 가방 하나(30리터 배낭)와 좌석 밑에 넣을 수 있는 작은 두 번째 노트북 가방까지는 허용한다. 그리고 이 두 가지면 상당한 양의 물건을 가지고 갈 수 있다. (이렇게 작은 가방은 무게도 재지 않는다)

984

만약 장비가 비싸지 않은 나라로 여행을 간다면, 무게를 줄이기 위해 몇몇 장비(냄비, 음식, 스토브)는 현지에서 구입하는 것을 고려해봐라.

985

만약 모든 식량을 가져간다면, 어떤 국가들은 식량 반입에 대해 엄격한 규정을 가지고 있으니 여행하고자 하는 나라에 그런 식량을 가져가도 되는지 확인하라.

986

만약 식량과 무거운 장비를 포함해 물건이 많다면, 배로 훨씬 저렴하게 보내는 것을 검토해봐라. 만약 이렇게 한다면, 배에 싣고 가는 데 시간이 한동안 걸릴 수 있기 때문에 이 문제를 해결하기 위해 몇 달 정도 여유를 둬야 한다.

987

항상 양질의 밀랍 귀마개, 안대, 베개를 가지고 여행하고, 수분을 충분히 섭취하라. 그날 비행기를 타야 할 것을 알고 있다면, 일찍 일어나 기내에서 잠들 수 있는 확률을 높여라.

988

긴 비행에는 항상 통로 쪽 좌석에 앉도록 노력하라. 이것은 갇혀 있는 대신 일어나서 걸어 다니고, 화장실에 가고, 물을 마시는 일 등을 할 수 있다는 뜻이다.

989

여행을 할 때 가능한 한 직항을 타고,
대서양 횡단 비행에 이어 국내선 비행은
피하라. 이것은 훨씬 더 오래 걸리고 여행의
시작부터 필요 이상으로 피곤할 것이다.

990

비행기에서 잘 자면 시차로 인한 피로를
줄일 수 있다. 도착 국가에 내리면, 24시간
동안 깨어 있어야 하는 한이 있더라도,
다른 모든 사람이 잠들 때까지 잠드는 것을
피하라. 만약 참을 수 있다면, 하룻밤을
푹 자고 나면 훨씬 빠르게 적응할 수 있을
테지만, 일주일 정도는 여전히 일찍 일어날
수도 있다. 만약 그렇다면, 그냥 일어나서
하루를 최대한 즐겨라.

991

긴 여행 후에 운전하는 것을 정말 조심하고,
비행이 죽도록 힘들 것을 안다면 공항
근처에 머무를 것을 고려하라. 가져오려다
깜빡 잊은 장비를 쉽게 구입할 수 있기
때문에 종종 여행의 시작 시점에는
문명사회에 가까이 있는 것이 현명하다.

992

여권과 출생증명서, 운전면허증, 티켓의
세부사항과 보험회사의 전화번호 사본을
항상 가지고 있어라. 이것들은 원본과 따로
보관하고, 지퍼 백에 넣어 잃어버리지 않을
만한 곳에 접어둬라.

993

사람들이 여권과 신분증, 돈을 넣어 목에
걸고 다니는 가방을 종종 볼 것이다.
이것은 일반적으로 '제발 저를 털어주세요'
가방으로 알려져 있다. 중요한 물건의
도난을 막을 방법은 없으며, 만약 누군가
당신의 물건을 노린다면, 그들은 가져가게 될
것이다. 대신, 사람들이 그냥 낚아채가거나
귀중품을 가지고 가는 위험을 줄이도록
구석진 곳에 둬라. 나는 재킷 안쪽에 둘러서
눈에 잘 안 띄는 힙색(납작한 스타일)은
괜찮다고 생각한다. 또한 일반 지갑을
다이노마이티Dynomighty 지갑으로 바꿀
수도 있다. 이것은 그냥 접힌 종이처럼
보인다.

994

소액의 현금을 지갑, 카드, 여권과 따로 보관해, 무엇인가를 사기 위해 돈을 낼 때마다 모든 귀중품이 노출되지 않도록 하라. 대신, 현금과 오래된 신용카드가 들어 있는 지갑을 별도로 가지고 다녀라. 강도를 만나면 이것을 줄 수도 있으며, 이렇게 하면 다른 현금을 지킬 수 있다.

995

별도의 현금, 여권사본과 신용카드를 가지고 다니는 것은 가방과 돈을 모두 잃어버렸을 때 편리하다.

996

만약 좋은 카메라나 촬영 장비를 가지고 있다면, 프로처럼 보이지 않도록 하라. 세관에서는 당신이 일을 할 계획이 있다고 믿고 취업 비자를 원할 수도 있다.

997

야생의 세계로 떠나기 전, 모든 장비가 목적지에 도착했고, 모두 작동이 되는지 점검하라. 나는 한번 스토브 펌프를 잘못 가져온 것을 발견했고, 다른 경우에는 모든 장비를 택시에서 잃어버린 적도 있었다.

998

여권 양쪽에 자신의 이름을 쓴 컬러 라벨을 부착해 다른 여권과 헷갈리지 않게 하라. 두 라벨의 색을 다르게 해 여권의 개인정보 페이지가 어느 쪽인지 알 수 있게 하라.

999

캠핑장이라도 자신이 머무르고자 하는 곳의 주소를 출입국 직원에게 건네줄 준비를 항상 하고, 편도 티켓은 그들에게 집에 다시 가지 않을 것이라는 생각을 줄 수 있기 때문에 훨씬 귀찮은 상황이 생길 수도 있다.

1000

출입국신고서 양식을 작성할 수 있도록 여행을 할 때는 항상 펜을 가지고 있어라. 비행기에서 술에 취하지 말고, 출입국 직원에게는 절대로 농담을 하지 마라.

1001

계획된 등반 여행이나 원정등반에서 가장 중요한 규칙 중 하나는 티켓을 미리 예약하지 않는 한 가지 않는다는 것이다. 더 일찍 예약할수록 더 싸다. 돈을 내놓지 않는 이상 사람들은 일과 다른 일의 방해로 마음의 변화를 겪게 될 것이다. 그러니 돈을 내라!

에스펜 파드니스Espen Fadnes가 퀸모드랜드에서 온기를 유지하고 있다.

좋은 책 없이는 절대로 떠나지 마라!

추천도서

지난 몇 년 동안, 특별히 유용하다고 생각된 책들을 골랐다.
어떤 책들은 절판되었지만, 보통 온라인에서 상당히 저렴하게 구입할 수 있다.

『**Alpine Climbing**』 John Barry (Crowood Press, 1988) ISBN: 1852238887
알파인 등반의 기본을 다루는 대표적인 책으로, 영국의 최고 작가가 썼다. 절판되었지만 인터넷에서 상당히 저렴하게 중고 구입이 가능하다.

『**The Climber's Handbook**』 Ron Fawcett, Jeff Lowe, Paul Nunn, Alan Rouse (Sierra Club Books, 1987) ISBN: 0871567032
최고의 기량을 자랑하는 클라이머들이 쓴 흥미로운 이야기가 가득 담긴 큰 책. 앨 라우즈Al Rouse와 폴 넌Paul Nunn의 알파인과 원정등반 부분이 아주 좋다. 절판되었지만 중고 구입이 가능하다.

『**Lightweight Expeditions**』 Rob Collister (Crowood Press, 1989) ISBN: 1852231394
읽기 재미있고, 더 넓은 곳으로 나아가고자 하는 사람에게 많은 지혜도 주는 훌륭한 포켓북

『**The Complete Guide to Rope Techniques**』 Nigel Shepherd (Frances Lincoln, 2007, revised edition) ISBN: 9780711227200
간명한 설명과 더불어 알고 싶어 하는 모든 매듭에 알 필요가 없는 매듭까지 수록한 완벽한 고전

『**Polar Exploration: 4 practical handbook for North and South Pole expeditions**』 Dixic Dansercoer (Cicerone Press, 2012) ISBN: 9781852846657
극지방으로 갈 계획이 없더라도, 이 책은 훈련과 장비, 그리고 불가능을 실현하기 위한 접근 방법에 대해 흥미진진한 아이디어가 아주 많이 있다.

『**Extreme Alpinism: Climbing Light, Fast, and High**』 Mark Twight (Mountaineers Books, 1999) ISBN: 9780898866544
알피니스트가 되기를 염원하는 모든 이들의 성경

『**Pocket First Aid and Wilderness Medicine**』 Jim Duff, Peter Gormly (Cicerone Press, 2012) ISBN: 1852845007
의사의 손길이 닿을 수 없는 곳에서 진정 자신의 목숨을 살려줄 수 있는 작은 책. 원정대의 응급처치 키트에 가지고 다닐 수 있을 정도로 작으며, 모든 클라이머가 꼭 가지고 있어야 할 책이다.

『**Espresso Lessons From The Rock Warrior's Way**』 Arno Ilgner (Desiderata Institute, 2009) ISBN: 0974011231
『The Rock Warrior's Way』의 축약 버전. 당신의 머리를 잘 돌아가게 해줄 실용적인 조언으로 가득하다.

『**Big Walls**』 John Long, John Middendorf (Falcon, 1994) ISBN: 9780934641630
고전이다. 더 새로운 책들이 있지만 이 책의 이야기를 따라가지 못한다.

『**The Dharma Bums**』 Jack Kerouac (Penguin Books, 1976) ISBN: 9780140042528
저항 정신이 없는 등반은 골프와 같다고 할 수 있을 것이다. 야생은 일상에 순응하는 더러운 몸뚱이를 남겨두고 우리 자신을 찾는 것이다.

장비에 관한 조언과 블로그 그리고 그 외의 것은 www.andy-kirkpatrick.com을 방문하면 된다.

'날개 없는 새' 스티브 베이트가 엘캡의 조디악을 단독등반 하고 있다.

저자 소개

『클라이밍Climbing』잡지는 한때 앤디 커크패트릭ANDY KIRKPATRICK을 "길고, 춥고, 어려운 것에 대한 이상한 집착"이 있고, "진정한 위험이 도사리고 있는 루트를 찾아 헤매고, 귀환이 의심스럽고, 때로는 파트너와, 때로는 혼자서 알프스와 그 너머의 가장 어려운 산과 루트의 등반을 밀어붙이는 것으로" 명성이 자자한 클라이머라고 묘사했다.

다섯 살부터 시작해서, 앤디는 영국의 작은 사암 암석 노두를 등반하는 것부터 배웠다. 그는 빠르게 샤모니의 등반벽으로 옮겨갔다가, 남극 대륙, 파타고니아Patagonia, 그린란드Greenland, 알래스카Alaska와 같이 광대한 곳까지 나아갔다. 본심은 알파인 클라이머였지만, 그의 첫사랑은 요세미티Yosemite의 엘 캐피탄El Capitan이다. 그는 이곳을 30번 넘게 등반했고, 그중 다섯 번은 단독등반, 두 번은 당일등반으로 해냈다. 그가 생각하는 천국은 툴럼 메도우즈Tuolumne Meadows에서 무료로 하는 무제한 캠핑일 것이다. 2001년에 그는 세계에서 가장 어려운 단독등반 중 하나인 엘 캐피탄El Capitan의 레티슨트 월Reticent Wall을 11일 동안 단독등반으로 올랐다. 이 등반은 그의 첫 번째 책 『사이코버티컬Psychovertical』의 중심 테마가 되었고, 산악 문학 부문에서 2008년 보드먼 태스커 상Boardman Tasker Prize을 수상했다.

그의 두 번째 책『콜드 워스Cold Wars』는 2012년 보드먼 태스커 상을 수상했다. 앤디는 수상 작가, 역발상 블로거, 스탠드업 코미디언으로 생계를 유지한다. 그의 인생관은 사랑 외에는 과거, 돈, 명성, 등반 그 어떤 것에도 노예가 되지 않는 것이다. 그는 아일랜드Ireland 더블린Dublin에 살고 있다.

남극 대륙 퀸모드랜드Queen Maud Land에서 저자

옮긴이의 글

산과 바위를 다니다보면 그날그날 배우고 깨우치는 작은 팁들이 있다. 이것은 등산학교와 같은 정규 교육과정에서 배울 수 있도록 성문화되어 있지는 않지만, 알게 되면 유용하고, 등반을 즐겁게 만들어주는 작은 발견이다. 경험을 통해 스스로 깨우치고 자신을 대견해하는 경우도 있지만, 함께 한 이들이나 선배를 통해 배우게 되는 경우도 있다. 이 책은 그런 '산에서 나누는 대화'와도 같은 책이다. 저자는 자신의 경험을 바탕으로 그런 이야기들을 이 책에 아낌없이 담았다.

『클라이머를 위한 1001가지 팁』은 저자가 산과 바위, 원정을 다니면서 쌓아온 경험 지식을 1001개로 나열하고 분류한 책이다. 여기에는 로프와 슬링, 퀵드로, 카라비너같이 등반을 시작하면 접하게 되는 가장 기본적인 장비에서부터 암벽등반과 빙벽등반, 혼합등반, 거벽등반 등 다양한 형태의 등반과 이를 위한 훈련, 식량, 기타 자잘한 노하우까지 아낌없이 공유하고 있다.

노하우를 공유하는 만큼 이 책이 어느 한 부분에 대해 입문서처럼 하나부터 열까지 친절하게 설명해줄 것이라고 생각한다면 실망하게 될 것이다. 이 책은 등반에 대한 기본적인 지식이 있다는 전제하에 조금 더 도움이 될 만한 부분을 이야기하고 있다. 어떤 내용은 너무나 사소하고, 어떤 내용은 저자 특유의 유머감각에 웃음이 나기도 하지만, 대부분은 공감이 가고, 절로 고개를 끄덕이게 하는 내용이다.

앤디 커크패트릭Andy Kirkpatrick은 영국 클라이머로, 우리나라에서는 2013년 김동수 씨 번역으로 소개된『사이코버티컬』이라는 책으로 먼저 이름을 알렸다. 당시 이 책의 내용에 매료되어 단숨에 읽었던 기억이 있는데,『클라이머를 위한 1001가지 팁』을 번역하게 되면서 내 책장에 몇 년 동안 꽂혀 있던 그 책과 같은 저자의 작품이라는 사실에 무척 놀랐다. 저자의 화려한 출판 이력을 미처 알지 못했던 나의 무지를 탓했다.

앤디는 난독증을 극복하고 작가가 된 특이한 이력을 가지고 있으며, 이 책을 포함해 8권의 저서가 있다. 그중『사이코버티컬』과『콜드 워스』를 통해 보드먼-태스커 상을 두 번 수상했으며, 미국산악회 알파인클럽 문학상과 밴프국제산악영화제 그랑프리 등 화려한 수상 이력을 자랑하고 있다.

나의 부족한 산과 바위 경험 때문이겠지만, 번역을 하면서 마주치는 낯선 용어 중 몇몇은 해당 단어가 우리말로 존재하는지 의문이 드는 경우도 있었다. 이런 용어를 마주칠 때마다 최대한 매끄럽게 표현하기 위해 매번 관련 서적과 인터넷을 뒤지느라 많은 시간을 보냈다. 이들 대부분은 원어를 살리는 데 집중했는데, 함께 영문으로 병기된 원어를 구글에서 검색하면 그에 해당하는 이미지를 볼 수 있다. 등반에 어느 정도 경험이 있다면 이미지를 직접 검색해보는 것이 이 책의 내용을 이해하는 데 많은 도움이 될 것이다.

이 책에 있는 다양한 팁에서 응용할 수 있는 부분이 있을 것이라 믿는다. 저자가 아버지를 통해 '물고기 잡는 법'을 배울 수 있었던 것처럼, 이 책에 나열되어 있는 단순한 지식과 노하우를 습득하는 데 그치지 않고, 스스로의 사고思考로 문제를 해결할 수 있는 그 정신에 대해 생각해보고 공감할 수 있기를 바란다.

『클라이머를 위한 1001가지 팁』은 앤디 커크패트릭의 『1001 CLIMBING TIPS』를 그 모본으로 하고 있다.

- 조승빈

세로 토레

메스너, 수수께끼를 풀다 • 체사레 마에스트리의 1959년 파타고니아 세로 토레 초등 주장은 오랫동안 논란을 불러일으켰다. 라인홀드 메스너가 세로 토레 초등의 진실을 추적했다.

라인홀드 메스너 지음 | 김영도 옮김 | 26,000원

산의 전사들

슬로베니아 알피니즘의 강력한 전통과 등반문화 • 국제적으로 명성이 자자한 산악문화 작가 버나데트 맥도널드가 슬로베니아의 알피니즘이 그 나라의 험난한 정치 역사 속에서 어떻게 성장하고 발전했는지 읽기 쉽게 정리했다.

버나데트 맥도널드 지음 | 김동수 옮김 | 37,000원

Fallen Giants

히말라야 도전의 역사 • 높고 위험한 히말라야의 여러 산에서 기술과 담력을 시험하려 했던 많은 모험들. 생생하고 풍부한 삽화, 사진과 함께 50년 만에 최초로 히말라야 도전의 방대한 역사를 정리했다.

모리스 이서먼, 스튜어트 위버 지음 |
조금희, 김동수 옮김 | 62,000원

WINTER 8000

극한의 예술, 히말라야 8000미터 동계등반 • 한겨울에 세계 최고봉들을 오르려 했던 얼음의 전사들! 그들의 고통과 노력, 성공과 실패에 대한 이야기를 버나데트 맥도널드가 상세하게 서술했다.

버나데트 맥도널드 지음 | 김동수 옮김 | 33,000원

FREEDOM CLIMBERS

자유를 찾아 등반에 나서는 폴란드 산악인들의 놀라운 여정 • 제2차 세계대전과 그에 이은 억압적 정치상황을 뚫고 극한의 모험을 찾아 등반에 나섰던 폴란드 산악인들. 이들은 결국 세계에서 가장 강인한 히말라야 산악인들로 거듭났다.

버나데트 맥도널드 지음 | 신종호 옮김 | 43,000원

에베레스트 정복

에베레스트 전설적인 초등 당시의 오리지널 사진집〈흑백사진 101점 + 컬러사진 62점〉• 에베레스트 초등 60주년 기념 사진집. 초등 당시 등반가이자 사진가로 함께했던 조지 로우가 위대한 승리의 순간들을 찍은 뛰어난 독점 사진들과 개인 소장의 사진들을 모아 펴냈다.

조지 로우, 휴 루이스 존스 지음 | 조금희 옮김 | 59,000원

중국 등산사

중국 등산의 기원과 발전 과정에 대한 철저한 기록 • 다음 세대를 위한 역사적 근거와 간접 경험을 제공하고자 중국 국가 차원에서 기획하여 고대, 근대, 현대를 아우르는 등산에 관한 자료를 최대한으로 수집하여 정리했다.

장차이젠 지음 | 최유정 옮김 | 47,000원

꽃의 계곡

아름다운 난다데비 산군에서의 등산과 식물 탐사의 기록 • 뛰어난 등산가이자 식물학자이며 저술가였던 프랭크 스마이드가 인도 난다데비 산군에서 등산과 식물 탐사를 하며 행복하게 지냈던 넉 달간의 이야기가 펼쳐진다.

프랭크 스마이드 지음 | 김무제 옮김 | 43,000원

일본 여성 등산사

후지산에서 에베레스트까지 일본 여성 산악인들의 등산 역사 총망라 • 7년에 걸쳐 방대한 자료를 수집하고 정리하여 완성한 최초의 일본 여성 등산사이다. 부조리와 난관을 극복해가는 일본 여성 산악인들의 위대한 발걸음의 궤적을 확인할 수 있다.

사카쿠라 도키코, 우메노 도시코 지음 | 최원봉 옮김 | 31,000원

캠프 식스

에베레스트 원정기의 고전 • 1933년 에베레스트 원정대에 대한 따뜻한 기록. 프랭크 스마이드가 마지막 캠프까지 가져가서 썼던 일기를 토대로, 등반의 극적인 상황과 산의 풍경에 대한 생생한 묘사를 담았다.

프랭크 스마이드 지음 | 김무제 옮김 | 33,000원

더 타워

세로 토레 초등을 둘러싼 논란과 등반기록 • 자만심과 영웅주의, 원칙과 고생스러운 원정등반이 뒤범벅된 이 책은 인간의 조건을 내밀하게 들여다보게 하며, 극한의 노력을 추구하는 사람들의 존재 이유를 적나라하게 파고든다.

켈리 코르데스 지음 | 권오웅 옮김 | 46,000원

하늘에서 추락하다

마터호른 초등에 얽힌 소설 같은 이야기 • 동반자이자 경쟁자였던 장 앙투안 카렐과 에드워드 윔퍼를 주인공으로 하여, 라인홀드 메스너가 마터호른 초등에 얽힌 이야기를 소설처럼 재미있고 생생하게 들려준다.

라인홀드 메스너 지음 | 김영도 옮김 | 40,000원

등반사 史 시리즈   **등반기 記 시리즈**

무상의 정복자

위대한 등반가 리오넬 테레이의 불꽃 같은 삶과 등반 이야기 • 그랑드조라스 워커릉, 아이거 북벽에 이어 안나푸르나, 마칼루, 피츠로이, 안데스, 자누, 북미 헌팅턴까지 위대한 등반을 해낸 리오넬 테레이의 삶과 등반 이야기가 펼쳐진다.

리오넬 테레이 지음 | 김영도 옮김 | 46,000원

ASCENT

알피니즘의 살아 있는 전설 크리스 보닝턴의 등반과 삶 • 영국의 위대한 산악인 크리스 보닝턴. 사선을 넘나들며 불굴의 정신으로 등반에 바쳐온 그의 삶과 놀라운 모험 이야기가 가족에 대한 사랑과 더불어 파노라마처럼 펼쳐진다.

크리스 보닝턴 지음 | 오세인 옮김 | 51,000원

나의 인생 나의 철학

세기의 철인 라인홀드 메스너의 인생과 철학 • 칠순을 맞은 라인홀드 메스너가 일찍이 극한의 자연에서 겪은 체험과 산에서 죽음과 맞서 싸웠던 일들을 돌아보며 다양한 주제로 자신의 인생과 철학에 대해 이야기한다.

라인홀드 메스너 지음 | 김영도 옮김 | 41,000원

프리솔로

엘 캐피탄을 장비 없이 홀로 오른 알렉스 호놀드의 등반과 삶 • 극한의 모험 등반인 프리솔로 업적으로 역사상 최고의 암벽등반가 지위를 획득한 호놀드의 등반경력 중 가장 놀라운 일곱 가지 성과와 그의 소박한 일상생활을 담았다.

알렉스 호놀드, 데이비드 로버츠 지음 | 조승빈 옮김 | 37,000원

엘리자베스 홀리

히말라야의 영원한 등반 기록가 • 에베레스트 초등부터 현재에 이르기까지 히말라야 등반의 방대한 역사를 알고 있는 엘리자베스 홀리의 비범한 삶과 세계 최고 산악인들의 이야기가 흥미롭게 펼쳐진다.

버나데트 맥도널드 지음 | 송은희 옮김 | 38,000원

산의 비밀

8000미터의 카메라맨 쿠르트 딤베르거와 알피니즘 • 역사상 8천 미터급 고봉 두 개를 초등한 유일한 생존자이자 세계 최고의 고산 전문 카메라맨인 쿠르트 딤베르거. 그의 등반과 여행 이야기가 흥미진진하게 펼쳐진다.

쿠르트 딤베르거 지음 | 김영도 옮김 | 45,000원

RICCARDO CASSIN

등반의 역사를 새로 쓴 리카르도 캐신의 50년 등반 인생 • 초창기의 그리냐와 돌로미테 등반부터 피츠 바딜레, 워커 스퍼와 데날리 초등까지 상세한 이야기와 많은 사진이 들어 있는 이 책은 리카르도 캐신의 반세기 등반 활동을 총망라했다.

리카르도 캐신 지음 | 김영도 옮김 | 36,000원

太陽의 한 조각

황금피켈상 클라이머 다니구치 케이의 빛나는 청춘 • 일본인 최초이자 여성 최초로 황금피켈상을 받았지만 뜻하지 않은 사고로 43세에 생을 마감한 다니구치 케이의 뛰어난 성취와 따뜻한 파트너십을 조명했다.

오이시 아키히로 지음 | 김영도 옮김 | 30,000원

하루를 살아도 호랑이처럼

알렉스 매킨타이어와 경량·속공 등반의 탄생 • 알렉스 매킨타이어에게 벽은 야망이었고 스타일은 집착이었다. 이 책은 알렉스와 동시대 클라이머들의 이야기를 통해 삶의 본질을 치열하게 파헤쳐 들려준다.

존 포터 지음 | 전종주 옮김 | 45,000원

카트린 데스티벨

암벽의 여왕 카트린 데스티벨 자서전 • 세계 최고의 전천후 클라이머로, 스포츠클라이밍, 암벽등반 그리고 알파인등반에서 발군의 실력을 발휘한 그녀의 솔직담백한 이야기가 잔잔한 감동으로 다가온다.

카트린 데스티벨 지음 | 김동수 옮김 | 30,000원

마터호른의 그림자

마터호른 초등자 에드워드 윔퍼의 일생 • 걸출한 판각공이자 뛰어난 저술가이며 스물다섯 나이에 마터호른을 초등한 에드워드 윔퍼의 업적에 대한 새로운 평가와 더불어 탐험가가 되는 과정까지 그의 일생이 담겨 있다.

이언 스미스 지음 | 전정순 옮김 | 52,000원

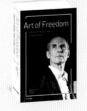

Art of Freedom

등반을 자유와 창조의 미학으로 승화시킨 보이테크 쿠르티카 • 산악 관련 전기 작가로 유명한 버나데트 맥도널드가 눈부시면서도 수수께끼 같은 천재 알피니스트 보이테크 쿠르티카의 전기를 장인의 솜씨로 빚어냈다.

버나데트 맥도널드 지음 | 김영도 옮김 | 36,000원

등반가 家 시리즈   등반가 家 시리즈